高等院校数字化课程创新教材

供高职高专护理、助产等相关专业使用

护理管理学

（第二版）

主　编　吴俊晓
副主编　周春美　张　昕　张礼宾　李文杰
编　者　（按姓氏汉语拼音排序）
　　　　邓　媛　（岳阳职业技术学院）
　　　　靳红芹　（唐山职业技术学院）
　　　　李文杰　（山东医学高等专科学校）
　　　　林　慧　（江西医学高等专科学校）
　　　　吴俊晓　（南阳医学高等专科学校）
　　　　徐永丽　（周口职业技术学院）
　　　　杨金菊　（重庆医药高等专科学校）
　　　　张　昕　（中国人民解放军第三〇二医院）
　　　　张礼宾　（长沙卫生职业学院）
　　　　周春美　（唐山职业技术学院）
　　　　周小菊　（梧州职业学院）

科学出版社

北京

· 版权所有　侵权必究 ·

举报电话：010-64030229；010-64034315；13501151303（打假办）

内 容 简 介

《护理管理学》系统介绍了护理管理学的基础知识、基本理论和基本技能，强调管理知识和理论的临床应用。教材每章设学习要点，内容由案例引入，穿插相关的知识链接，章后设目标检测，以利于学习者对所学知识与技能的理解、掌握与应用。

本书供高职高专护理、助产等相关专业使用。

图书在版编目（CIP）数据

护理管理学/吴俊晓主编. —2版. —北京：科学出版社，2018.1
高等院校数字化课程创新教材
ISBN 978-7-03-055410-9

Ⅰ. 护⋯　Ⅱ. 吴⋯　Ⅲ. 护理学-管理学-高等学校-教材　Ⅳ. R47

中国版本图书馆 CIP 数据核字（2017）第 280829 号

责任编辑：丁晓魏　丁海燕　/　责任校对：张凤琴
责任印制：赵　博　/　封面设计：张佩战

版权所有，违者必究。未经本社许可，数字图书馆不得使用

科学出版社 出版
北京东黄城根北街 16 号
邮政编码：100717
http://www.sciencep.com

北京凌奇印刷有限责任公司印刷
科学出版社发行　各地新华书店经销

*

2013 年 5 月第　一　版　　开本：787×1092　1/16
2018 年 1 月第　二　版　　印张：12 1/2
2024 年 1 月第十次印刷　　字数：296 000

定价：29.80 元
（如有印装质量问题，我社负责调换）

前　言

党的二十大报告指出："人民健康是民族昌盛和国家强盛的重要标志。把保障人民健康放在优先发展的战略位置，完善人民健康促进政策。"贯彻落实党的二十大决策部署，积极推动健康事业发展，离不开人才队伍建设。党的二十大报告指出："培养造就大批德才兼备的高素质人才，是国家和民族长远发展大计。"教材是教学内容的重要载体，是教学的重要依据、培养人才的重要保障。本次教材修订旨在贯彻党的二十大报告精神和党的教育方针，落实立德树人根本任务，坚持为党育人、为国育才。

护理管理学是将管理学理论和方法应用于护理实践并逐步发展起来的一门应用学科。主要研究护理管理现象和规律，通过计划、组织、人力资源管理、领导、控制五个管理职能，达到保证护理管理效率的目的。本书以管理学基本理论和最新理论为基础，以护理管理实践为着眼点，以高职高专教育层次为立足点，以提升护生管理理念和管理能力为出发点，体现"以就业为导向，以能力为本位，以发展技能为核心"的职业教育培养理念；精选教材内容，以典型案例引出，突出对所学核心知识的理解与掌握，突出体现四个"贴近"的原则，即贴近学生现状、贴近社会需要、贴近岗位需求、贴近执业资格考试要求，使学生更好地掌握学习内容；并根据职业岗位的任职要求，吸纳了当前临床先进的护理管理理论和管理方法，体现了"以人为中心"的护理理念及护理学科多元化融合的特点。

护理管理不仅是医院管理的重要组成部分，而且是整个卫生事业管理的一项重要内容，既具有一般管理的共性，又具有专业管理的个性。本书每章由三大部分组成：第一部分设学习目标，告知学生本章需要掌握的内容和重点难点，以方便教师教学和学生有目的地学习相关内容；第二部分是具体教学内容，以典型案例引出，力求体现科学性、适用性和易读性的特点；第三部分是目标检测内容，以临床真实工作任务为依据，突出对所学核心知识与技能的理解与掌握，充分体现了理论与实践的结合，并力求培养学生解决问题、分析问题及评判性思维的能力。

本书共十一章，系统地介绍了护理管理学的基础知识、基本理论和基本技能，并在此基础上紧密结合护理管理活动临床情景，把深奥的理论和临床实践相结合，提高了临床实用性。力求结构严谨、层次清晰、内容新颖、注重实用，设置管理实践的情景教学内容，强调管理知识和理论的临床应用，培养管理意识、增强管理能力、更新管理理念、拓展管理视野。立足于学生执业角度选取内容，结合护理管理实践介绍管理理论，依据管理理论探讨护理管理实践，为学生执业提供着实有效的实战性指导。每章的内容由案例引入，提出问题，引导护生带着问题进行理论学习，并穿插相关的链接，以活跃教材风格。

通过学习，学生可了解管理的理论基础和方法，以及护理管理的组织结构、特点和任务；基本掌握管理的五个职能，并具有运用管理基本理论和技能、解决护理管理实际问题的能力。

本书适用于三年制高职高专护理、助产等专业教师与学生。各校在使用本教材时，可根据具体情况对教学内容和教学顺序做适当调整。由于编者水平有限，不足之处在所难免，恳请指正。

编　者
2024 年 1 月

目 录
CONTENTS

第1章 绪论 / 1
  第1节 管理与管理学 / 1
  第2节 护理管理与护理管理学 / 5
  第3节 护理管理面临的机遇及发展趋势 / 12

第2章 管理理论概述 / 17
  第1节 经典管理理论概述 / 17
  第2节 管理的基本原理 / 23
  第3节 管理的基本原则 / 27

第3章 计划与目标 / 32
  第1节 计划概述 / 32
  第2节 目标管理 / 38
  第3节 时间管理 / 41

第4章 组织与组织管理 / 48
  第1节 组织概述 / 48
  第2节 护理组织结构与设计 / 51
  第3节 组织文化与团队建设 / 56

第5章 领导与决策 / 61
  第1节 领导概述 / 61
  第2节 领导理论与领导艺术 / 68
  第3节 激励与激励理论 / 75
  第4节 预测管理与决策管理 / 78

第6章 护理风险管理与危机管理 / 85
  第1节 护理风险管理 / 85
  第2节 护理危机管理 / 90

第7章 护理人力资源管理 / 99
  第1节 护理人力资源管理概述 / 99
  第2节 医院护理人力资源管理 / 100
  第3节 护士职业生涯规划与职业发展路径 / 112

第8章 护理法律法规与制度 / 118
  第1节 护理法律法规概述 / 118
  第2节 护理管理中的法律问题 / 122
  第3节 护理管理制度 / 124

第9章 护理质量管理 / 132
  第1节 质量管理与护理质量管理 / 132
  第2节 控制与护理质量控制 / 140
  第3节 医院评审标准与护理质量管理 / 150

第10章 护理质量管理实践 / 156
  第1节 护理质量管理常用方法 / 156
  第2节 护理质量评价与持续改进 / 162
  第3节 护理工作中的感染控制 / 169

第11章 护理信息管理 / 175
  第1节 护理信息与护理信息学 / 175
  第2节 医院护理信息管理 / 178

参考文献 / 187

《护理管理学》教学基本要求 / 188

目标检测选择题参考答案 / 192

第1章 绪 论

管理学是由社会科学、自然科学和其他学科相互渗透融合形成的一门综合性学科。现代管理学之父彼得·德鲁克（Peter F. Drucker）说，管理是所有组织特有和独具特色的工具。社会实践活动领域是多样化的，不同组织有不同的管理形式，不同的社会组织有不同的解决问题的管理原理和方法，由此形成了各种不同门类的管理学科。护理管理学则是将管理学的基本理论、方法和技术应用于护理实践，结合护理管理学的特点加以研究和探索，使护理管理更趋于科学化、专业化、效益化。

第1节 管理与管理学

● 案例 1-1

某护士 A，大学毕业后，分配在内科病区工作，几年后医院护理部进行人员调整，领导决定调整 A 护士到新科室担任护士长。作为新护士长其面临着很大困难，业务不熟、管理工作不熟、人员不熟、与科主任关系不熟，但是医院任命已经下达，只好接下本应高兴却内心担忧的工作。她面临的情况：年轻，科室里有5位护士年长于她，其他十几名护士都是应届毕业的护士。A 面对这种现状，工作一段时间后，觉得压力很大，递交了辞职信。

问题：1. 如果你是这位护士，你会应对这种局面吗？
　　　2. 如何建立自己的威信？

一、管理与管理学的基本概念

（一）管理的概念

管理（management）是管理者为实现组织目标，对组织内部资源（人力、物力、财力、时间和信息）进行计划、组织、人力资源管理、领导、控制，促进其协调配合，发挥人的积极性，以取得最大组织效益的动态过程。管理作为一种社会活动，普遍存在于各个领域的各项工作之中。不同研究学派对管理概念的解释各异。目前国内外管理学界公认的管理过程方法的观点：管理是管理人员与被管理人员共同实现既定目标的活动过程，它是一切活动不可缺少的要素。

在管理过程中管理者在合理分配和充分利用组织资源（人力、物力、财力、时间和信息）的基础上，通过计划、组织、人力资源管理、领导及控制五项职能，发挥和提高管理功效，实现既定的目标。

管理的概念包括以下基本点：①管理的宗旨是实现组织目标。管理是组织运行的保障。组织行为作为一个系统，包括两种类型：一是从事各种具体业务活动的操作行为；二是对各种业务行为起组织作用的协调行为，即管理行为。管理是以组织目标为出发点，根据组织目标和工作标准，有意识、有目的地协调行为。②管理核心是计划、组织、人力资源管理、领导和控制五大职能的实现。③管理的基础是对人力、物力、财力、时间、信息等各种资源合理使用和分配。④管理的作用是用同样的投入获得最大的社会效益和经济效益。⑤管理的重点是明确的目标和正确的决策。

（二）管理学的概念

管理学是一门系统研究管理过程的普遍规律、基本原理和一般方法的科学，是自然科学和社会科学相互交叉的一门边缘学科。管理学的基本原理、理论、技术和方法，适用于各个行业和不同组织的管理活动。

（三）管理的职能

管理职能（management functions）是管理或管理人员所应发挥的作用或承担的任务，是管理活动内容的理论概括。1916年，法国管理学家亨利·法约尔（Henri Fayol）提出，所有的管理者都应履行计划、组织、指挥、协调和控制五种管理职能。20世纪50年代中期，美国两位管理学家哈罗德·孔茨（Harold Koontz）和西里·奥唐奈（Cyri Odonnell）从计划、组织、人力资源管理、领导、控制五个方面来论述管理职能。

1. 计划职能　是管理最基本的职能，与其他职能密切联系。计划职能包括组织目标的选择和实现组织目标途径的确定。管理者根据计划目标，从事组织、领导及控制工作等活动，以达到预定目标。为使组织中的各项活动能够有效、协调进行，必须有严密、统一的计划。具体而言就是确定做什么（What）、为什么做（Why）、谁来做（Who）、何时做（When）、何地做（Where）和如何做（How）。

2. 组织职能　是指为实现预定目标，根据计划对组织拥有的各种资源进行科学安排，设计和维持合理的组织结构。组织工作的具体程序和内容包括组织设计、人员配置和组织变革三部分。组织设计是为实现计划目标，对各种业务活动进行组合分类，设置相应的岗位和职务，并按一定的标准组合这些岗位和职务，形成不同的工作部门。人员配置是根据各个岗位活动的要求及组织成员的素质和技能特点，对组织结构规定的不同的所需人员进行恰当有效的选择、考评、培养和使用。将适当的人员安置在相关的岗位上，以便胜任组织结构规定的各项职务，从而实现组织目标。组织变革是根据组织活动及其环境的变化，对组织结构做必要的调整。组织职能管理的重要职能之一，是完成计划的保障。

3. 人力资源管理职能　是指管理者根据组织管理内部的人力资源供需状况所进行的人员选择、培训、使用、评价的活动过程，目的是保障组织任务的顺利完成。人力资源管理作为一项独立的管理职能，已得到越来越多的管理理论家和实际工作者的认同，并把人员配备职能的含义扩展为选人、育人、用人、评人和留人五个方面。随着管理理论研究和实践的不断深入，这一职能已经发展成为一门独立的管理学科分支。

4. 领导职能　是各项管理职能有效地实施、运转并取得实效的统率职能。护理管理的领导职能就是管理者引导护理团队同心协力实现组织目标的过程。领导职能发挥的关键是正确运用领导者的影响力，有效激励下属的工作自主性、积极性和创造性，提高工作效率，保证组织目标的实现。

5. **控制职能** 核心是保证组织目标的实现。控制活动是根据既定目标和标准对组织活动进行监督、检查，在发现偏差时采取纠正措施，以达到预期目标。控制工作是一个延续不断、反复进行的过程，目的在于保证组织实际的活动及其成果同预期目标相一致。

以上职能是统一的有机整体，各项职能之间是相互联系、相互交叉的循环过程。

（四）管理的对象

管理对象也称管理客体，是指管理者实施管理活动的对象。在一个组织中，管理对象主要是指人力、财力、物力、信息、技术、时间、空间等一切资源，其中最主要的是对人的管理。

1. **人力资源** 是组织中第一资源。人力资源是一种可以反复利用、不断增值的资源。如何使人的主动性、积极性和创造性得以充分发挥，提高劳动生产率，是管理者面临的最大的挑战。人力资源管理不仅强调以人为本，而且重视对人的思想、心理和行为进行有效的管理，做到位得其人、人尽其才、人事相宜，通过有效的人力资源开发和管理达到提高组织人力资本价值的目的。

2. **物力资源** 物质是人们从事社会实践活动的基础，所有组织的生存发展都离不开物质基础。在进行组织物力管理时，管理者要遵循事物发展的客观规律，根据组织管理目标和实际情况，对各种物力资源进行最优配置和最佳的组织利用，做到物尽其用。

3. **财力资源** 在市场经济中，财力资源既是各种经济的价值体现，又是具有一定独立性和运动规律的特殊资源。财力资源是企业高速发展的社会生产力的基础，任何组织都可以通过财力资源的有效整合及运用，达到提高管理成效的目的。财力资源管理的目标是通过组织财力资源的科学管理，做到财尽其力，用有限的财力资源创造更大的社会效益和经济效益。

4. **信息资源** 信息产生于人类的活动。人类对各种资源的有效获取、分配和使用无一不是凭借着对信息资源的开发和有效利用来实现的。随着信息社会的到来，广泛收集信息、精确加工和提取信息、快速准确地传递和处理信息、有效利用信息已成为信息管理的重要内容。管理者应保持对信息的敏感性和具有对信息迅速做出反应的能力，以求达到效益最大化。

5. **技术资源** 广义上属于社会人力资源，其在经济发展中起着最大作用。技术是自然科学知识在生产过程中的应用，是直接的生产力，是改造客观世界的方法、手段。对于一个组织来说，技术包括两个方面，其一是与解决实际问题有关的软件方面的知识；其二是为解决这些问题而使用的设备、工具等硬件方面的知识。两者的总和构成了组织的技术资源。

6. **时间资源** 时间是运动着物质的存在形式，物质与时间、空间与实践都是客观存在且不可分割的。时间是无形的，但却是有价值的。成功者与不成功者具有相同的时间，实现的价值却不尽相同。管理者要善于管理和安排时间，做到在最短的时间里完成更多的事情、创造更多的财富。

7. **空间资源** 从资源学的角度来讲，空间资源主要包括高度资源、环境资源和物质资源。研究和开发空间资源，是为了更好地利用空间资源弥补地球资源不足的缺陷、优化资源配置、提高资源的综合利用水平，以拓展人类的生存与发展空间。管理者要重视空间资源学的研究对象、范围、内容及与其他学科之间的联系，进一步加强人类对空间资源的利用。

（五）管理的方法

管理方法是为实现管理目的而进行的手段、方式、途径和程序的总和，也就是运用管理原理，实现组织目的的方式。

1. 行政方法　是在一定的组织内部，以组织的行政权力为依据，运用行政手段，按照行政隶属关系来执行管理职能，实施管理的一种方法。

行政方法的特点：①具有一定的强制性，以组织的行政权力为基础，以下级服从上级为原则。因此，行政方法的时效性很强，见效快。②具有明确的范围，即它只能在行政权力所能够管辖的范围内起作用。③不平等性，行政管理方法是以组织权力为基础，以服从为原则。上级对下级发出的命令，下级在执行的过程中不能讨价还价。

2. 经济方法　是以人们对物质利益的需要为基础，按照客观经济规律的要求，运用各种物质利益手段来执行管理职能，达到实现管理的方法。

经济方法的特点：①利益性。方法主要是利用人们对经济利益和物质利益的需求来引导被管理者。②交换性。经济方法实际上是以一定的交换为前提的。管理者运用一定的报酬手段影响被管理者去完成所承担的任务。③关联性。经济方法使用的范围非常广泛，影响面宽，与各个方面都有着直接或间接的联系。但是它也有一定的局限性，因为人们的需求不可能仅仅只有物质利益，决定人们行为经济性的也并非只有对经济利益的追求，管理者在具体的实践中要注意这一点。否则会导致"一切向钱看"的倾向。

3. 教育方法　教育是按照一定的目的和要求对受教育者从德、智、体几个方面施加影响，使受教育者改变行为的一种有计划的活动。

教育方法的特点：①教育是一个缓慢的过程。教育以转变人的思想、价值观为特征，以提高人的素质为目的，是一个缓慢的过程。②教育是一个互动的过程。在教育过程中，教育者和受教育者都在提高，是一个相互学习、相互影响的活动。教育要起作用，教育者必须为人师表、以身作则、身体力行。③教育的形式多样。教育的具体方法很多，如思想政治工作、企业文化建设、工作岗位培训、对员工的情感投资等都是行之有效的教育方法。

4. 法律方法　也称"制度方法"，是指运用法律规范及类似法律规范的各种行为规则进行管理的一种方法。在管理的法律方法中既包括国家正式颁布的法律，也包括各级政府机构和各个管理系统所制定的具有法律效力的各种社会规范。

法律方法的特点：①强制性。法律、组织规范同其他社会规范不同，它一般是由国家或组织强制实施的、人人必须遵守的行为规则，具有普遍的约束力和强制性。②规范性。法律、组织规范规定人们在什么情况下可以做什么、应当做什么或不应当做什么，同时又通过这种指引，作为评价人们行为的标准。③概括性。法律、组织规范制约的对象不是具体的人，而是概括的人，具有普遍适用性和相对稳定性。

5. 数量分析方法　是建立在现代系统论、信息论、控制论等科学基础上的一系列数量分析、决策方法。

数量分析方法的特点：①模型化。在假定的前提下，运用一定的数理逻辑分析，针对需要解决的问题建立一定的模型。②客观性强。在使用这些方法时，除了假定前提条件和选择分析方法之外，在建立模型和进行推导的过程中，基本不受人为因素的影响，有很强的客观性。

管理的基本特征

（一）管理的二重性

1. 管理的自然属性　具有普遍性和共性，是指对人力、物力、财力、时间、信息等资源进行组合、协调和利用的管理过程，包含着许多客观的、不因社会制度与社会文化的不同而变化、只与生产力发展水平相关的属性，就是自然属性。它反映了一种社会化大生产过程中协作劳动本身的要求，反映出管理的必要性。

2. 管理的社会属性　具有特殊性和个性，是指人们在一定的生产关系条件下和一定的社会文化、政治、经济制度影响的特征。它反映了一定的社会形态中生产资料占有者的意志，是为一定的经济基础服务的，又受一定的社会制度和生产关系的影响与制约，才能反映出管理的目的性。

（二）管理的科学性和艺术性

1. 管理的科学性　科学是反映自然、社会和思维等客观规律的知识体系。管理是由一系列概念、原理、原则和方法构成的知识体系，反映了科学活动的科学性。体现了科学管理的基本特征：制度化、程序化、规范化、人性化。管理的理论和原理能指导具体的管理活动，而管理者是运用管理的知识和方法解决管理中的实际问题。因此，管理者必须系统地学习、掌握、了解管理学的理论知识和方法，才能在实践中有效地实施管理，这就体现了管理的科学性。

2. 管理的艺术性　艺术性就是强调管理的实践性，没有实践也就没有艺术。单纯依靠理论实施管理只能纸上谈兵，只有在实践中，管理者结合内外环境的具体情况，发挥创造性和主观能动性，因地制宜采取有效的措施实施管理，体现了管理的艺术性。有成效的管理艺术是以对管理学理论知识的解决和应用为基础。管理实践活动是一门艺术，而指导这种实践活动的知识体系——管理学则是一门科学，所以管理既是科学，又是艺术，是科学性和艺术性的辩证统一。

（三）管理普遍性和目的性

1. 管理的普遍性　是指管理存在于各种活动之中。

2. 管理的目的性　通常表现为社会劳动和社会群体的共同目的，而不是某个人或管理者单方面的目的。

第2节　护理管理与护理管理学

护理管理是将管理的科学理论和方法在护理管理实践中的应用过程，其任务是研究护理管理的特点，找到规律性，对护理管理工作中涉及的要素（人、目标、任务、信息、技术等）进行综合统筹，使护理系统实现最优运转，以提高护理工作的效率。

　护理管理与护理管理学的基本概念

（一）护理管理的概念

护理管理（nursing management）是以提高护理质量和工作效率为主要目的的活动过程。世界卫生组织（WHO）对护理管理的定义是：为了提高人们的健康水平，系统利用护士的潜在能力和有关其他人员、设备、环境和社会活动的过程。

护理管理的含义是针对护理专业领域的一种管理活动，它通过行政管理、业务管理和教育管理来全面实施，达到提高护理质量和工作效率的目的。护理管理中要求护理管理者要对护理工作中的诸多因素进行科学的计划、组织、领导、控制协调，以实现护理管理的制度化、护理诊疗的常规化、护理设置规格化、护理工作的程序化及护理业务的标准化，在满足服务对象需求的同时为其提供最优质的服务。

（二）护理管理学的概念

护理管理学是管理学的一个分支，是护理专业领域的管理学，是将管理学的原理和方法在护理管理工作中的具体应用，是在结合护理工作特点的基础上，研究医院护理活动的基本规律与方法的一门科学。

护理管理学的含义是在总结护理管理发展历史经验的基础上，综合运用社会科学、自然科学、技术科学的理论和方法，研究护理活动的基本理论、基本知识、基本规律和方法，实现护理质量提高、保证护理学稳步发展的最终目标。目前，护理管理学的发展已形成自身的学科体系，是一个既有系统的管理理论，又有一系列管理方法运用与实践的比较完整的结构。护理管理学是具有护理特色的新型护理管理学思想体系和管理体系的学科。

护理管理思想的形成与发展

（一）国外护理管理思想的形成与发展

公元前，有些文明古国已经有了早期的医学和护理活动。例如，古印度《吠陀经》记载有内科、外科、妇产科、小儿科等疾病的治疗与护理；对产妇的护理提出重视个人清洁卫生和室内空气新鲜；对助产士和医生要求留短头发和短指甲，每日沐浴。公元前460年，医学之父希波克拉底（Hippocrates）提出护理、观察、报告都要以患者为中心的观点，强调在患者的床旁对其进行仔细的观察，重视生活条件、周围环境对患者康复的意义。

19世纪以前的护理以家庭照顾为主。欧洲虽然建立了医院，但是条件很差，患者和医务人员的交叉感染率和死亡率很高。当时的护士多为修女，她们出于爱心和宗教观念对患者提供一些照顾和精神安慰，但是护士们得不到科学的、正规的护理训练和教育机会。

弗洛伦斯·南丁格尔（Florence Nightingale，1820—1910）被誉为近代护理事业的创始人。她提出医院管理需要采用系统化方式、创立护理行政制度、注重护士技术操作训练。由于她的科学管理，在1854～1856年克里米亚战争期间，使战伤死亡率从50%下降到2.2%，从而体现出护理质量的重要，创造了护理发展史上的奇迹，也极大地推动了护理学科和护理管理的发展。第二次世界大战后，随着先进的管理思想和管理方法的渗透和引入，护理管理逐渐由经验管理走上科学管理的轨道。

20世纪以后，随着医学与管理学的进步，护理管理也得到发展。各级护理管理组织逐渐完善，各项护理管理职能不断明确，护理管理的重要性日益得到重视。1946年美国波士顿大学护理系开设护理管理课程，培养护士的行政管理能力。1969年美国护理学会（ANA）规定，护理管理人员的任职条件最低为学士学位，进一步促进了护理管理学的发展。

20世纪70年代后，在欧美等一些发达国家，各种现代化科学技术开始广泛渗透到护理领域，护理工作由手工操作逐步向机械化、电子化、自动化方向发展，促进临床护理管理工作也逐步进入现代化管理发展阶段。现代管理学的许多先进理论、观点和方法在护理管理实践中得到了更加广泛的应用。随着经济的发展，欧美一些发达国家对护理管理人员的知识结构也提出更高要求，护士长不仅要具有护理管理学知识，还必须具有工商管理、经济学和财务预算等方面的知识。

（二）国内护理管理思想的形成与发展

中国医学在几千年漫长的封建社会中，一直保持着医、药、护不分的状态。早期的中医药学与护理学合二为一、密不可分，中医所说的"三分治，七分养"中的"七分养"，指的就是今天的"护理"。中医药学为护理学的起源提供了丰富的理论和技术基础。

我国近代护理学的形成与发展在很大程度上受西方护理的影响。18 世纪中叶，随着西医与宗教的传入，许多外国教会开始在中国各地建立教会医院，西方的一些护理管理经验开始传入我国。早期的护理管理是从制度管理开始的，管理人员将一些杂乱的事物或业务工作渐渐归纳成条文，并在实践中不断地修改、补充，使护士在工作时有章可循。

1909 年，中国护士会（1923 年改称中华护士会，1936 年改称中华护士学会，现在称为中华护理学会）成立，成为全国护士相互联系、相互交流的纽带。中国护士会的成立是中国护理事业发展史上的主要里程碑。

中华人民共和国成立后，随着卫生事业的发展，我国护理工作进入一个新的时期。在"面向工农、预防为主、团结中西医、卫生工作与群众运动相结合"的国家卫生工作总方针指引下，我国护理工作有了迅速的发展。护理组织也日趋健全，逐渐形成了全面、系统的管理制度。这些管理制度成为护理管理的重要依据，检查和督促规章制度的有效贯彻执行成为护理管理者工作的主要内容。

20 世纪 80 年代初，我国护理高等教育恢复并进一步发展，在高等护理教育课程中开设了"护理管理学"，护理管理者也在借鉴国外先进的护理理论、管理方法的基础上积极探索适合我国国情的临床护理中国模式及相应的护理管理模式，护理管理组织体系逐步完善，形成了护理管理理论体系，并不断探索适合我国国情的临床护理工作模式，护理管理逐渐从经验管理转向标准化管理。

20 世纪 90 年代以后，随着现代管理学的发展与进步，护理学与现代管理学不断交叉、融合，护理管理学得到迅速发展，护理管理者对于如何有效地管理各种护理组织资源及服务群体，做了大量的实践研究并发表护理管理研究学术论文，出版了许多护理管理专著，有效促进我国护理管理学科的建设和发展。护理管理学也逐渐形成了自己的学科体系，护理管理工作逐渐向现代化、科学化、标准化、制度化和法制化的方向发展。

三 护理管理的任务

护理管理是管理理论与方法在管理实践中的具体应用，以提高护理质量和工作效率为主要目的的活动过程。目前我国护理管理面临的任务是总结我国护理管理的经验，研究并借鉴国外先进的护理管理模式和方法，创立适合我国的护理管理理论体系。具体内容：研究护理管理的客观规律、原理原则和方法；构建和实践临床护理服务内容体系；建立护理服务评估体系；实施护理项目成本核算，实现护理成本管理标准化、规范化、系统化；持续提高临床护理质量，向人们提供高品质的护理服务。依据管理任务内容的不同，可分为护理行政管理、护理业务管理、护理教育管理和护理科研管理。

1. 护理行政管理　是要遵循国家的方针政策和医院有关的规章制度，对护理工作进行组织管理、物资管理、人力管理和经济管理，持续改进，有效地提高组织和部门的绩效。

2. 护理业务管理　是对各项护理业务工作进行协调控制，以提高护理人员的专业服务能力，保证护理工作质量，丰富护理服务内涵，满足社会健康服务需求，提高工作效率。

3. 护理教育管理　主要是为了培养高水平的护理人才，提高护理队伍整体素质进行的管理活动。随着人们对健康服务需求的不断增加，护理教育也日渐向现代化、社会化、综合化、多样化、终身化和国家化的趋势发展。临床护理教育是培养不同层次护理人才的重要途径，完整的临床护理教育体系应该包括：护理中专、大专、本科、研究生的教育，护士规范化培训，毕业后护士继续教育，专科护士培训，护理进修人员培训等内容。

4. 护理科研管理　是运用现代化管理的科学原理、原则和方法，结合护理科研规律和特点，对护理科研工作进行领导、协调、规划和控制过程。它强调的是一种在全新的质量理念、科学的管理方法与先进的管理模式下的动态管理。

四 影响护理管理发展的因素

护理管理要提高管理效率，必须重视影响护理管理的各种因素。护理管理作为一个过程，受到医院内外政策、服务对象、护理人员和技术等诸多因素的影响，同时还受到管理者自身条件的影响。

（一）护理管理的一般环境

任何组织都处在一定的环境之中，管理环境是指医院和护理管理相关的外部环境，即对医院和护理管理的绩效产生影响的外部条件。环境一方面为组织提供了必要的条件，另一方面又对组织活动起制约作用。国家的路线、方针、政策、法规等作为外环境因素对医院有直接的推动和制约作用。随着我国社会主义法律体系的日益完善，与医院和护理管理有关的法律越来越多，医院和护理管理人员必须对外环境的变化给予充分的关注，及时了解和预测外部变化时护理工作的要求，保持护理管理工作的主动性。

国家的社会制度、发展计划、产业政策及科学技术的进步等都会直接或间接地影响医院的运转及利益的分配。医院的管理结构应随着外部环境因素及内部各种因素的改变做出适当的调整。医院和护理管理成员都来自于社会，医院和护理管理的活动离不开社会，社会文化环境主要是通过作用于医院和护理管理成员及其他社会成员而对护理管理产生的影响，在护理学领域同样产生了重大影响。护理管理模式不断创新，建立了医院内的护理"垂直"指挥系统，健全了医院内的护理管理制度和护理质量标准。护士执业注册制度、护士继续教育制度等日趋完善。在护理管理者的选拔任用上也由原来的论资排辈逐步转变为民主、公开、平等、择优的原则，引入竞争机制，公开竞选护士长，变原来的"要我干"为"我要干"，为具有护理管理才能的人员搭建了一个施展才华的平台。

（二）医院护理管理组织结构

护理部是医院管理中的职能部门，在院长或主管护理的副院长领导下，负责组织和管理医院的护理工作。它与行政、教学、科研、后勤管理等职能部门并列，相互配合共同完成医院的各项工作。护理部在护理垂直管理中的管理职能，对加强护理管理、提高管理质量有重要意义。按照国家卫生和计划生育委员会的要求，目前我国大多数医院护理管理体制的设置情况如下。

1. 护理部主任　县和县级以上医院均设护理部，实行院长领导下的护理部主任负责制。500张以上床位的医院要求配备专职副院长，另设护理部主任1人，副主任2人；300～500张床位的医院，或不足300张，但医、教、研任务繁重的专科医院，设护理部主任1人，副主任1～2人；300张床位以下的医院，设总护士长1人。

2. 科（总）护士长　100张床位或设有3个护理单元以上的科室，以及任务繁重的手术室、急诊科、门诊部设科护士长。科护士长在护理部主任的领导和科室主任的业务指导下，全面负责本科室的护理管理。

3. 护士长　是医院病房和其他基层单位（门诊、急诊、手术室、供应室、产房、婴儿室、

ICU 等）护理工作的管理者。病房护理管理实行护士长负责制。护士长与主治医师共同配合负责病房的全面管理工作。

目前我国医院均已实行护理部主任—科护士长—护士长三级或总护士长—护士长二级管理体系。

（三）宗旨和目标

护理工作的宗旨包括对护理活动、患者、护士三个方面问题的认识。明确组织宗旨是有效进行护理管理的基本前提。护理管理者明确宗旨目标，实行目标责任制管理，可帮助护理人员明确岗位责任；做好行动计划准备；利于激发护理人员自我实现意识，在护理管理过程中有参与感，为职业发展做好规划。明确目标宗旨可对管理活动做到心中有数，预先知道下属要做的事情，并及时制订工作计划及进度安排，客观分析员工绩效及目标和效果之间的差别，以方便向上级汇报工作，对下级给予指导和提出改进意见，确定新的奋斗目标。

（四）人员因素

拥有一支高素质的护理人才队伍是医院护理工作不断发展、提高组织人才竞争力的关键。护理管理人员在医院护理人才队伍建设中具有十分重要的地位，选择素质高、能力强的护理人员，对高质量、高效率完成医院的护理工作，实现医院护理管理目标有十分重要意义。医院护理事业要持续兴旺发展就必须保证长期拥有优秀的护理人才队伍。管理者如何使每一位护理人员发挥积极性，提高工作效率，做到人尽其才、才尽其用，对医院的生存和发展是至关重要的。在现实的护理管理活动中，管理人员的能力具体表现为处理各个方面问题的能力。优秀的护理管理者应该学会充分运用管理艺术来保证护理管理活动的高效率。

五 护理管理者的角色

角色（role）是描述一个人在某位置或状况下被他人期望的行为总和。管理者能否扮演好自己的角色，首先在于是否具备管理者的意识，其次是是否能够领悟其所扮演角色的内容。根据管理者的工作任务和特点，管理专家对管理者的角色模式进行了不同的探索和分析。

（一）明茨伯格的管理角色模式

20 世纪 70 年代，亨利·明茨伯格（Henry Mintzberg）提出了管理者著名角色理论，他将管理者在管理过程中需要履行的特定职责简化为 10 种角色，并将这 10 种角色划分为 3 种类型，人际关系型、信息型和决策型，每一大类中包含着不同的角色成分，10 种角色之间的关系如图 1-1，管理者从组织的角度来看是一位全面的负责人，但事实上却要担任一系列的专业化工作，既是通才，又是专家。由于护理职业的特殊性，对护理管理者而言，其担任的角色内涵又有不同，具有特殊性。

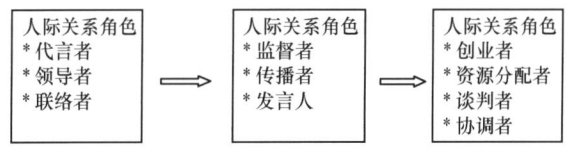

图 1-1　管理者工作中担任的角色

1. 人际关系型角色

（1）代言者：作为护理管理的权威，管理者必须履行有关法律、社会、专业和礼仪方面的责任，如需要代表所属单位举行各种护理行政和护理业务会议，或者接待来访者、签署法定文件、履行许多法律和社会义务等。它们对组织能否顺利运转十分重要，不能被管理者忽视。

（2）领导者：作为领导者角色，护理管理者需要为组织制订清楚明确的目标及优先次序，这些将作为护理人员工作目标的依据，发挥引导、培育、激励护理人员的功能。其活动主要包括两方面：一是选拔和培养人才，包括对下属的聘用、培训、评价、报酬、提升、奖赏等；二是引导和激励员工，应以优良的品格、扎实的理论和知识、娴熟的专业技能和管理能力激励护理人员，带领并指导下属完成护理工作任务，共同实现护理组织目标。

（3）联络者：护理管理者在工作中需要不断地与护理人员、上级护理管理者、医师、其他医技人员、患者及家属、后勤等进行有效沟通，营造一个良好的工作氛围和利于患者治疗和康复的环境。

2. 信息型角色

（1）监察者/监督者：作为监（察）督者，管理者要持续关注组织内外环境的变化，以获取对组织发展有利的信息，尤其是内部业务、外部事件、分析报告、各种压力所致的意见和态度倾向等。管理者通过掌握分析这些信息，可以有效地控制组织各种资源，识别组织的潜在机会和威胁。因此，作为护理管理者，应该主动收集各种信息，监督并审核各项护理活动与资料，从不同角度评估护士的工作，保证各项工作顺利进行，提高工作绩效。

（2）传播者：管理者因其获取信息的特殊地位，可以控制和发布信息。作为传播者，护理管理者要把信息向两个群体传播：一个是护理管理者的上级，另一个是下属的护理人群，有时候还包括护理对象。其传递的信息包括从外部人员和上级那里获得的信息、文件、命令及有关方针、政策、规章等，同时还有收集到的护理工作中的各种信息，需要经整理分析后汇报给相关的部门和人员。护理管理者的任务是在适当的时机、场合对适当的人发布有关信息，以便指导下属正确决策和行动。这要求护理管理者要熟悉公关技巧，并能保证信息准确、渠道畅通。

（3）发言人：管理者可运用信息提升组织影响，把信息传递给单位或组织以外的个人，向外界、公众、护理对象、同行及媒体等发布组织的信息，以便组织内外部的人对组织产生积极反应。

3. 决策型角色

（1）创业者：管理者的角色功能体现在需要适应不断变化的环境，能敏锐地专注于在观念、思想、方法等方面的创新与改革，如提供新服务、发明新技术、开发新产品等，以谋划和改进组织的现状与未来。

（2）协调者：创业者角色把管理者描述为变革的发起人，而协调者（危机处理者）角色则显示管理者非自愿地回应压力。在日常护理工作中，经常会发生一些非管理者所能控制的变化，护理管理者应适时观察环境的变化，大胆变革和创新，主动适应环境的变化；不同护理单位和科室之间的对立；护理资源损失或受到威胁；突发的危重患者抢救及其他重大意外事件等。护理管理者要使用协商、劝告、解释说明等手段，使冲突与矛盾的双方相互理解，求同存异，维持和谐团结的工作氛围。

（3）资源分配者：护理管理者负责并监督护理组织资源的分配系统，结合组织的整体目标及决策，有效利用资金、时间、材料、设备、人力及信息等资源，保证各项医疗护理工作顺利进行。作为基层护理管理的护士长，有向护理对象提供足够人力、物力和护理服务的责任，保证护理对象获得良好的护理服务。

（4）谈判者：护理管理者常代表组织和其他管理者与组织内外成员进行正式、非正式的协商和谈判，如向上级申请调整护理人员、增添医疗仪器设备、改造病室环境及讨论护理人员的培训计划、福利待遇、医护协作等有关合同、协议和项目等，同时还平衡组织内部资源分配的要求，尽力使各方面要求达成共识。

（二）霍尔的"成功管理者"角色模式

霍尔（Holle）和布兰兹勒（Blatchley）提出关于护理管理者"成功管理者"（competence）角色模式，认为护理管理者角色具有以下几个方面的内涵：专业的照顾提供者（care-giver professor）、组织者（organizer）、人事管理者（manager of personal）、照顾患者的专业管理者（professional manager of care）、员工的教育者（employee educator）、小组策划者（team strategist）、人际关系的专家（expert in human relation）、护理人员的拥护者（nurse-advocator）、变革者（change-agent）、行政主管和领导者（executive and leader）。这些英文单词的首字母组成了单词competence，即胜任的意思，是一名成功的护理管理者所承担的角色范围。

（三）其他有关角色

1. 护理业务带头人　护理管理者除承担管理责任外，还应承担护理业务发展提高的任务。护理管理者在现代护理理论的学习、推广、运用，新业务、新技术的引进研发，疑难问题的解决，组织指导抢救，计算机现代管理技术应用等方面均作为带头人，推动护理事业向前发展。

2. 教育者　护理管理者承担着教育者的角色。作为护理业务技术的带头人，不仅对下属的护理人员、进修护士、护士学生进行指导、教育、业务训练，不断提高护理人员的专业素质，还要对护士的专业精神、护理价值观进行培育。另外，病房是健康教育最直接的场所，护理管理者可利用巡视病房、召开患者座谈会等机会，向患者及家属进行康复指导和健康教育。

> **链接**
>
> **管理经典**
>
> 　　管理存在的目的是帮助组织取得成效。它的出发点应该是预期的成效，它的责任是协调组织的资源取得这些成效。它是帮助组织在组织外取得成效的工具，无论这个组织是企业，还是大学或医院。
>
> ——彼得·德鲁克

六 护理管理的研究内容和特点

护理管理研究的范围非常广泛，涉及护理领域的所有内容，包括护理实践、护理教育、护理科研和护理理论中的诸多问题。研究的目的就是寻找护理领域内护理管理活动基本规律和一般方法，提高科学管理水平，提高护理工作的效率和质量，进而推动整个护理学科的发展。

（一）护理管理研究的主要内容

1. 护理管理模式研究　传统的护理管理属于行政事务管理，注重对事控制。现代护理管理强调以人为中心，注重人与事相宜，以达到人、事、职能效益最大化。在护理实践中用护理理念引导护士转变观念，凝结护士的职业精神，构筑高质量的护理服务品质，规范护士工作的行为标准都是护理管理研究的内容。

2. 护理质量管理研究　护理质量是衡量医院护理服务水平的重要标志，也是护理管理的核心。我国医院普遍实行质量分级负责制，通过自我控制、同级控制、逐级控制、前瞻性和回顾性控制等方法，研究各种护理质量、管理方法和手段，以保证优质高效的护理服务。护理质量管理具有护理的专业特点，因此护理质量管理的模式、标准和方法等方面应与现代医学模式及现代护理观相匹配。

3. 护理人力资源管理研究　护理人力资源的合理配置与优化是护理管理研究的主要的内容之一。护理人力资源管理要从身份管理逐渐向护理岗位管理转变，建立符合护理职业生涯发展规律的人力资源管理的长效机制。对医院和科室护士进行科学合理的测算，制订各级护士聘任标准和岗位职责，研究探讨各级护士继续培训体系。

4. 护理经济管理研究　随着全球经济一体化的发展，护理经济管理的研究成为护理领域一个新的课题，护理成本、市场需求及护理相关经济政策方面的研究逐渐受到关注。护理管理者要有成本管理的意识，对成本进行评估与控制，重视成本效益，通过成本核算合理使用护理资源，解决护理资源浪费和不足的问题。

5. 护理文化建设研究　现代医院服务中的文化含量，文化附加值越来越高，经济与文化"一体化"是医院发展趋势中的重要内容。医院护理文化内涵包括了人文科学、思想意识、沟通技巧、行为规范等，体现了医院护理的文化素质、护理特色和服务意识。护理管理者的任务是要根据护理专业实践特点和护理发展形式的变化，确立、传承并不断优化护理文化，把护理文化作为组织目标进行管理，发挥护理文化的推动作用。

6. 护理管理环境研究　当前护理管理者应该主动适应医院内外环境的变化，掌握国内外护理管理的信息和发展动态，汲取国内外先进的管理理念和方法，大胆研究与实践，勇于创新，逐步建立适合我国国情的护理管理体系，使我国的护理管理向思想现代化、组织高效化、人员专业化、方法科学化、技术电子化的方向发展，推动护理管理学科的快速发展。

（二）护理管理的特点

1. 广泛性　护理工作涉及范围广，如医疗机构、社区、家庭、卫生保健、康复指导及教育等，所以广泛性表现在护理管理范围的广泛和参与护理管理人员的广泛。护理管理的范围包括组织管理、人员管理、业务管理、质量管理、病区环境管理、经济管理、物资管理、教学及科研管理等。参与护理管理人员是指各个层次的护理管理者（如主管护理院长、护理副院长、护理部主任、科护士长及护士长）和各个部门（如门诊、病房、急诊、手术室、透析室等）、各个班次的护理人员（如责任护士、小组护士、治疗护士、办公室护士、夜班护士等），也就是说，不同的角色在不同的护理岗位都担负着不同的护理管理责任。

2. 综合性　护理管理是一门涉及多学科、多部门、多人员的综合性应用学科，它除具有管理学的特点外，还具有护理管理学的特点，并受到多种因素的影响。在护理管理中既要满足服务对象的需求、保证护理安全，又要满足提供护理服务护士的个人要求，努力解决影响护士完成护理工作的难点和问题。

3. 实践性　护理是一个系统，护理管理是运用系统工程的思想和系统的分析方法指导护理工作，解决和处理护理工作中问题的一个实践过程。在护理管理中重视护士个人及团队作用，重视患者、医生及护理工作相关人员的沟通交流，通过不断地收集、分析、反馈、评价和总结护理管理信息，而实施前瞻性、科学性及可行性的护理管理。

第3节　护理管理面临的机遇及发展趋势

一 护理管理面临的机遇

（一）社会环境的变迁

1. 疾病谱和人口结构变化的影响　随着社会经济和医疗技术的发展，现代医学模式由生物模式向生物—心理—社会和环境相结合模式的转变，疾病谱的变化，与生活方式、心理、社会因素密切相关的慢性非传染性疾病的发病率逐年增高，并成为影响社会人群健康和生活质量的重要因素。人口老龄化、家庭规模小型化、人口流动化等趋势越来越明显，对护理服务的需求日益突出。人民群众对健康的需求和期望不断增长，促进护理服务向高质量、高水平更加人性化方向发展。因此，研究和发展适合我国国情的护理服务模式刻不容缓。

2. 全球经济化进程及人类活动的全球化　随着护理领域国际交流与合作的日益扩大，我国护理事业的发展面临许多机遇与挑战。经济时代的到来改变了护理工作模式、卫生保健服务形式及护理教育的环境和方式。因此，加强护理行业法制建设，提高科学管理水平，适应国际技术、服务、人才相互开放过程中管理方面的需要，成为一项紧迫而主要的工作。

3. 医疗卫生保健体系的改革　完善公共医疗保险体系、增加医疗服务的可及性、满足社会公众的医疗健康服务需求，是政府推行医疗卫生体制改革的主要衡量指标。随着医疗卫生改革与发展，卫生服务由医疗卫生组织内向组织外扩展；健康服务由单纯的医疗性服务扩大到主动指导健康人群生活方式的卫生保健性服务；医疗保险支付制度的改革对护理工作提出了新的要求。快速变化的服务保健体系要求护理人员具有更多的知识、技能、服务能力和独立的决策等综合能力。如何建立长效的护理服务体系运行机制，满足社会对护理服务的高品质化和多元化的需求，成为护理管理者需要思考的问题。

（二）医疗卫生体制的改革

护理专业作为医疗卫生服务的重要组成部分，在医学科学进步和市场经济的竞争中，护理工作的内涵及外延都有了新的拓展。

1. 护理专业人力资源　"十一五"期间，是我国历史上护士数量增长最快的时期，医院医护比例倒置的问题逐步扭转。但是相比广大人民群众日益提高的健康服务需求，能够适应社会需要的护理人力资源还处于相对缺乏的状况。我国目前的护理现状与国外护理形成的不同领域的专业特色情况相比，我国在形成科学化和专业化的护理管理队伍方面还有较大差距。

2. 护理经营模式　护理作为不可替代的医疗服务项目，其工作价值带来的经济效益一直未得到应有的体现。护理成本在很大程度上反映了护理服务的社会效益和经济效益，是反映医院工作质量的一个指标，因此护理经济作为一个概念逐渐被引入医疗机构。管理者要重视护理价值的研究，逐渐将经济学的经营管理理念和知识渗透到护理管理中。要站在护理发展的长远利益和全局高度来思考护理工作发展中面临的问题，利用现代化护理信息管理手段，构建我国的成本核算模型，真实体现护理人员的工作价值。

3. 护理管理体制　根据我国人口学特点及经济发展现状，护理工作重点从医院扩大到社区已成为发展趋势。但长期以来，我国各级医院护理服务管理体系一直是以临床护理管理为重点，这种护理管理机制只适用医院护理管理，缺乏延伸至社区护理和家庭的护理管理，不能满足社会的广泛需求：老年护理、慢性病护理、临终关怀等方面的服务存在的问题更加突出。因此，改革护理行政管理体制已经是摆在各级行政领导和护理管理者的一项紧迫任务。

（三）护理学科的发展

护理学是一门综合性的应用学科，以人、环境、健康和护理作为学科的基本概念框架逐渐形成了自己的护理理论体系。在社会、经济、文化、科学自身的实践发展等综合因素的影响下，护理学在护理理念、工作性质和工作范围方面发生了重大变化，护理实践的独立性和自主性也大大提高。鉴于国内外对护理学科的发展需要，中国学位与研究生教育学会医药科工作委员会专家反复论证，我国在 2011 年初将护理学科定位为国家一级学科，为护理学科的发展提供了更大的发展空间。

1. **护理教育改革** 过去我国护理学科定位为临床医学的二级学科，护理教育呈"医学+护理"的两端式课程模式，学科主题意识不强，学科知识体系不完整，护理人才培养缺乏护理学科的专业特色。护理学科成为一级学科后，护理管理者应加快护理教育教学改革的步伐，致力于护理学科体系构建的研究，在护理学科建制规范、学科体系结构、学科的理论基础、研究方法、解决实际问题的思路等方面深入探讨，制订科研型和专业型的高层次人才培养方案，形成具有护理特色的专业人才队伍，促进护理事业的不断发展。

2. **临床护理实践** 随着护理改革的不断深入，护理实践领域进一步扩大，实践形式也日趋多样化。一级学科的定位，可以使护理学科进一步确立自己的研究和实践方向，在学科自主的条件下，按照专业型学位研究的培养目标进行高级护理人才的培养，积极发展高级护理实践，提高护理质量和护理绩效，才能满足不断变化的健康护理服务需求。

3. **护理研究** 护理服务是技术性强、内涵丰富、具有一定风险的专业服务，需要科学理论及研究作为基础指南，学科建设是科学研究的基础和推动力，科学研究是学科建设的前提和拉动力，而科研项目则是护理学科建设的载体。在护理学科的发展进程中，我国护理学科的理论研究滞后，研究问题、研究方法和研究对象缺乏学科领域特色，在深度和广度方面存在较大局限。在经济发展和医疗技术巨大进步的今天，管理者要以此为契机，善于发现新的护理现象和护理问题、采用创新护理研究方法和手段进行研究，用循证护理方法指导临床实践，促进护理学知识体系的建立与完善，加快护理学科发展的进程。

护理管理发展的趋势

随着卫生事业在国民经济和社会发展中的地位和作用日益提高，广大护理工作者经过多年努力，积累了宝贵经验，为加快护理事业发展提供了丰富的实践基础，护理工作目前受到国家的高度重视，为加快护理事业发展提供了良好的社会基础。加强科学管理，提高管理效率，促进护理事业发展，适应社会经济发展和人民群众健康服务需求不断提高的要求，是护理管理未来的发展方向。

（一）护理管理队伍专业化

随着护理学的发展与进步，发达国家的高级实践与发展，推动了护理学科的专业化进程。在医院护理管理改革中，培养和建设一支政策水平较高、管理能力强、综合素质强的护理管理专业化队伍是未来的趋势。各级医疗服务机构应进一步顺护理管理职能，按照"统一、精简、高效"的原则，建立完善的责权统一、职责明确、精简高效、领导有力的护理管理体制及运行机制，提高护理管理的科学化、专业化和精细化水平，以适应现代医院和临床护理工作发展的需要。

（二）管理手段信息化

随着信息技术在护理管理中的广泛运用，加快了护理管理的现代化进程。护理信息系统的建立和完善改变了传统的护理工作模式，在护理质量管理，人力资源管理、物资管理、教育培训及患者安全管理等方面取得了很大成效，对贯彻"以患者为中心"护理理念，提高护理质量，促进护理管理的科学化、规范化具有重要意义。管理者用科学管理的理念指导和设计护理信息管理系统，建立以护理管理为核心的数据库，实现了患者识别、医嘱处理、病情观察、危机预警、护理记录、工作绩效、考核评价、统计查询、质量控制等多功能、广覆盖的护理管理网络，为护理管理者科学决策提供了准确的数据。

近年来全国大型综合医院建立了电子病历、移动查房系统、床旁护理移动系统等医疗信息化平台，加速了护理信息的共享和护理技术的优势互补，为护理信息在护理管理中应用提供了广阔的空间，同时也对医院的发展和护理管理工作带来了新的机遇。

（三）管理方法人性化

随着管理有效性研究的深入，制度管理开始进入人性化管理的时代。护理管理者需要不断更新管理理念和管理模式，树立人本观念，构建多元化的护理组织文化，适应不同护理人员管理的需要，在人文理论的指导下，将科学、人性、和谐的理念用于管理之中，最大限度地发挥管理效益，提高护理专业核心竞争力。在护理管理过程中，要关注护理人员的成长与发展，创造能够使护理人员得到发展的良好机制和环境，其中包括实行民主管理、参与管理，建立平等的竞争机制，合理配置护理人力资源，提高护理人员职业满意度，激发护士的服务潜能，提升护理的服务品质。

（四）管理研究科学化

当前国际护理科学水平逐渐提高，学科特征明显，呈现出研究范围扩大、研究手段多样化的特点。护理管理的要素具体涉及护理人员、劳动生产率、护理成本核算、物资管理、时间分配等各个方面，这些可变因素都会因医院内外环境的变化而变化，给护理管理和决策带来一系列问题和挑战。为了适应日益变革的护理管理体制和履行多元化的护理管理角色，护理管理者需要从经验型管理转向科学型管理。护理管理研究将突破学科间的传统界限，促进学科间的相互渗透，获得创新性成果，最终实现管理的标准化、专业化、科学化、现代化。

目标检测

一、单项选择题

1. 组织职能的主要内容包括组织的
   A. 计划与总结、人员配备、规划与变动、授权
   B. 结构设计、计划与总结、规划与变动、授权
   C. 结构设计、人员配备、计划与调整、授权
   D. 结构设计、人员配备、计划与总结、授权
   E. 组织设计、人员配置、组织变革

2. 管理者处理同样的问题时根据实际情况采取不同方法，体现了管理的
   A. 客观性　　B. 艺术性　　C. 科学性
   D. 社会性　　E. 权威性

3. 体现科学管理的基本特征是
   A. 制度化、程序化、数量化、人性化
   B. 规范化、程序化、数量化、人性化
   C. 制度化、程序化、数量化、规范化
   D. 制度化、程序化、规范化、人性化
   E. 制度化、程序化、规范化、人性化

4. 护理管理的任务
   A. 护理行政管理、护理业务管理、护理教育管理、护理科研管理
   B. 完善服务内容、建立评估体系、实施成本核算、探寻管理规律
   C. 完善服务内容、促进护理科研、实施成本核算、探寻管理规律
   D. 完善服务内容、建立评估体系、促进护理科研、探寻管理规律
   E. 提高绩效、提高护理质量、规范化培训、动态管理

5. 管理与社会化大生产相联系并指挥劳动的属性，反映了管理的
   A. 自然属性　　B. 艺术属性
   C. 组织属性　　D. 社会属性
   E. 人本属性

6. 护理管理人员与一般护士的根本区别在于
   A. 需要与他人配合完成科室工作
   B. 需要从事具体的技术操作
   C. 需要对自己的工作成果负责
   D. 需要协调他人的努力以实现科室目标
   E. 需要创造经济效益

二、多项选择题

1. 管理的职能与管理者的职能是统一的，包括
   A. 计划　　　　B. 组织
   C. 领导　　　　D. 人事
   E. 控制
2. 行政管理方法有以下特点
   A. 时效性很强，见效快
   B. 只能在行政权力所能够管辖的范围内起作用
   C. 是平等的
   D. 以服从为原则，不能讨价还价
   E. 容易推广普及
3. 经济方法是以人们的物质利益的需要为基础，按照客观经济规律的要求，运用各种物质利益手段来执行管理职能，经济方法的特点是
   A. 利益性　　　　B. 交换性
   C. 关联性　　　　D. 精确性
   E. 具有较强的客观性

（徐永丽）

第2章 管理理论概述

从人类社会产生，就有了管理活动。生产力的发展与生产组织方式的变化决定了管理理论产生与发展的过程。古代世界各国都有许多成功的管理实践，充分体现出人类对管理活动的渐进性认识和创造性，如中国古代提倡的"尊贤用士"思想，古希腊部落管理体制中的"议会制"思想、古罗马人在罗马帝国建立过程中发展起来的"集权""分权"思想等。随着人们对管理思想认识的不断深化，管理思想逐渐系统化和体系化。19世纪末20世纪初，泰罗科学管理的出现，标志着管理学形成。19世纪末，管理科学逐步成为一门独立的学科。管理学的发展主要经历了三个阶段：古典管理理论阶段、行为科学管理理论阶段和现代管理理论阶段。

第1节 经典管理理论概述

● 案例 2-1

某医院为庆祝"5·12国际护士节"要举行合唱比赛，规定每个科室都要参加，比赛还要评奖。呼吸内科病区护士长希望能通过此次比赛展示自己病区良好的精神风貌，并取得优秀成绩，便就此事专门召开病区护士会议。她决定除了值班的李护士之外，其他护士都要参加比赛。大部分护士比赛热情很高，商量参赛事宜，但是有几个护士没有表态，她们都看着刘护士，刘护士害羞地提出自己唱歌五音不全，不能参加，随后那几个没有表态的护士也随即以家里有事、自己唱歌不好、学习等各种理由拒绝参加比赛。

问题：1. 如果你是护士长，你认为应该如何去做？
2. 本案例可以用什么理论来分析？

一、古典管理理论

古典管理理论阶段又称为科学管理理论阶段。19世纪末20世纪初至20世纪30年代，是古典管理理论形成与发展的时期。古典管理理论主要针对组织内部的分工与生产活动来进行研究的，其观点注重管理的科学性、准确性、纪律性和法理性，对人的心理因素考虑较少，这一时期的管理理论主要包括泰罗的科学管理理论、法约尔的管理过程理论和韦伯的行政组织理论等。

（一）泰罗的科学管理理论

美国著名的管理学家和经济学家弗雷德里克·温斯洛·泰罗（Frederick Winslow Taylor，1856—1915）出生于美国费城的一个律师家庭，中学毕业考入哈佛大学法律系，但因眼疾而被迫辍学。之后他进入一家机械厂当学徒工，被提为工长、车间主任，直至总工程师。泰罗是科学管理理论的创始人。

1. 泰罗的科学实验　泰罗着重研究作业效率管理，他的研究主要反映在3个著名的实验中，搬运生铁块实验、铁锹实验和金属切削实验。

（1）搬运生铁块实验：1898年，泰罗受雇于伯利恒钢铁公司，开始潜心研究如何操作及使用何种工具可以提高劳动效率。在研究中，他使用科学方法对工人进行训练，并把劳动时间与休息时间很好地搭配起来，使每个工人的日搬运量从原来的12.5吨提高到47~48吨，工人日工资由1.15美元提高到1.85美元。

泰罗将搬运生铁块实验成功归结为四点：①精心挑选工人；②让工人了解到这样做的好处，让他们接受新方法；③对工人进行训练与指导，掌握工作技能；④用科学地方法工作节省体力，达到了理想装运目标。

（2）铁锹实验：泰罗在伯利恒钢铁公司研究时发现，铲运工人都是拿着自己家的铁锹上班，铁锹的式样不同、大小不一。通过实验，泰罗认为每种铁锹只适合铲特定的材料，铁锹的大小应随着材料的重量而变化，将不同的铁锹分给不同的工人，使劳动生产效率大幅度提高，为工厂每年节约8万美元。

泰罗通过铁锹实验提出了新的构想：①将实验手段引入经营管理领域；②计划和执行分离；③实行标准化管理；④做到人尽其才、物尽其用。

（3）金属切削实验：在米德韦尔公司，泰罗进行了长达26年的实验，花费巨额资金，耗费80多万吨钢材，发现了能大大提高金属切削机工产量的高速工具钢，取得了专利，获得了各种机床适当的转速和进刀量及切削用量标准等资料。

2. 泰罗的科学管理理论主要内容

（1）科学制订工作定额：泰罗通过对工人劳动过程进行科学的分析和研究，归纳出标准的操作方法，在此基础上合理制订出一个工人的"日工作量"，这就是工作定额。

（2）能力与工作相适应：泰罗认为工人的能力应当与其具体的工作内容相匹配。为了提高劳动生产率，应挑选能力最强的"第一流的工人"担任相应岗位的工作。同时对每个工人进行有针对性的培训、教育，最大限度地发挥他们的潜能。

（3）实行标准化：泰罗提出要对作业过程中工人的操作方法、使用的工具、机器和材料、劳动和休息时间等进行科学分析，营造标准化的作业环境，达到提高劳动生产率的目的。

（4）实行差别计件工资制：泰罗通过研究，制订出每日工作定额及工资标准，实行差别计件工资制。即对超额完成工作任务的工人按工资标准的125%发工资；刚好完成工作任务的工人发标准工资；没有完成工作任务的工人职能按工资标准的80%发工资。

（5）计划职能与执行职能分开：泰罗提出企业设立专门的计划部门，按照科学规划制订计划和进行管理；工人或工长则执行计划部门制定的操作标准和指令，负责具体工作的实施。这种把计划和执行职能分开的方法是科学的工作方法。

（6）例外原则：泰罗认为高层管理者应当把一般日常事务授权给下级管理人员去处理，自己则保留对重要事项的决策权和监督权，这种例外原则成为现代分权理论的来源。

泰罗通过自己多年的管理经验，总结出一整套管理理论，先后获得100多项专利，撰写了许多论著，代表作主要有《计件工资制》《工场管理》《科学管理原理》等，奠定了科学管理理论的基石。泰罗被后人尊称为"科学管理之父"。

3. 科学管理理论在护理管理中的应用　护理管理者运用科学管理理论，在护理工作中对护理人员的操作进行规范和监督；根据护士的年龄、工作经验、专业技术能力等综合科学挑选，与工作岗位相匹配的护士；为了提高护理工作效率，节约护理人力，建立以工作内容分工为基础的功能制护理模式，分工明确，工作效率大大提高；建立护理工作质量标准，如病区管理质量标准、重症患者护理质量标准和急救管理质量标准等，使护理管理更加规范化、具体化、科学化。根据护理工作不同岗位职责的要求，进行细化与量化，制订出切实可行的考核奖励惩罚标准，从而有效地调动广大护士的积极性。

（二）法约尔的管理过程理论

亨利·法约尔（Henri Fayol，1841—1925），法国人，是一般管理理论的创始人。他着重研究管理过程和管理组织，一般管理理论后来成为管理过程学派的理论基础，因此，法约尔被称为"管理过程之父"。他的主要代表作为1916年出版的《工业原理和一般原理》。

1. 法约尔的管理过程理论主要内容

（1）提出经营和管理的不同：法约尔认为经营和管理是两个不同的概念。人类的各种组织之中普遍存在经营和管理，经营包括技术活动、商业活动、财务活动、会计活动、安全活动和管理活动六项基本活动。任何企业都有这六项活动，管理活动是六项基本活动中的核心和关键活动，在六项基本活动中起重要作用。

（2）提出管理的五项职能：法约尔将管理活动分为计划、组织、指挥、协调和控制，并进行了相应的阐述，指出所有管理者在管理过程中都履行这五项职能。

（3）管理者的能力要求：法约尔对管理者的能力要求包括身体条件、智力条件、道德条件、文化知识、专业知识和工作经验六个方面。

（4）管理的十四项原则：法约尔在他的著作《工业管理和一般管理》中首先提出了一般管理的十四项原则。

1）劳动分工：法约尔认为分工不仅局限于技术工作，而且也适用于管理工作。在管理工作中，应该通过劳动分工来提高管理效率，增加工作产出。

2）权力与责任：法约尔认为权力和责任是相互联系、相互适应的。在担任一定职权的同时必须承担一定的职责，委以相应职责的同时必须授予一定的权力。有效的奖励及合理的惩罚有利于保证权力与责任的一致性。

3）严格的纪律：任何组织要有效地工作，必须有纪律来规范人的行为。保证纪律行之有效需要领导和下属共同遵守纪律，这对于企业的成功是极为重要的。

4）统一领导：组织为达到同一目标而进行的全部活动，只能有一个领导和一个计划，这是协调组织活动的必要条件，通过统一领导来完善组织。

5）统一指挥：在组织运转的过程中，个人只能接受服从一个上级的命令，双重或多重指挥会造成管理的混乱，影响领导的权威和工作的稳定。通过统一指挥来发挥人员的作用。

6）个人利益服从整体利益：任何个人都不能将自身利益置于整体利益之上，当两者出现矛盾时，要以整体利益为重，领导要公平协调，保证整体利益不受损害。

7）合理的报酬：应当使企业和所有人满意，须具备以下三个条件。①保证报酬公平；②奖励超额完成工作定额者，完不成工作定额者不能获得标准的报酬；③不应分配超过合理限度的过多的报酬。

8）集权与分权：集权能够降低下属作用的重要性，分权则会提高下属作用的重要性，集权和分权没有好坏之分，只是一个尺度问题，要综合考虑企业的规模、领导与下属的工作能力、工作环境等因素，为企业找到一个合适的度。

9）等级制度：就是从最高管理者到最低管理人员的领导系列，它是组织内部传递信息和信息反馈的路径。各层都要依据这条路径来传递信息，但它并不是最迅速的路径，有可能会出现信息传递延迟。为了克服信息延迟，法约尔提出可以允许横向交流，即著名的"法约尔跳板原理"，使组织中不同等级层次的人员在上级统一的情况下直接联系，确保时间紧迫的事情能够完成。

10）秩序：包括物品的秩序和人的社会秩序。每件物品都要放在应该放的位置，以方便所有的工作程序。同时，要将适当的人放在适当的位置上，从事适当的工作，充分发挥个人能力。总之，人和物品都要各就其位，各有其位。

11）公平：管理者对待下属应当公平、公正、严明，不因关系亲疏影响判断，不给任何人任何特权，避免与下属之间出现矛盾。

12）人员稳定：一个人的工作技能要达到娴熟的程度必须在这个工作岗位上熟悉工作和经验的积累。人员的相对稳定有利于组织中人员的能力得到充分发挥，人员的高流动率会降低组织效率，因此，作为管理者要掌握人员的稳定和流动的合适度，否则将造成管理的紊乱。

13）首创精神：法约尔认为管理者要充分发挥员工在工作中的积极性和主动性，支持和鼓励员工的首创精神，这种精神对企业的发展将会产生巨大的推动作用。

14）团队合作与协作精神：在管理内部和管理过程中，强调团队合作与协作精神，使组织与员工为共同的目标努力工作，管理者要激发员工的团队精神，提高员工的工作士气，才能发挥出 1+1＞2 的管理功效。

2. 管理过程理论在护理管理中应用　根据管理过程理论，护理管理者必须在管理活动中承担计划、组织、协调、控制等各项职能。在医院护理管理组织系统中，明确不同层级的权力与责任，如护理部或总护士长负责护士的培训、考核、院内调配；科护士长、护士长负责科室和病区的护理人力资源的协调及病区日常事务管理等工作。维持护理队伍的相对稳定，才能保证护理工作的连续性和有序性。护理管理者在护士的工作安排、奖金发放及晋升评先等方面均应做到公平、公正、公开。实行奖惩制度一定要公开、透明，奖要奖在明处，罚也要罚在明处。

（三）韦伯的行政组织理论

马克思·韦伯（Max Weber，1864—1920），德国人，是著名的社会学家和经济学家。韦伯是行政组织理论的代表人物。他侧重研究行政管理组织理论，主要代表作有《社会和经济组织的理论》《一般经济史》《新教伦理与资本主义精神》等，被称为"组织理论之父"。

1. 韦伯在组织管理方面的思想

（1）行政组织中的权力：韦伯指出，任何一种组织都是以某种形式的权力为基础的，没有这种权力，任何组织都达不到自己的目标。只有合理、合法的权力才能成为行政组织的基础，才能获得管理的高效率。韦伯把这种权力划分为三种类型。

1）传统的权力：是指由传统惯例或世袭得来的权力。领袖人物占据着传统支持的权力地位，也受传统的制约。这种权力行使效率较低，不宜作为行政组织体系的基础。

2）合法的权力：是指依法任命，并赋予行政命令的权力，是行政组织体系的基础，这种权力只能绝对服从。

3）超凡的权力：是指来源于别人对个人崇拜与追随基础上的权力，带有感情色彩，而且是非理性的，不宜作为行政组织体系的基础。

（2）理想行政组织体系的特征

1）明确的任务分工：组织中每个人的工作都要有合理的分工，并明确规定个人的职责和权力。

2）清晰的等级系统：组织内部各职位应按等级来设定，形成自上而下的等级系统，按照地位高低，规定成员间命令与服从的关系。

3）合理的人员任用：组织中人员的任用应根据资格条件，通过正式培训、考试合格予以任用，务求人尽其才。

4）遵守规则和纪律：管理者必须严格遵守组织规定的规则、制度及办事程序。

5）严格的管理人员制度：人员的任命有严格的标准，必须一视同仁，行政管理人员有固定的薪酬和明文规定的升迁制度。

6）组织中人员的关系：成员间只有对事的关系，而无对人的关系，完全以理性准则为指导，只受职位关系而不受个人情感的影响。

2. 行政组织理论在护理管理中的应用　根据行政组织理论，建立功能制护理模式，具有任务单一、责任明确、便于组织落实的优点。根据不同的管理岗位要求，制订出各级护理管理人员的岗位职责，并赋予管理者相应的权力。根据岗位和分工不同，合理利用管理人员，在护理人员任用、晋升、薪酬、培训等方面，制订相应的规定和执行程序，做到奖罚分明。根据护士的工作表现和奖惩记录等，作为评选优秀护士条件之一，实现个人和组织的最大绩效。

行为科学管理理论

行为科学管理理论产生于20世纪30年代，随着社会的发展，人们逐渐发现古典管理理论并不能解决在生产实践中关于人的问题，人的行为会随着时间、环境、心理等因素的变化而发生变化，人的积极性对劳动生产率有重要影响，为了预测人的行为和控制人的行为，管理学家们开始研究在自然和社会环境中人的行为产生、发展和相互转化的规律。早期的研究从20世纪20年代的霍桑实验开始，主要研究以调节人际关系、改善劳动条件等方法提高生产率，这些研究被称为人际关系学说。在此基础上，1953年美国福特基金会邀请著名大学科学家举行讨论会议，正式命名为行为科学，至此行为科学理论开始形成。

（一）梅奥的人际关系理论

1. 梅奥与霍桑实验

（1）霍桑实验：美国哈佛大学心理学家乔治·埃尔顿·梅奥（George Elton Mayo，1880—1949），原籍澳大利亚，后移民至美国，是人际关系学说的创始人。1927年，梅奥参加并指导芝加哥西方电气公司所属的霍桑工厂的科学管理实验，在那里，梅奥主持完成了著名的"霍桑实验"，取得了一系列的重要成果，并创建了人际关系学说。霍桑实验共进行了8年，实验分为4个阶段。

第1阶段：工场照明实验（1924～1927年）。该实验是选择一批工人分为"实验组"和"控制组"两组，在"实验组"通过改变工场照明强度，让工人在不同照明强度下工作，希望得出照明强度对生产率的影响，但实验结果以失败告终，照明度的变化对生产率几乎没有影响，只是影响工人生产效率的一个微不足道的因素，但生产效率与某些未知因素有关。

第2阶段：继电器装配室实验（1927～1928年）。该实验旨在通过实验发现各种工作条件对小组生产率的影响，以便能更有效地控制影响因素。在实验中通过改善条件，如改变材料供应方式、改进工作方法、缩短工作时间、增加工间休息、供应午餐和茶点、改善劳动条件、实行团体计件工资、在工作时间内工人们可以互相自由交谈等，发现这些因素的改变，会使产量增高。一年半后，取消了工间休息、供应的午餐和茶点，恢复每周6天工作制，产量仍然维持在较高水平上，说明其他因素对产量影响不大，但是通过改变监督和指导方式，会使工人的工作态度发生变化，从而增加产量。研究结论：工作条件改变对生产效率无影响，改变监管方式可以提高生产率。

第3阶段：访谈实验（1928～1931年）。在上述实验基础上，梅奥及他的团队利用2年时间在公司范围内开展大规模普查与访问，目的是了解工人的工作态度和思想感情对生产效率的影响，得出结论：影响生产效率的重要因素是工作中发展起来的人际关系，工人们的不满情绪得到发泄，产量提高。

第4阶段：接线板接线工作室实验（1931～1932年）。目的是了解计件工资制的作用。以集体计件工资制刺激"快手"对"慢手"的压力以提高效率。结果发现，工人既不会因为超定额而充当"快手"，也不会因为完不成定额而成为"慢手"，当他们认为达到自己"过得去"的产量时，就会自动松懈下来。根本原因在于担心标准再度提高、怕失业、为了保护速度慢的同伴。这一阶段实验还发现了"霍桑效应"，即对于新环境的好奇和兴趣，足以导致较好的成绩。

通过4个阶段长达8年的霍桑实验，梅奥得出了一个重要的结论：生产效率不仅受到生理、物质方面等因素的影响，更重要的是受到社会环境、社会心理等方面因素的影响。梅奥根据"霍桑实验"于1933年出版了《工业文明中人的问题》一书，提出了人际关系学说理论。

（2）人际关系学说的主要观点

1）工人是"社会人"。工人不仅仅是"经济人"，还是"社会人"，金钱并不是刺激员工积极性的唯一动力，他们还有家庭、心理、社会、安全、爱与被爱等多种需求，因此，管理者还应考虑满足工人的情感等方面的需求。

2）组织中存在着非正式组织。梅奥发现，在一切组织中除了正式组织，还存在着一种非正式组织，非正式组织是因为工人在共同工作时产生共同的情感、爱好、利益等而自发形成的群体组织，群体成员自愿遵从不成文的规范和管理，对成员的感情倾向和劳动行为产生了很大的影响。当非正式组织目标与正式组织目标一致时，可以提高劳动效率；当非正式组织目标与正式组织目标相悖时，就可能影响劳动效率，影响正式组织目标的实现。因此，管理者应当充分重视非正式组织的存在，可以利用它来影响员工的工作态度，为正式组织的活动和目标服务。

3）新型领导重视提高工人的满意度。工人工作的积极性、主动性和协作精神，很大程度上决定了生产率的高低。新型领导不仅要解决工人物质生活或生产技术方面的问题，还要善于倾听员工的意见，注重与员工的情感交流，适时鼓励工人，从而在根本上提高生产效率。

（二）马斯洛的人类需要层次论

美国著名的心理与行为学家亚伯拉罕·马斯洛（Abraham H.Maslow）在他的代表作《人类的动机理论》一书中提出了人类需要层次理论。他认为，生理、安全、爱与归属的需要是低层次的物资需要；尊重和自我实现的需要是高层次的精神需要。只有较低层的需要被满足之后，才会向高层次需要逐级发展；最迫切需要是激励人行为的主要原因和动力；人的行为动机是为了满足他们未满足的需要，满足物资需要之后才会追求精神需要，这是人类共同的特质。

（三）赫茨伯格的双因素理论

美国著名的心理学家弗雷德里克·赫茨伯格（Frederick Herzberg）在人类需要层次理论基

础上提出了"双因素理论"。赫茨伯格提出，影响工作动机的因素分为两类：一类是保健因素，包括公司政策、管理措施、同事关系、工作条件、福利待遇等；一类是激励因素，包括成就感、赏识和认可、工作责任、工作本身挑战性和兴趣、提升和发展等。保健因素能够防止员工产生不满情绪，但不能直接对人产生激励作用。要调动员工的积极性主要以激励因素为主。

（四）麦格雷戈的 X-Y 理论

美国著名的行为学家道格拉斯·麦格雷戈（Douglas M. Mc Gregor）1957年在美国《管理评论》杂志上发表了《企业的人性方面》一文，提出 X-Y 理论，该理论侧重对个体行为的研究。

1. X 理论　基础是"性恶观"的人性假设。这种观点认为：人天生懒惰，好逸恶劳，不求上进，不愿意负责任，缺乏理智，易被煽动，工作只是为了生理和安全的需要。因此，需要采用"胡萝卜加大棒"的专制式管理方式。

2. Y 理论　基础是"性善观"的人性假设。这种观点认为：人天生勤奋，不但能接受责任而且敢于承担责任后果，具有聪明才智和创造力，通过自我管理和自我控制完成目标，有高层次的需求。因此，管理上需要尊重人，为人创造一种宽松的工作环境，实行自我管理，发挥人的潜能，提高生产效率。

（五）行为科学理论在护理管理中的应用

1. 满足护士不同层次的需要　护理管理者首先应尽力满足护士最低层次的基本需要，然后对管理活动中护士的观念和需要进行深层次细致的分析，找出他们最迫切的需要去激励他们，帮助她们实现自我价值。

2. 注重双向沟通，建立良好的人际关系　护理管理者在制订规章制度、考核标准时要集思广益，广泛听取护士的意见与建议，采纳有利的建议，做到民主参与决策，充分调动护士的工作积极性。还可以通过建立意见箱、定期召开座谈会等方式保证双向沟通渠道的畅通，使护士之间建立良好的人际关系，形成和谐的工作氛围。

3. 管理方式综合考虑人性的多面性　护士是医院工作的主体，护士工作的积极性对医院工作至关重要。大部分护士工作积极主动，勇于承担责任，能够胜任日常护理工作并且具有一定的想象力和创造力，可以让其参与决策，为其提供负有挑战性和责任感的工作，有利于建立良好的群体关系，有利于组织目标的实现。但是，个别护士存在工作懒惰、不思进取的现象，长此以往可能会对医院工作造成严重后果。因此，护理管理者要综合考虑人性的多面性，结合护士不同的人性特点，有针对性地采取参与式管理、目标管理等多种管理方式，同时对个别护士加强思想教育，加强监督管理力度，纠正其错误行为，提高护理组织绩效。

4. 关注、正确引导非正式组织　在护士中同样也存在着非正式组织，组织成员以感情、性格、兴趣、爱好相投为基础，组织内部有自然涌现的"领袖"，形成一些不成文的行为准则和规范，对正式组织产生一定的影响。护理管理者要关注这些小团体，了解她们的观点并进行正确引导，使其逐渐产生与正式组织一致的目标，有利于医院整体目标的实现。

第 2 节　管理的基本原理

● 案例 2-2

一天，王奶奶午睡后起床，突然感到头晕、胸闷、双腿肿胀，随即到小区附近的一家医院就诊。王奶奶14：00左右到达医院，排队挂号等了20多分钟，好不容易打听到适合她就诊医生的诊室，等医生叫号又等了 1 小时，排到王奶奶时已经快 16:00 了。没等王奶奶说完自己哪里不舒服，医生就开了一大堆检查单，并让王奶奶抓紧时间去交费做检查。王奶奶交费后，拿着检查单到导医台问护士去哪儿做胸部 X 线检查，护士随手一指，王奶奶顺着护士所指方向过去没有找到，又回来问了护士，才找到并完成检查。接着王奶奶又去做 B 超检查，医生问道："有没有憋尿？"王奶奶非常困惑，不知道为什么医生会问这样的问题，回答道："没有啊，没有人跟我说要憋尿啊！"医生便让王奶奶去憋尿，先让后面的人做检查。等王奶奶尿憋好了，已经快 17:30 了，做 B 超检查的医生忙着要下班，让王奶奶第二天早上憋好尿再来做检查。王奶奶在医院折腾了一下午，也没有看成病，之后再也没有去过那家医院看病。

问题：1. 王奶奶为什么没有再去那家医院看病？
2. 结合本案例，简单阐述如何运用人本原理，提高服务质量。

管理原理是从管理学中抽象出来的，着重研究管理学的基本理论、基本原理、基本原则。管理的基本原理是以管理实践为基础，对管理工作的本质及其基本规律的科学分析与概括。随着管理思想和管理理论的发展，现代管理的基本原理主要包括系统原理、人本原理、动态原理和效益原理。

系统原理

（一）系统的概念

系统是在一定环境中由若干个相互联系、相互作用的要素组成的具有特定功能的有机整体。系统只是一个相对的概念，而没有绝对的界限。根据整体目标，系统中的每一个要素相互联系，按照一定结构组合在一起，既在自己的系统内部，又与其他系统发生各种各样的联系。如医院是一个具有特定功能的系统，医院内的护理系统是其中的一个子系统。护理系统与医疗、后勤等其他子系统之间存在着密切的联系，相互依存又相互制约。医院系统又是医疗卫生工作系统中的一个子系统。

（二）系统的特征

1. **整体性** 是系统最基本的特性，系统是由多个要素，按照一定的方式和目的，有秩序地排列而成的有机统一体。系统的整体功能大于部分功能之和。系统的整体具有各个要素所没有的新特质，具有独立功能的各要素统一协调于系统的整体之中。例如，在医院这个整体系统中，医疗、护理、后勤、行政等组成部分都有自己独特的功能，而又因为医院整体功能协调、联系在一起，任何一个单独的部分都不能完成、代替医院的整体功能。

2. **目的性** 每一个系统都有明确的目的，并且为了实现这个目的而开展一系列的活动。管理系统的目的就是提高工作效率、创造更高的社会经济价值。一个系统一般只有一个目的，如果一个系统有多个目的，在人力、物力、财力、时间、空间等方面就会产生相互影响，主要目的就会受到干扰。同一系统中的人员如果同时有几个目的的工作，就会难以完成或胜任工作。

3. **相关性** 系统中的各个要素之间是相互联系、相互制约的。系统内部要素的变化会引起整个系统的改变；反之，系统整体的改变也会对其组成要素产生一定的影响。

4. **层次性** 任何系统都具备有序的层次结构组织。每一层次都有其各自的功能，明确规定每一层次的任务、职责和权力范围。一个完整的系统同时又是另一个规模更大的系统的子系统，如此，便形成了一个环环相扣的层次结构。

5. **环境适应性** 所有开放的系统及其内部的子系统都在与环境不断地进行物质、能量、信息的交换，系统要生存与发展，就必须随着外界环境的变化而改变，以便继续存在和发展下去。

（三）系统原理在护理管理中的应用

系统原理在护理管理中被广泛应用。例如，护理系统从行政上由护理部主任、科护士长、病区护士长三个管理层次组成，不同层次的职位，有不同的职责和权利，同时需要不同部门之间协调发展、通力合作，才能完成医院的工作目标。

> **链接**
>
> **护理系统**
>
> 1. 护理工作运行子系统 即各护理单元，通过开展每日的护理服务工作，为护理质量提供保证。
> 2. 支持子系统 由供应室、护理信息系统等支持单位组成，是为临床护理工作提供各种有效的人力、物力、财力的支持系统。
> 3. 扩展子系统 通过开展护理科研、教学、培训，引进和开展护理新业务、新技术，开展人力资源培训，发展专业内涵，拓展护理新领域的系统。

二、人本原理

（一）人本原理的含义

人本原理即以人为本的原理，又称主体能动性原理，强调在管理活动中要把人放在最重要的位置，人是保持组织有效运转的第一要素，是生产力中最活跃的因素。在管理活动中要充分发挥人的主观能动性、调动人的积极性和创造性，才能实现组织的目标，最大限度地实现组织成员的自我价值。人的能动性发挥的程度越高，管理的效应越大；反之亦然。

（二）人本原理的思想

1. 坚持以人为本的思想，管理者要尽量满足人的合理需求，激发人的积极性，提高人的创造力、自觉性和主观能动性。
2. 管理者要为员工创造良好的工作环境，并通过培训、学习、轮岗等方式提升员工的工作能力与工作效率。
3. 管理者要重视人员的合理分配，调动工作积极性的根本途径就是使人与工作岗位相适应。
4. 坚定人是管理工作中主体的信念，把人放在工作中的重要位置，重视发挥人的主观能动性。

> **链接**
>
> **南风法则**
>
> 南风法则（south wind law）也称为"温暖"法则，它来源于法国作家拉·封丹写的一则寓言。北风和南风比威力，看谁能让行人把身上的大衣脱掉。北风首先来了个寒风刺骨，结果行人把大衣裹得紧紧的。南风则徐徐吹动，顿时风和日丽，行人暖意上身，纷纷解开纽扣，继而脱掉大衣，于是南风获得了胜利。运用到管理实践中，南风法则要求管理者要尊重和关心下属，时刻以下属为本，多点"人情味"，多注意解决下属日常生活中的实际困难，使下属真正感受到管理者给予的温暖。这样，下属出于感激就会更加努力积极地为企业工作，维护企业利益。

（三）人本原理在护理管理中的应用

护理管理是对人的管理，如何规范每一个人的行为，调动每一个人的积极性，发挥每一个人的创新精神，需要一定的技巧和艺术。在护理管理中，应给予精神鼓励，注重发现护士的长处，对护士的劳动及时肯定，多加赞美，激发护士的工作热情；同时，要适当授权，充分发挥他们的聪明才智，增强工作责任感。物质奖励在管理活动中是必需的，奖金的分配应与工作绩效挂钩，要分配合理，制订奖惩机制。

三、动态原理

（一）动态原理的含义

世界上一切事物都在不断的发展与变化，管理活动中管理的主体、管理的对象、管理的手段和方法等也在发生动态变化。有效的管理需要注意把握管理对象的运动、变化规律，并不断地调整各个环节，不断更新观念，避免僵化、一成不变的思想和方法，不能主观臆断行事。管理中，既要保证管理的相对稳定性，也要针对动态改变及时做出相应的调整，使整体在动态的环境中依然保持相对稳定的状态，这样才能更好地保证工作的效率与整体的效益。

（二）动态原理的学习意义

1. 有利于管理者树立正确的管理指导思想。当今社会科学技术发展日新月异、知识的更新瞬息万变，管理者应树立正确的管理指导思想，及时调整对策解决管理中出现的各种问题，有效地实现动态管理。

2. 有利于管理者调整管理方法，实现最佳管理。学习动态原理可以使管理者充分认识不断变化的事物，科学预测未来的发展，帮助管理者认清下属的思想行为变化，以及管理环境的变化，不断调整管理方法，实现最佳管理。

（三）动态原理在护理管理中的应用

随着医学模式的转变、人口老龄化和疾病谱的改变，对护理工作提出了新的要求，需要护理管理者及时搜集信息，了解发展状况，及时调整工作内容和工作方向，以适应各种变化。同时，随着现代护理模式的发展，新的卫生政策、管理制度的出现，需要护理人员的思想、观念、行为、认知等方面也要发生变化，护理管理者需要及时收集信息、正确反馈，调整管理目标与管理方式，才能实现有效的动态管理。

四、效益原理

（一）效益原理的含义

效益原理是指管理中在实现组织目标的同时，要服从经济规律，以最小的投入和消耗，实现最大的经济效益和社会效益。所谓经济效益，是指以尽量少的劳动耗费和劳动占用，生产尽量多的、符合社会需要的劳动成果。所谓社会效益，是指在消耗一定量的活劳动和物化劳动后实现社会目标的程度。社会效益和经济效益是一个整体，在管理工作中，要注意讲究实效，既要讲经济效益、又要讲社会效益，以社会效益为前提，以经济效益为根本，这是惯例工作的根本要求和最基本的行为准则。管理的目标就是追求高效益，并不是管理者自己付出辛劳就算进到了责任，而是看其工作成效。

$$效益=正确的目标 \times 效率$$

目标决策正确，效率和效益成正比；目标决策失误，效率和效益成反比。

（二）效益原理在护理管理中的应用

在护理管理中，也要讲求实际效益。如用最少的护理人力资源的支出，获得最大的管理效益。在讲求护理服务经济效益的同时，应注重社会效益，以社会效益为最高目标。护理管理者要善于将远期目标与近期目标相结合，增加工作的预见性和计划性，减少盲目性、随意性，达到事半功倍的效果。

第3节 管理的基本原则

● 案例2-3

皮尔·卡丹是全世界闻名的一位时装设计师，也是一名杰出的企业家。他在用人上非常有眼光，善于以用人之长为标准。只要他发现某人在某个方面有专长，就会毫不犹豫地用其所长，完全没有年龄、资历的限制。卡丹的成功还在于在激烈的市场竞争中，及时发现出现或有可能出现的问题，纠正偏差，使得他在竞争中站稳脚跟。北京崇文门外马克西姆餐厅开业的时候，卡丹从法国聘请了一位经理，由于这位经理对中国的情况不了解，经营起色不大。卡丹发现后，把他调离了北京。新经理上任后，餐厅的营业额有了很大提高。

问题：案例中卡丹主要遵循了管理的哪些基本原则？请简要阐述说明。

管理的基本原则是在管理基础上共同遵循的行为规范。管理的基本原则主要包括整分合原则、反馈原则、弹性原则、能级原则和价值原则。

一 整分合原则

（一）整分合原则的概念

整分合原则是指在管理中把统一领导与分级管理有机结合起来，在整体规划下明确分工，在分工的基础上有效地综合。在整分合原则中，整体是前提，分工是关键，综合是保证。因为没有整体目标的指导，分工就会出现盲目而混乱；没有科学分工，整体目标就难以高效实现；只有分工，缺乏综合协作，就会出现分工的各个环节脱节及横向协作的困难。

（二）整分合原则的基本内容

1. 整体把握 是整分合原则的首要环节。整体把握不仅要求对管理对象的整体情况有深入的了解，还要在管理工作中坚持整体观点，处理好整体和局部的关系。

2. 科学分解 是整分合原则的关键环节。科学分解是指在对系统整体把握的前提下，了解整体的各个局部，将整体系统的目标、任务等用科学的方法分解落实，明确分工，使管理工作专业化、规范化、科学化。科学系统分解的主要要求：①分解要适度，分工不够或分工过细都会降低系统的整体效益。②分解要完全，分解时不能出现"空白"或"断口"，分解后各部分功能必须有机整合为系统的整体功能。③分解不能出现多余部分和环节，否则，会造成浪费，导致系统整体功能降低。④分解后各部分比例要合理，不能出现某些部分过重或过少。⑤分解要配套，分解后的部门要委以一定的职责，同时要赋予相应的权利。

3. 组织综合 是整分合原则中反映管理水平的最主要的环节。组织综合是指在科学分解的基础上，进行综合管理，调节好各个方面之间的关系，使在分工中产生的各类矛盾冲突得到有效的缓解，各部门相互配合、相互帮助，使整体力量集中到实现整体目标上来。

（三）整分合原则在护理管理中的应用

护理系统是由不同层次的护理部门分工合作而成，护理系统的总目标和总效率是单个护理人员和单个护理部门所无法达到的，各级护理部门必须分工协作，需要有明确的权利和责任来保证。如从护理部整体开始，把工作规划、年度计划、护理工作总目标，按照护理组织层次和职责进行层层分解，分配到各科、各病房，再分工到人，责任明确，上下贯通、相互关联，实行有效的协作，最终达到护理总目标。

二 反馈原则

（一）反馈原则的概念

反馈是指由控制系统把信息输送出去，又将其作用结果返送回来，并对信息的再输出发生影响起到控制作用，以达到预期的目标。管理中要建立一个灵敏、准确、全面、有力的反馈系统，需要随时注意收集反馈信息，并与管理目标相比较，当行动偏离目标时，要找出偏差并进行分析，拟订和执行纠偏方案，以达到预期目的，这就是反馈原则。任何特定组织都是一个闭环控制系统，在这个闭合系统中，反馈起着关键作用。

（二）反馈的类型

反馈分为正反馈和负反馈两种类型（图 2-1）。

1. **正反馈** 是指反馈信息使控制系统的输入对输出的影响增大，导致对象系统偏离目标的运动加剧发散，使其不稳定程度增加，称为正反馈。如管理中采取各种措施给员工奖励，员工得到了奖金、职位晋升，会进一步刺激员工的工作效率。

2. **负反馈** 是指反馈信息使控制系统的输入对输出的影响减小，使对象系统偏离目标的运动加剧收敛，趋于稳定状态。

在反馈过程中，要做到：①灵敏。管理中要建立收集处理反馈信息的机构，配备善于捕捉反馈信息的人员。②准确。收集的原始信息要准确，对反馈信息的加工处理也要准确。③有力。要把反馈的信息转化为指挥中心强有力的行动。

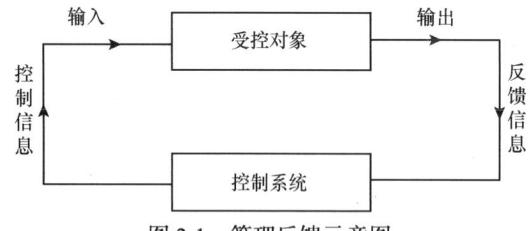

图 2-1 管理反馈示意图

（三）反馈原则在护理管理中的应用

1. 通过信息反馈途径在护理管理中及时发现问题和薄弱环节，使之得以协调解决。
2. 通过反馈的信息，制订下一个周期的工作计划、业务培训等。
3. 通过组织医院、科室间的学术、工作交流会，互相交流经验，了解护理专业的新理念、新进展、新知识、新技术，使护士的业务素质得到提高。

临床护理质量管理、护理教学质量管理、护理人员培训及护理人员执业行为管理等遵循的就是反馈原则。

三 弹性原则

（一）弹性原则的概念

弹性原则是指管理应具有伸缩性，适当留有余地，能够随时适应系统内部和外部因素的各种变化，实现有效的动态调整。

管理者对管理中各个环节可能出现的各类问题不可能做到精确预测，即使是学了动态原理也不能完全免除应对突发事件的可能性，这就要求管理者在管理中时刻保持一定的弹性，对任何事情都要留有余地，以便及时处理工作中的突发问题，及时适应各种可能的变化，做到管理游刃有余，避免陷入被动的局面。

（二）弹性原则的表现形式

管理弹性的表现形式主要有两种。

1. 整体弹性与局部弹性　是按作用范围进行分类的。整体弹性是指整个管理系统对大环境改变的可塑性或适应能力。一个管理系统有没有很强的适应能力，关键在于是否建立了强有力的整体弹性，以适应各项工作的发展。整体弹性和管理者的政治素质、知识结构、组织领导等能力有关。局部弹性是在一系列管理环节上保持可以调节的弹性，尤其是在重要的关键环节上要保持足够的余地，这样，才能使管理体制整体可伸可缩，具有选择的机会和能力。

2. 积极弹性与消极弹性　是按作用效果进行分类的。积极弹性就是在管理工作中，把应对突发问题的应急方案从一个变成两个，做好双重准备，以防万一。消极弹性则是遇事留一手，如降低目标、延长完成时间等。消极弹性的过度使用会使整体效益有所损失。因此，在管理中遇事要留一手，做到有备无患，以防不测。

（三）弹性原则在护理管理中的应用

1. 重视护士素质和能力的培养，提高护理队伍的整体弹性。面对医疗体制、人事制度改革及现代护理模式的发展，护理队伍的组成结构、护理人员的知识结构、专业能力均要发生变化，需要对护理人员开展在职教育与培训，是提高护理队伍整体弹性的重要环节。

2. 合理使用人力资源，增加护理管理的局部弹性。例如，科学管理，解决护理人员班上人力不足的现象；实行弹性工作时间，综合使用8小时、10小时、12小时等护理班制。

3. 管理者必须具有敏锐的反应和灵活机动的应变能力。这种能力主要表现在对事物变化的辨别能力、关系沟通能力和随机处置能力。

四 能级原则

（一）能级原则的概念

能级原则是指在管理工作中根据人的能力大小、优势不同，赋予相应的职位及与职位相应的权力、责任及报酬，使组织中的每一个人在不同的岗位上做到各司其职、各尽所能，以保证组织的稳定性和管理的有效性。能级原则要求根据不同管理能级配备相应的人才，管理者要了解下属的能力特长，做到管理能级与人才能级相适应，只有这样才能使组织高效运转。能级原则是实现资源化配置的重要原则。

（二）能级分类

1. 按照组织机构职能分级　主要分为三级：①决策层，是管理组织中的最高层，主要决定组织的战略任务和大政方针；②管理层，根据战略任务、方针政策，制订计划方案，下达管理指令；③执行层和操作层，贯彻执行管理指令，直接组织人力、物力、财力等资源（图 2-2）。在医院护理管理中，决策层是院领导，管理层是护理部主任，执行层是护士长，操作层是护士。

2. 按照个人能力分级　根据每个人不同的特性、所擅长的部分等，把人员合理地分配到适合的岗位上。没有统一的标准可以衡量每个人能力的高低，只是按照个人的专业领域或者熟悉的部分分配，以达到最好的工作效果。

（三）能级原则在护理管理中的应用

1. 准确全面掌握下属的能力结构和特长，并按其特长安排工作。例如，有的护士操作能

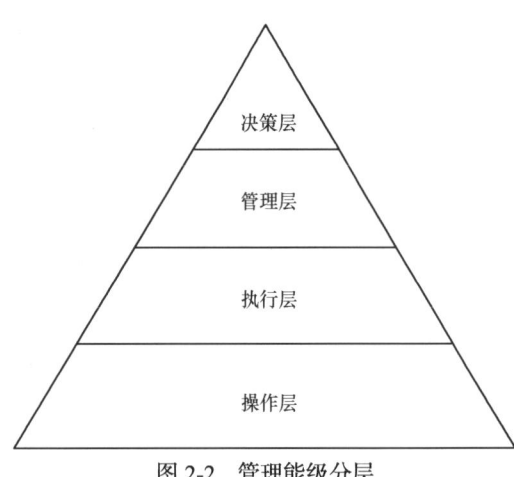

图 2-2　管理能级分层

力强，但理论水平和表达能力相对较差，这种人可能不适合安排在病房工作，但若安排在手术室，会干得非常出色。如在挑选护理部主任这样的指挥人才时，就应选择具有高瞻远瞩的目光、出众的组织才能及善于识人用人、具有判断决断能力的人担任。

2. 注重护士能力的培养。人的能力的提高可以通过学习和实践得以提高，因此，护理管理者应为护士创造更多学习的机会。只有护士的能力得到提高，护士才有可能发挥其主观能动性，护理工作质量才能得以提高。

3. 注意能级的动态对应。当人的能力通过学习和实践得到提高时，根据能级原则，可以考虑将其调换到较高职级的岗位上工作，但是，尽管她在这一岗位上工作出色，但未必能胜任较高职级的工作岗位。如一名工作优秀的护士，未必可以成为一名出色的护士长，这样就应该下调到相应级别，使能级保持动态一致。

4. 不同能级表现出不同的责任、权力、物质利益和精神荣誉。护理工作中，为了保证每个能级上的人都能有效地履行自己的职责，充分发挥自己的能力，就必须做到不同的能级表现出不同的责任、权力和利益。即责权利要保持一致，真正做到在其位、谋其政、行其权、尽其责、取其值、获其荣。

五　价值原则

（一）价值原则的概念

价值原则是指在管理活动中，以价值规律来衡量组织活动的效率。价值包括经济价值和社会价值。任何从事生产和服务的组织都要把为社会创造财富、体现社会价值作为管理的重要目标。

$$V（价值）= F（功能）/C（成本）$$

F（功能）是指管理工作完成目标或任务的效率，是管理活动的整体效能。C（成本）包括了物力、财力、智力、时间等的消费，是各种资源的综合支出。功能越高，成本越低，价值就越大；反之，价值就越小。因此，要取得较大的价值，可以通过提高功能或降低成本来实现。

（二）价值原则在护理管理中的应用

护理管理者既要以追求良好的效益为根本目标，又要树立成本-价值观念，避免各种资源的浪费，避免盲目投项目、购设备，要科学决策、合理使用和开发人才、合理配置管理资源、

有效地控制管理成本等多方面入手，提供高质量的护理服务，以获取最好的社会价值，同时也要讲求经济价值。

目标检测

一、单项选择题

A₁型题

1. 被称为"科学管理之父"的是
   A. 泰罗　　B. 法约尔　　C. 梅奥
   D. 韦伯　　E. 麦格雷戈
2. 人际关系学说的代表人物是
   A. 法约尔　　B. 韦伯　　C. 泰罗
   D. 梅奥　　E. 马斯洛
3. 法约尔的管理过程理论主要研究的是
   A. 工人的劳动效率
   B. 人际关系
   C. 管理的职能与原则
   D. 理想的行政组织体系
   E. 人性管理
4. 赫茨伯格的双因素理论认为调动人的积极性要以（　　）为主。
   A. 保健因素　　B. 管理因素
   C. 社会因素　　D. 文化因素
   E. 激励因素
5. 管理的基本原理不包括
   A. 人本原理　　B. 激励原理
   C. 动态原理　　D. 系统原理
   E. 效益原理
6. 以下不属于管理基本原则的是
   A. 责权统一原则　　B. 反馈原则
   C. 能级原则　　D. 弹性原则
   E. 价值原则

A₃型题

（7、8题共用题干）

某三级医院骨外科、胸外科、血管外科每月病床几乎都是满的，而且科室收入不相上下，但是胸外科支出总是比其他两个科室多很多，护士的个人收入也与其他两个科室差距较大。

7. 作为胸外科护士长，应该采取（　　）办法，增加科室收入。
   A. 增收患者　　B. 增加护士
   C. 节约支出　　D. 少收患者
   E. 减少护士
8. 护士长应根据（　　）原理进行管理。
   A. 系统原理　　B. 动态原理
   C. 人本原理　　D. 激励原理
   E. 效益原理

二、多项选择题

1. 下列属于行为科学管理理论的是
   A. 梅奥的人际关系理论
   B. 马斯洛的人类需要层次论
   C. 赫茨伯格的双因素理论
   D. 麦格雷戈的X-Y理论
   E. 韦伯的行政组织理论
2. 古典管理理论阶段的代表理论包括
   A. 人际关系理论
   B. 双因素理论
   C. 科学管理理论
   D. 管理过程理论
   E. 行政组织理论
3. 泰罗在科学管理理论研究中，所做的著名的实验包括
   A. 搬运生铁块实验
   B. 工场照明实验
   C. 铁锹实验
   D. 金属切削实验
   E. 接线板接线工作室实验
4. 整分合原则的基本内容包括
   A. 准确灵敏　　B. 及时反馈
   C. 整体把握　　D. 科学分解
   E. 组织综合

（李文杰）

第3章 计划与目标

计划是管理最基本的职能，对于管理活动具有前瞻性、指导性、科学性等特点，按照实施计划的步骤开展工作，有利于合理配置和使用组织内的资源，有利于提高组织的工作效率，从而更好地实现组织目标。目标是组织中各种活动的指南，计划则为各项活动有条不紊地开展起到保证作用。护理管理工作是一项系统的工程，在开展护理工作前，同样需要完善的计划。正确而有效的计划能够提高护理工作效率。因此，每一位护理工作人员都应该懂得计划的职能，学会应用计划实施工作。

第1节 计划概述

● 案例 3-1

某医院要求提高护理人员素质以提高护理质量。护理部立即召开工作会议传达医院工作部署，并进行一系列计划步骤：①分析形势，发现问题。②确定培训目标。③评估资源包括临床工作量、护士数量、科主任的态度等。④就护士学习的方式、时间、内容等拟定备选方案。⑤对几种方案的利弊及可行性进行充分讨论与比较。⑥根据评价，选择适合的方案。⑦制订辅助计划，包括师资、教材、活动、训练内容等。⑧编制预算，如对教师和教具等做出预算。

问题：1. 理解计划的概念及制订计划的作用。
2. 进一步学习计划的内容、写作形式及制订步骤。
3. 请同学们制订一个技能训练计划。

一、计划的内涵

计划是指组织根据社会环境的需要和自身的能力，确定组织在一定时期内的目标，并通过计划的编制、执行和监督，协调和合理安排组织中各方面的活动及各类资源，以顺利达到预期目标的过程。一个完整的计划制订过程，要经过一系列的步骤，包括分析内外环境、明确组织宗旨和任务、建立组织目标、确定行动方案、确定执行计划的合适人选等。

国外管理学家用5个W和1个H来表示计划活动的内容：What，即决定做什么，要明确每一个时期的中心任务和工作重点。Why，即为什么做，要明确计划工作的宗旨、目标和战略，并论证可行性。When，即何时做，规定计划中各项工作的开始和执行进度，以便进行有效的控制和对能量资源进行平衡。Where,即在何地实施,规定计划的实施地点或场所,了解计划实施的环境条件和限制,以便合理安排计划实施的空间组织和布局。Who,即由谁做,落实到单位和人,规定由哪个部门或人员负责,计划中要明确规定每个阶段由哪个部门负主要责任。How,即如何做,制订实现计划的措施及相应政策的规则,对已有资源及各种派生资源进行综合平衡等。

（一）计划的特征

1. 纲领性 计划是进行其他管理职能的基础或前提条件,计划可以影响并且始终贯穿于组织、人事、领导和控制等管理活动中。

2. 目的性 各种计划及其所有派生计划都应该有助于完成组织目标。

3. 普遍性 计划工作的特点和范围随各级管理者的层次、职权不同而不同,但计划工作是每位管理者必须进行的职能工作。

4. 效率性 任何计划都有计划期的限制,也有实施计划时机的选择。计划应该以最小的投入尽可能多的产出。通过计划工作的步骤可以明确组织目标,选择最佳方案以提高组织运行效率。

5. 前瞻性 计划工作总是针对需要解决的新问题和可能发生的新变化、新机会做出的决定,它是创造性的管理活动。

（二）计划的作用

管理者为什么做计划？这是因为计划可以给出方向,减小变化的冲击,使浪费减至最少,以及设立标准利于控制等。

1. 计划是管理活动的依据 计划为管理工作提供了基础,是管理者行动的依据。管理者要根据计划分派任务并确定下级的权力和责任,促使组织中的全体人员的活动方向趋于一致,而形成一种复合的组织行为,以保证达到计划所制订的目标。计划工作可以使人们的行动对准既定的目标。通过规划所决定的目标,可帮助组织中的成员了解组织的未来发展的方向。护理管理者经常面对许多繁杂工作及突发事件,在解决每一个具体问题的时候,往往分散了管理者的注意力,工作如缺乏计划性,则可能出现紧张、忙乱而偏离组织目标的现象。只有经过周详的计划,护理管理者继而拟定出达到目标的步骤,明确护理工作的范围和期限,才能有利于实现组织目标。计划将工作统筹安排,使工作运转井然有序,并帮助护理管理人员从日常事务中解脱出来。提高工作的计划性,有利于工作和目标的实现。

2. 计划是降低风险、掌握主动的手段 未来的情况是不断变化的,计划是预期这种变化并且设法消除变化对组织造成不良影响的一种有效手段。在计划过程中,管理者必须预期未来的可能变动,考虑到各种变动对于组织活动的冲击,对各种可能的变动做出适当的反应,而且对各种反应产生的可能性结果做出评估。如同医生在手术前要制订方案一样,要预测手术过程可能出现的问题和预期结果,并制订相应的补救措施和适应变化的最佳方案。因此,计划降低了工作中不确定的因素,有利于减少工作的失误,达到预期的目标。

3. 计划是合理配置资源、减少浪费、提高效率的手段 计划工作的重要任务就是使未来的组织活动均衡发展。计划可以使组织的有限资源得到更合理的配置。由于有了计划,组织中各成员的努力将合成一种组织效应,这将大大提高工作效率,从而带来经济效益和社会效益。计划为部属提供了工作目标及达到目标的最佳途径,可以避免不协调的行为发生,减少人力、物力、财力的重复及多余的投入,使组织中的人力、物力、财力、时间、信息等资源能合理分配，从而提高了工作效率和效益。如一份恰当的护士排班计划，可以使护理人员得到合理分配，人尽其才，既可以调动各层次护理人员的工作积极性，又可以为患者提供优质的护理服务。

4. 计划是管理者制订控制标准的依据　计划的重要内容是组织目标，它是制订控制标准的主要依据。有了控制标准才能衡量实际实施的效果，发现偏差，及时纠正，使组织活动不脱离管理者所期望的发展方向。计划和控制是一个事物的两个方面。未经计划的活动是无法控制的。控制活动就是通过纠正脱离计划的偏差来使活动保持既定的方向。计划是控制的标准，是控制的基础。计划工作为组织活动制订的目标、指标、步骤、进度、预期成果，是管理控制活动的标准和依据。没有计划规定的目标作为测定的标准，就无法检查工作成效，也无法纠正偏差。所以，计划是控制工作的依据，也是管理的基础（图3-1）。因此，计划工作是一个指导性、科学性和预见性很强的管理活动，同时也是一项复杂而又困难的工作。

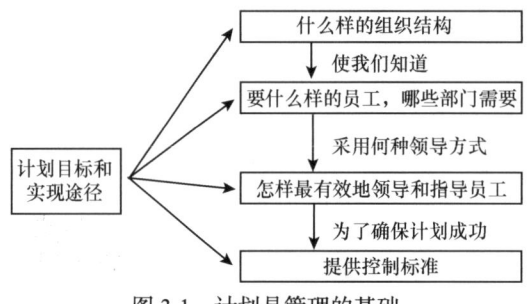

图 3-1　计划是管理的基础

（三）计划的内容

计划的内容非常广泛，形式也多种多样。美国著名管理学家哈罗德·孔茨指出："只要记住，计划包含有将来任何的行为过程，我们就能认识到计划的多样性。"从计划作为管理的基本职能的角度出发可以把计划的形式分为宗旨、任务、目标、策略、政策、程序、规则、规划、预算等。

1. 宗旨　表明了社会赋予一个组织的基本职能及使命。它规定了一个组织应该做什么及怎样做。宗旨要清楚而明确地阐述一个组织的服务对象是谁，他们的需要是什么，对组织的希望是什么等。例如，医院的宗旨是救死扶伤、治病救人等。

2. 任务　是组织的作用，是社会赋予一个组织的基本职能，如WHO规定护士的任务是："保持健康、预防疾病、减轻痛苦、促进康复。"这是各国护理组织都应该完成的任务，并根据具体情况制订目标。

3. 目标　是在宗旨、任务的指导下，整个组织活动要达到的具体效果。目标是最终的、可测量的结果。例如，某医院本年度护理文件书写合格率目标要求达到95%以上，本年度医院内护理人员培训率要求≥15%。

4. 策略　则是实现目标的具体谋略。策略是指管理者对未来行动的总体构想与实现目标的一整套具体谋略方案。组织要制订切合实际的、有用的策略，首先必须进行彻底的自我评价。

5. 政策　是组织在决策或解决问题时用来指导和沟通思想与行动方针的规定或行为规范。组织的不同层次可以相应地制定不同层次的政策，用于指导和规范各个职能部门的工作。用统一的政策指导，才能保证策略及整个计划体系的一致性，如国家卫生和计划生育委员会与国家中医药管理局制定的《医疗机构病历管理规定》，医院内护士的奖金分配政策等。

6. 程序　是完成未来某项活动的方法和步骤，是将一系列行为按照某种顺序的排列安排。程序是通过对大量日常工作过程及工作方法的总结、提炼而逐渐形成的，对组织的例行活动具有重要的指导作用，如各项护理技术操作规程、护理程序等。

7. 规则　是一种最简单的计划。它是在具体场合和具体情况下，允许或不允许采取某种特定行动的规定。规则一般不允许有灵活性及自由处理权，对执行者有较强的约束力，如无菌技术操作原则、病区内要求"禁止吸烟"等。

8. 规划　是为了实施既定方针，针对目标、政策、程序、规则、任务分配、执行步骤、使用的资源等而制订的综合性计划。规划可大可小，不同级别的组织都可以有自己的规划。规划一般是粗线条的、纲要性的，如护理人员在职培训计划，包括培训目标、培训方法、培训要求、时间安排、经费等。

9. 预算　是用数字表示预期结果的报告书，也可以称为"数字化"的规划。预算是组织各类各项可支配资源的使用计划。预算能使计划工作做得更细致、更精确，它包括人员、时间、设备、经费等方面的内容，如护士长年度管理岗位培训项目的经费预算、护理部制订的护理人员教育经费预算等。

（四）计划的表现形式

计划是一个总称，在这种文体中，还有其他一些名称，如规划、设想、方案、意见、安排等。这些性质基本相近的文体，书写上也各具特点。虽然计划的种类很多，名称复杂，但表现形式不外以下三种。

1. 条文式计划　这是护理工作计划的主要格式。一般是开头有一段概述，简明扼要地提出目的、任务、指导思想等。正文按序数排列，阐述计划具体内容。正文一般包括具体的任务、指标、方法、措施、步骤、日程、组织领导等，最后是一段习惯性的结尾。有的可在最后附加说明或提出要求及注意事项。另一种书写方法是没有开头和结尾，整份计划都是按序数排列，或是以时间为序，或是以计划内容为序。

2. 文字性计划　它与一般说明文相似。第一自然段为计划的开头部分，内容同条文式计划。主体部分若干自然段都表达一个相对完整的意思，分别说明计划的主要内容，最后为结尾。

3. 表格式计划　这类计划多数属于专项计划。一般由护理部或护士长根据工作任务及需要，设计出简明的表格，按项标明计划内容。

二 计划的步骤

任何完整的计划工作都需要遵循相应的步骤，它是一种连续不断的程序。在工作中应用的步骤一般是通用的，计划的实施过程包括计划的制订、执行、检查和总结等。计划的制订基本上都包括分析形势、确定目标、评估组织现有的潜力和条件、拟定备选方案、评估方案、选定方案、制订方案、制订辅助计划和编制预算等。计划制订步骤如图3-2所示。

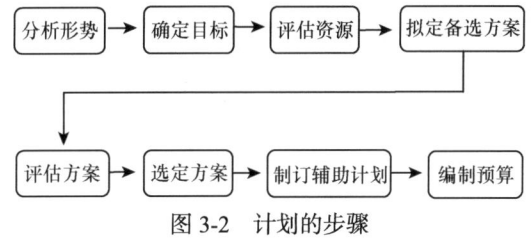

图3-2　计划的步骤

(一)分析形势

运用 SWOT 技术,分析并评估组织的优势、劣势及面临的机遇和挑战,是计划工作的开始。对形势的分析也是收集资料的过程,是对计划对象的历史、现状做全面了解的过程。

(二)确定目标

根据调查和预测的有关数据、资料,制订出组织及个人的目标,这一步要说明计划要达到的成果目标。

> **链接**
>
> **2016 年医院护理部工作计划**
>
> 在院长的领导下,遵循和落实院长的"以人为本"的科学发展观,"以患者为中心"的服务理念,以医疗安全为目标,预防为主,强调过程管理和质量责任,强化内涵建设,提高技术水平和服务质量,创造优质护理,提高社会效益和经济效益。
>
> 一、工作目标
> - 健全护理"质量、安全、服务"等项管理制度,各项工作做到制度化、科学化、规范化。
> - 强化内涵建设,不断提高护理队伍整体素质。
> - 坚持"以人为本"的服务原则,使护理服务更贴近群众、贴近社会,不断满足人民群众日益增长的医疗服务需求,创优质护理效益。
>
> (下文略)

(三)评估资源

明确该计划是在什么样的内环境下进行的。如果护理管理者对其部门的现有条件没有一个客观的了解,就不可能制订出实际可行的目标。

(四)拟定备选方案

提出各种可行性方案。计划往往同时有几个可供选择的方案,应在分析的基础上,从备选方案中选出最有成功希望的一个或数个方案,这样可使计划同时具有合理性和灵活性。

(五)评估方案

由计划部门组织有关专家,对各种备选方案进行可行性分析和综合评估。考察每一个备选方案的优缺点并进行论证。论证的内容包括计划依据的可靠性、计划方案的科学性、计划实施的可行性、经费预算的合理性、计划效益的显著性。

(六)选定方案

选定方案是计划工作的关键,这是对计划的决策,决策者召开决策层会议,从入选方案中选定一种作为执行计划,其余作为备选计划。

(七)制订辅助计划

制订出总体计划,还不是计划的结束,一般还要制订为实现总体计划而派生出来的计划,即对总体计划进行分解,同时还要编制预算,使计划数字化。

(八)编制预算

组织的预算是由数字表明的收入、支出和盈余的预算总额,其实质是资源分配计划。

三、计划在护理管理中的应用

(一)计划的方法

计划的方法是指在制订计划的过程中,为使计划尽可能科学、合理、完善而采取的一系列技术性办法，最常见的有以下五种。

1. 历史比较法　就是把同类问题在不同时期、不同地区、不同单位中所呈现的不同结果做分析研究，总结历史经验教训，从中找出规律，用来指导计划的制订。做历史比较，需要全面收集历史文献资料，分析其优劣得失及产生的背景与原因。

2. 现状调查法　是制订计划的前提、出发点。它要求先列出调查的纲目，按照纲目进行有计划的调查，调查所得的材料应真实、具体、全面，然后通过认真的分析研究，对现状达到综合的、本质的了解，才能为制订计划提供可靠的依据。

3. 未来预测法　计划立足于现实，面向未来。因此，应按照现实的客观规律，预测计划发展的趋势和可能出现的情况。预测的方法主要有两类。

（1）归纳法：即从各方面搜集同一预测对象的预测结果，选取一致性结论。

（2）演绎法：用公认的原理或经验，进行逻辑推理得出预测结论的方法。

在对计划预测的过程中，根据对象的特性和要求选择具体的预测方法，或两种方法并用，以提高预测的可靠性及准确性。

4. 综合平衡法　是从计划全局出发，对计划的各个构成部分进行全面的平衡。综合平衡法把任何一项计划都看作一个系统，不去追求局部的单指标的优化，而是要追求系统整体的最优化。

5. 优选决策法　一般在制订计划时准备有若干种方案，计划的制订者要依据严谨的逻辑和严格的程序，运用数学分析和技术经济分析的方法，并从社会学的角度，对各种可行的计划草案做出全面、科学的论证与评价，然后按照整体优化原则，从中选出一种最好的方案或将几种计划方案的优点重新组合成一种新的方案作为最终的执行计划。

（二）计划的内容

1. 护理人员计划　制订护理人员计划有一个过程，首先是明确为实现组织目标所必需的人员数量和类型，然后对现有的人力资源状况进行考察，预测出人力资源的短缺程度或者超员情况，制订出满足未来人力资源需要的行动方案，包括具体招聘、解聘和甄选护理人员的行动方案。继续教育计划是护理管理者制订的人员计划中的一个重要内容。在制订计划时，应明确继续教育的目标、方式、时间安排、地点、教育内容、所需要花费的时间及精力等。护理人员的晋升计划应包括晋升的等级、原则、要求、具体标准等方面的内容。护理部的计划还应包括各病区人员的管理体制、数目、类型、素质、能力要求、编制预算等方面的计划，而病区的人员计划包括护士的分工与排班等。另外，护理人员的考核、评价及奖惩计划是从管理的角度控制护理质量的方法。护理人员考核包括对护理人员的业务理论水平、操作技能、工作表现、素质及能力等方面的综合考察及评价，是晋升及奖惩的依据。考核的基础是制订切实可行的考核计划，包括考核的对象、时间间隔、内容、方式、地点、费用等方面的详细计划。在考核的基础上，要制订一定的奖惩计划，明确规定奖惩的对象、方法、内容、手段、条件等。

2. 护理服务计划　包括提高服务质量的目标、完善及提高服务质量的具体措施、评价服务质量的标准、患者的管理及陪护的管理，各种护理物品的计划、统筹与安排；如何通过提高护理质量，减少患者的住院天数；如何减少护理人力及物力资源的浪费等。精确计算护理中的人力成本，并在衡量效益时注意结合护理实际，以探讨成本与效益之间的比例关系，达到既提高服务质量又减少成本的目的。

3. 预算计划　在人力预算时,要考虑医院病床的数量、患者的疾病性质、医院的评定标准、以及护理人员的数量、教育程度、职称、素质及能力、人力费用、人员流动和流失的情况。在人员预算时要注意计算护理中的直接和间接服务时间及护理人员所付出服务的体力含量和知识含量等。对物资消费预算包括需要的物资品种、数量、功能要求、消耗程度、折旧等。例如,一个病房的护士长要考虑购置一台呼吸机,在进行预算时就需要考虑使用的时间、折旧率、对功能方面是否有特殊的要求、价格如何等。在日常的护理运转预算包括一般护理工作中日常的医疗护理器械的维修与保养费用等。

> **链接**
> 1. 用数字表示预期效果的一种数字化计划称为
> A. 宗旨　　B. 预算　　C. 目标　　D. 策略　　E. 任务
> 2. 管理者在做计划时需要回答的问题是
> A. 5W1H　　B. 4W1H　　C. 3W1H　　D. 2W1H　　E. 6W1H
> **分析**: 1. 预算是用数字表示预期结果的报告书,也可以称为"数字化"的规划。故选 B。
> 2. 管理学家用 5 个 W 和 1 个 H 来表示计划活动的内容。故选 A。

第 2 节　目 标 管 理

案例 3-2

护理部根据全院提高服务质量的整体要求,提出"在一年内使全体护理人员护理技术操作合格率达 90% 以上"的目标。为达到这一目标,护理部成立了"护理技术操作质量控制小组",护理部-质控组成员及各有关部门的护理人员层层落实,制订个人目标,就本年度各级目标达成后的奖惩事宜达成书面协议,使每名护理人员明确自己任务和任务时间期限,并将目标的达到与否与病房质量评比和经济效益等联系起来。护理部-质控组通过对护士定期进行操作指导、训练、考核,提高其操作水平;通过定期督促护士的自我检查、相互检查,组织护理技术操作比赛、暗查、定期考核、年终考核等措施,检查目标的达到情况,并及时反馈,以改进提高。

问题: 1. 请对照有效目标制定标准评价该目标管理制订的质量。
2. 评价目标管理的主要环节还存在哪些不足?

1954 年,德鲁克提出了一个具有划时代意义的概念——目标管理(management by objectives,MBO),它是德鲁克所发明的最重要、最有影响的概念,并已成为当代管理体系的重要组成部分。目标管理是以结果为导向的系统管理办法,让单位管理人员和工作人员共同参与目标的制订,在目标的实施过程中实行自我控制,并对结果严格考核的科学方法。

一、目标

目标是指一个规划或方案所要达到的最终的、具体的、可测量的结果。如在护理质量管理中要求对危重患者的护理是无压疮、无烫伤、无坠床发生。

目标的选择和确定是人的主观能动性、积极性及创造性的反映。目标在管理中起主导作用,决定着管理活动的内容、管理方法的选择、人员的配备和组织的设置等。

> **链接**
>
> **摸高试验**
>
> 管理学家们曾经专门做过一次摸高试验。试验内容是把20个学生分成两组进行摸高比赛，看哪一组摸得更高。第一组10个学生，不规定任何目标，由他们自己随意制订摸高；第二组规定每个人首先定一个标准，如要摸到1.6m或1.8m。试验结束后，把两组的成绩全部统计出来进行评比，结果发现规定目标的第二组的平均成绩要高于没有制订目标的第一组。摸高试验证明了一个道理：目标对于激发人的潜力有很大作用。

二、目标管理

（一）概念

目标管理是由组织中的上级和下级共同参加目标制订，在工作中实现自我控制并努力完成工作目标的一种管理思想和方法。

在传统的管理形式中，目标由上级管理制订后，指派给下属执行，目标传达过程因上、下级沟通的人为因素，可造成下属对目标的认识不够清晰，各成员的努力方向不明确，个人目标无法与组织目标有效配合，间接地影响到组织的绩效。

目标管理将组织整体目标转换分解为单位及个人的具体目标，让员工参与决策，能提高员工对组织目标的接受性并产生激励作用；另外，目标管理将组织目标转化成可衡量的具体目标，并定期评估以达到控制成果的目的。就是组织内管理人员与下属在具体和特定的目标下达成协议，并写成书面文件，定期以共同制订的目标为依据来检查和评价目标达到情况的过程。

（二）目标管理的特点

1. **目标特定性** 是指下级目标与上级目标的一致性。由于下级与上级共同参与将组织目标转换为具体可行可测评的部门或个人目标的过程，使目标具有特定性，有利于员工自检和自查，有利于上级的评价，也促进了上、下级的合作和关系的协调，以共同达到组织总目标。对于目标的制订，不能只有简要的说明，必须转换成可衡量的具体目标，如不能仅说明"改善服务态度"而已，而应转换成"为改善服务态度，应对所有患者称呼'先生''小姐'并多用'请''谢谢'等"。如护理部提出的年度总目标为"护理质量比去年有所提高"，这种提法反映不出护理质量提高究竟是什么意义，而应当将其具体化为"护理文件书写合格率为95%""患者对护理服务的满意度为95%以上"等，护理部确定的目标越具体，各病房、各护理人员确定目标时就越明确，对实际工作就越具有指导作用。

2. **整体性管理** 目标管理将组织的总目标逐层分解落实。每一部门和每一成员各自的分目标以总目标为导向，使员工明确各自工作目标与总目标的关系，共同完成总目标。

3. **参与决策** 目标管理是由上、下级共同参与制订目标及目标的衡量方法，由主管与部属共同设定目标及拟定衡量的方法。每个部门根据组织的总目标制订部门目标，每名职工根据本部门的目标和个人职责制订个人目标，形成目标连锁。每个部门各成员明确自己的任务、方向、考评方式，相互配合共同完成组织目标。

4. **自主管理** 目标管理强调以人为中心，以目标激励人。在目标管理中，下级不是按上级硬性规定的程序和方法行动，而是进行自主管理和自我控制，可提高员工的工作积极性和创造性，增强员工的组织责任感。人一旦接受了目标，就能够自我管理去为实现目标而努力。

5. **绩效的反馈** 在执行目标的过程中，各层管理者皆应定期评价才能有所反馈，使部属能对实际的绩效有所了解,并做适当的修正。要在目标的制订和执行中不断收集反馈信息及时纠正偏差,各分项目标随着护理队伍整体素质和其他外部环境的改变而需要随时调整,一个目标实现了,或发现目标不恰当,应及时修正,使目标始终具有导向性,而不能只满足于一锤定音。

（三）目标管理的过程

目标管理过程即开展目标管理活动的步骤和主要工作内容,是一个围绕确定目标和实现目标进行管理活动的过程,可分为：制订目标体系、组织实施、检查评价三个阶段。三个阶段相互制约,周而复始,形成循环周期,并在下一个周期可提出更高的目标。

1. 制订目标体系　实行目标管理,首先要建立一套完整的目标体系,目标制订越合理明确,则后阶段的具体过程的管理和评价越容易。这一阶段可分为四个步骤。

（1）高阶层领导制订总体目标：根据组织的长远计划和客观环境条件,管理者与下级充分讨论研究后制订出总体目标。

（2）审议组织结构和职责分工：目标管理要求每一个目标和分目标都要成为落实到个人的确切责任,因此在制订总体目标之后,需要重新审查现有组织结构,根据目标要求明确职责分工。

（3）制订下级目标和个人目标：在总体目标的指导下制订下级目标和个人目标,分目标一定支持总目标。个人目标要与组织目标协调。在制订具体目标时应注意：目标必须要有重点,不宜过多；尽量具体化、定量化,以便测量；目标还应有挑战性以激励士气。

（4）形成目标责任：上级和下级就实现各目标所需要的条件及实现目标后的奖惩事宜达成协议,并授予下级以相应的支配人力、物力、财力及对外联络等权力。双方意见一致后,由下级写成书面协议。形成目标责任的步骤包含多次协商及正式或非正式的沟通。

2. 组织实施　主管人员应放手把权力交给下级成员,而自己去抓重点的综合性管理。完成目标主要靠执行者的自主管理。上级的管理主要表现在指导、协助、提出问题、提供情报及创造良好的工作环境方面,即由执行者自行管理,选择实现目标的方法和手段。目标执行者采用自我管理的方法,按照目标总体要求,调动各种积极因素,发挥自己的聪明才智,确保目标实现。管理者提供咨询、定期指导、检查,及时反馈,纠正偏差,调节各部门间的人力、物力、财力等资源,为目标的顺利实现提供支持。

3. 检查评价　对各级目标的完成情况和取得的结果,要及时地进行检查和评价。首先定出检查时间,然后,在到达预定期限后,上、下级再一起对目标完成情况进行考核。应注意的事项：本人完成后的结果要进行自检；对于本人的自检,上级必须同职工进行商谈；要以一定形式同成绩评价结合起来。评价的方法可依目标的性质而异。

（1）考评成果：在达到预定的期限之后,要及时进行检查和评价,以各自目标及目标值为依据,对目标实施的结果进行考核,评价管理绩效。

（2）实施奖惩：目标实施者自检后,管理者与自检者进行沟通,讨论预先制订的评价和奖惩协议并实施奖惩,如工资、奖金、职务的提升和降免、物质奖励等。

（3）考核评价：将目标管理中的经验及教训进行总结,找出不足,同时讨论下一轮的目标,开始新的循环。在此阶段,新资料、信息、资源的输入,应随时提供给下属。如果目标没有完成,管理者在评价中应主动承担必要的责任,并启发下级自检,以维持相互信任的气氛,为下一循环奠定基础。

（四）目标管理的意义及应用

1. 意义　目标管理将组织总目标转化为各级分目标，是以目标为中心的管理。目标管理将目标作为联系上级与下级、个人与组织的纽带，使全体成员和利益融为一体，融洽了上、下级关系，易于形成管理合力。

2. 目标管理在护理工作中的应用　目标管理作为现代管理方法之一，已广泛地应用于社会各项管理活动中，目标管理同样适用于护理管理工作。

护理目标管理是将护理整体目标转化为各部门、各个层次及个人的目标，建立管理的目标体系，实施具体化的管理行为，最终实现组织总目标的过程。实施目标管理可调动护理人员的积极性，促使护理管理者将主要精力投入到综合性管理活动中。具体活动：护理部根据医院的整体规划制订护理工作总目标，再通过建立护理目标体系，制订各部门、各病房及护理人员个人的目标，确定目标和工作标准、职责分工、工作期限、评定方法及奖惩措施，通过指导实施、定期检查、终末考核等措施实现全院护理工作总目标。

（1）护理工作中运用目标管理的主要步骤

1）按医院的整体规划制订全院护理工作总目标，清晰地说明护理部实施目标管理的目的。

2）按目标建立机构，列出参与实施此项目标管理的有关单位与病房；澄清各有关单位及病房之间的关系。

3）列举出各级护理管理者实施目标管理的责任。

4）设定实施目标管理各阶段的时间表，以便定期检查与考核实施进度。

5）处理好各方面的关系，协调好各种力量，及时纠正实施过程中出现的偏差，保证管理活动朝着预期的方向发展。

6）通过督促护士自我检查、相互检查、组织检查、定期考评、年终考评等措施，检查目标的实现情况，将目标管理成效与个人奖惩挂钩，与岗位责任制相互结合。

（2）目标管理应用中的注意事项

1）护理部对目标管理的方法、目的、优点及局限性应有明确的认识，并对各级护理人员进行有关目标管理的知识教育，统一认识。

2）护理部应使下属了解护理部的任务、工作标准、资源及限制。

3）各级护理部门及人员应结合自身具体条件，根据总体目标，制订恰当的护理工作具体目标。

4）实施目标管理期间应定期开会，了解进度，在会议中给予支持帮助，并激励下属。

5）在目标管理实施的过程中，护理部、有关的责任人员，应层层把关，严格控制，了解工作进展，给予及时的支持和指导。

目标管理对提高护理人员的积极性及创造性有一定的作用。但护理管理者应注意的是，并非实施目标管理就一定会产生效应，当实施环境、方式不当时，目标管理同样会遭受失败。

第3节　时 间 管 理

● 案例3-3

一名骨科护士长，中午休息后，遇到以下几件事：①3床补液部位肿胀，现尚未结束上午的补液，上午的抗生素静滴未完成；②12床家属晕倒在病房里；③6号病房厕所堵塞，粪便溢出；④18床、20床、24床急诊患者新入院，尚未办理入院手续；⑤手术室来电，2床急诊手术，手术室护士马上来接患者，但患者术前准备未做；⑥外科护士长约您14：30讨论上周护理过失的处理方案。目前病房里除护士长之外，还有两名护士，其余护士都参加院外活动去了。

问题：护士长如何在短时间内处理完这些事情？

一 时间与时间管理

现代管理学之父德鲁克说："不能管理时间，就什么也不能管理……最稀有的资源就是时间。"富兰克林曾说："时间是生命的本质。"时间一去不复返，是宝贵的有限资源。随着人们的工作和生活节奏日益加快，对时间的价值观认识有了进一步的提高，时间的价值更进一步体现在管理活动中。当今社会，作为管理者，如何使用时间管理的方法管理有限的时间，提高时间的利用率和有效性，以完成既定的组织目标和个人目标，应引起护理管理者的重视。

（一）时间的本质与特征

1. 时间的本质　时间是运动着的物质存在形式，是物质运动过程中的顺序更替和前后联系的表现。时间的本质是一种有价值的无形资源，其赋予每一个人的时间是固定而有限的。做任何事情都需要花费时间，但每个人在单位时间内付出的劳动所获得的社会价值及个人价值是不同的。从管理角度看，时间是分配各种活动过程所需要的周期，需要有效的安排和充分利用，必须规定各种活动衔接和循环的连续性，避免浪费时间。

2. 时间的特征　时间具有以下特征。

（1）客观性：时间是无形的但又同物质一样客观存在。

（2）方向性：时间的流逝具有"一维性"，是以一定的方向、一定的规律运动。时间一旦过去，将永远失去。

（3）无储存性：时间虽然是一种资源，但这种资源无法储存。无论如何利用时间，时间总是在消耗、流失。

（二）时间管理的概念

时间管理（time management）是指在同样的时间消耗情况下，为提高时间的利用率和有效性而进行的一系列控制活动。它包括对时间进行的计划和分配，以保证重要工作的顺利完成，并留出足够的余地处理那些突发事件或紧急变化。

（三）时间管理的意义和作用

1. 提高工作效率　通过研究时间消耗的规律，认识时间的特征，探索科学和合理使用时间的方法，以提高工作效率。时间管理可使管理者自行控制时间而不被时间控制，控制自己的工作而不被工作左右，从而对时间资源进行合理分配。

2. 有效利用时间　管理者如果能有效管理时间，就能做到事半功倍。护理管理人员常因为琐碎的管理事务而不能有效控制时间，以至于常有"劳而无功"的感觉。学会科学管理时间可帮助管理者在有限的时间内提高时间的使用效率。

3. 激励员工的事业心　时间管理是发展生产力的客观需要，也是实现个人价值对社会做贡献和成就的需要。有效利用时间可以使员工获得更多的成功和业绩，从而激发成就感和事业心，满足自我实现的需要。

二 时间管理方法

时间管理有一定的方法和技巧,如何确实有效地利用有限的时间、提高时间的利用率和有效性是时间管理的基本课题。只有熟悉时间管理的过程,掌握提高时间管理的方法与技巧,并与自我的实际工作相结合,做出调整计划,养成良好的时间管理习惯,才能提高工作的效率。

(一)时间管理的过程

时间管理是一个包括"评估—计划—执行—评价(反馈)"的动态过程,包括:评估时间利用的情况,制订工作目标及理清工作重点,建立目标优先顺序,选择避免时间浪费、有效利用时间的策略,列出时间安排表并即刻执行,评价时间花费的有效性。

1. 评估时间使用情况　了解自己工作时间的具体使用情况是有效时间管理的第一步。管理者可准备一本日志或记事本,按时间顺序记录所从事的活动;评估时间是如何消耗的,每一项管理活动需要多少时间;时间安排的依据是什么,你的处理方法是什么,紧急的事物是什么,自己每日最佳的工作时段、效率最低的工作时段是何时。这样可以让管理者了解花在每一项活动上的时间有多少,当记录条目足以代表管理者的工作活动内容时,再计算每一类活动所消耗的时间占整个工作日时间的百分比,如果分析结果显示时间分配不平均或与重要程度不符合,则管理者必须重新修正工作方针,以提高管理效率。

2. 了解个人时间浪费的原因　浪费时间是指花费了时间但未取得任何对完成组织或个人目标有益的结果的行为。对浪费时间的评价分析是时间管理的重要一环。造成时间浪费的原因有客观因素和主观因素两个方面(表3-1)。

表 3-1　浪费时间的原因

主观因素	客观因素
1. 缺乏有效使用时间的意识和知识	1. 意外的电话或来访
2. 工作日程计划不周或无计划	2. 计划内或计划外的会议过多
3. 未制订明确目标和优先次序	3. 无效或不必要的社交应酬过多
4. 工作目标不当或不足	4. 信息不够丰富
5. 不善于拒绝非本职工作、非自己熟悉工作、非感兴趣的工作	5. 沟通不良或反复澄清误会
6. 处理问题犹豫不决,缺乏果断性	6. 缺乏反馈
7. 缺乏决策力	7. 合作者能力不足
8. 文件、物品管理无序	8. 政策程序要求不清晰
9. 工作时精神不集中,有拖拉习惯	9. 文书工作过多、手续繁杂
10. 随时接待来访者	10. 上级领导工作无序、无计划

3. 避免浪费时间的策略

(1)有计划、有选择地参加会议及社交活动。

(2)有意识地锻炼自己的沟通交流能力,包括保持上下沟通渠道的畅通、有效倾听、管理指示明确。

(3)学会拒绝非职责范围的工作及责任。

(4)制订具体而切合实际的计划。

(5)列出管理活动的先后次序。

(6)应用重要事件卡,以提醒自己首先应完成的事情。

(7)决策果断,处理问题得当,工作有条不紊。

(8)合理而实际地安排管理活动,及时完成各项工作,避免拖延。

(9)对于电话干扰,要缩短谈话时间,尽量谈重要的事情。

(10)对于顺道来访者,尽量不要在办公室交谈。

(11)留有一定的机动时间,以处理突发事件。

(12)及时清理文件,丢弃无用的文件。

(13)有意识地改变犹豫不决的性格。

4. 确认个人最佳工作时间段　充分认识个人最佳工作时间段是提高工作成效的基础。从生理学角度来说，人的最佳工作年龄时区通常在25～50岁，对管理者而言，一般35～55岁是效率最佳时区。管理者要评估时间的利用情况，包括认识自己在每日、每周、每月、每年不同的身体功能的周期性，充分了解自己精力最旺盛和处于低潮的时间段，然后依照个人内在生理时钟来安排工作内容。充分利用时间的表现：在感觉精神体力最好的时段里，宜安排须集中精神及创造性的管理活动，而在精神体力较差的时段中可从事团体活动，以通过人际关系中的互动作用，提高时间利用率。

（二）有效时间管理的方法

有计划地利用时间，首先在于建立个人及专业的目标与方针，并且须适当地规划时间，即拟定时间表，以达到时间管理的目的。

1. ABC 时间管理法　在工作或学习上可能只需要处理少数的几桩事就可以取得大部分的成果，如果我们管理好这少数的事，就掌握了大部分的效益；反之，如果不善管理，忙着处理80%的事情，到头来可能发现其效益不过只20%而已。

美国管理学家莱金（Lakein）建议为了有效管理及利用时间，每个人都需要将自己的目标分为三个阶段，即今后 5 年内欲达到的目标（长期目标）、今后半年实现的目标（中期目标）及现阶段要达到的目标（短期目标）。将各阶段的目标分为 ABC 三个等级，A 级为最优先（必须完成的）目标，B 级为较重要（很想完成的）目标，C 级为不重要（可暂时搁置的）目标。

建立长、中、短期目标的优先次序很重要，因为管理者往往没有足够的时间去了解任何一阶段中所有的目标。使用 ABC 目标管理法，可以帮助管理者对紧急、重要的事件立即做出判断，提出处置措施，提高工作效率。

（1）ABC 时间管理法的核心：是抓住主要问题，解决主要矛盾，保证重点工作，兼顾全面，防止"眉毛胡子一把抓"。这种时间管理既保证了工作重点，又能兼顾一般性工作，提高工作效率。所以，做事做重点，成为重要的时间管理要诀。ABC 时间管理法的特征及管理要点见表 3-2。

表 3-2　ABC 时间管理法的特征及管理要点

分类	占工作总量的百分比	特征	管理要点	时间分配占工作时数百分比
A	20～30	最重要、最迫切，后果影响大	必须做好、现在就做、亲自去做	60～80
B	30～40	重要、一般迫切，后果影响不大	最好亲自做、授权	20～40
C	40～50	无关紧要，后果影响小	授权	0

（2）确定 ABC 类事件流程图：确定 ABC 事件流程图可作为提供分类的基本方法及思考的框架，如图 3-3 所示。

（3）ABC 时间管理的步骤：①列清单。每天工作开始时列出全天工作日程清单，如开交班会、核对医嘱。②工作分类。对清单上的工作进行归类，常规工作按程序办理。③工作排序。根据事件的特征、重要性及紧急程度确定 ABC 顺序。④划出分类表。按 ABC 类别分配工作项目、各项工作预计的时间安排及实际完成的时间记录。⑤按工作日程表进行工作。首先全力投入 A 类工作，直到完成，取得效果再转入 B 类工作，若有人催问 C 类工作时，可将其纳入 B 类，大胆减少 C 类工作，以避免浪费时间。⑥总结评价。工作结束时评价时间的应用情况，每日进行自我训练,并不断改善自己有效利用时间的能力。

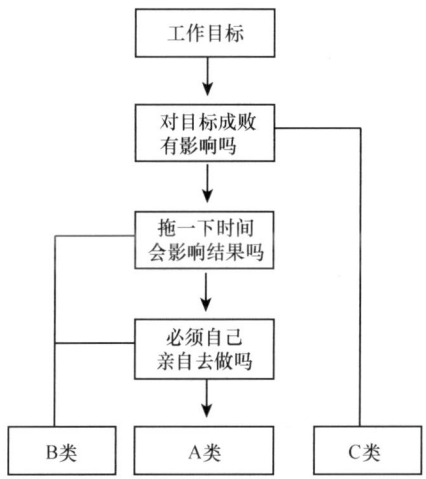

图 3-3 确定 ABC 类事件流程图

2. 记录统计法 时间管理统计法是事先拟订活动时间进度表,力求详细,尽可能地把将来发生的情况安排到计划之中并留有余地,以防出现意外事件时没有时间处理。时间管理统计法的目的是对时间进行记录和总结,并可分析浪费时间的原因。评价时间的应用情况以采取适当的措施节约时间。记录时注意真实性和准确性,并做到及时,以达到时间管理的目的。记录的方法可利用台历或效率手册记录表,效率手册记录表的式样见表 3-3。

表 3-3 效率手册记录表

日期	上午	下午
2017 年 3 月 6 日星期一	8am	2pm
	9am	3pm
	10am	4pm
	11am	5pm

3. 时间消耗的计划化、标准化、定时化 首先,应了解目前工作时间是如何消耗的,并对此进行评估。可以用日志或记事本,按时间顺序记录一个工作日内所进行的活动及花费的时间,凭借时间过程的详细记录,可以让管理者了解花在每一项活动上的时间有多少;将所有的活动分为几个大类,如拟定计划、预算分析、行政事务、督导业务、决策动作、效率评估及工作上人际关系的建立等;计划每一类的活动所消耗时间的百分比,如果分析结果显现时间的分配不平均,或与重要程度不符合,则管理者必须重新修正工作方针,以纠正不平衡的现象。如护理时间管理需要评估以下内容:

(1)都有哪些护理活动及护理管理活动?每一项需要多少时间?

(2)时间的安排根据什么来确定?

(3)需要处理的紧急事务是什么?

(4)需要增加及减少哪些活动?

(5)如何才能减少时间浪费?个人每日最佳及最差的工作时间段是什么?

(6)护士最忙及最闲的时间段是什么?

(7)时间的安排是否符合护理管理者的时间安排标准?

如果没有如此的分析和校正,管理者很容易在他表现较好的方面花较多的时间,甚至沉溺其中,而避免那些可能使他觉得无能的业务。

4. 确定优先性工作的方法　根据时间管理的原理,管理者达到良好的工作努力与工作效率之比,必须优先处理最有价值、最紧急的任务。将每日的工作列出先后次序,然后根据先后次序安排时间。工作时要精神集中,全身心地投入到工作中去,避免各种干扰,从最重要的工作做起,依此类推。一件事情完成以前,尽可能不要做另一件事情,防止浪费时间。同时建立时间管理系统,使用先进的管理方法及各种通信设备、现代化办公设备,如计算机、复印机、电话、传真、电子信箱等。

5. 学会授权　管理者可通过适当授权使自己的工作时间更加有价值,同时也为下属的锻炼成长提供机会。管理者计划授权的工作内容包括该项工作要分配给何人,如何使这些下属有权利和动力做好所授予的工作。授权是一种法定合约行为,管理者和下属都应该了解和同意授权行为及附加的条件。为了执行工作的方便,管理者应赋予下属一些特定的权利,并以书面形式向其他相关人员说明。接受授权者可以运用必要的资源,接受必要的指示,实施必要的管理,提出必要的报告等。

6. 应用助手　选择一个好的助手可以帮助管理者节省时间。选择助手的条件可考虑：

（1）选择同管理者的人生观、工作观、生活观相似的人作为助手,以节省解释、辩论或说明的时间,让其更好地发挥助手的功能。

（2）选择同管理者能力互补的人作为助手,可以取长补短,并充分发挥助手的作用,增加其工作满意度。

（3）选择追随自己的人作为助手,但追随并不代表盲目地崇拜或模仿。一个好的助手能够及时发现并指出管理者的错误,配合管理者及时纠正错误,而非一味盲从。

（4）选择能力恰当的人作为助手。能力过强的助手可能不会屈居人下,会想方设法取代管理者或利用助手的岗位达到某些个人利益；能力不足的助手也无法帮助管理者完成工作。

7. 拒绝艺术　是合理使用时间的有效手段之一。每个人的时间都是均等固定的,管理者也不例外。因此,面临各项工作,管理者必须有所取舍,学会拒绝承担不属于自己职责范围内的责任,以保证完成自己职责范围内的工作。在下列情况下管理者应该合理拒绝承担不属于自己工作范围的责任：①当请求的事项不符合个人的专业或职务目标时；②当请求的事项非力所能及,且需花费很多时间时；③当请求的事项是自身感到很无聊或不感兴趣时；④承担该请求后会阻碍个人做另一件更吸引人且有益于自己的工作时。

许多情况下,管理者很难拒绝同事的一个合理的请求,类似事件会占用大量时间。为了避免内疚及预防因拒绝同事的请求而失去人缘的后果,管理者一定要学会如何巧妙而果断地说"不",最好不要解释为什么"不",因为对方会将这些解释作为条件性的拒绝,而会想出理由来反驳。拒绝时要注意时间、地点及场合,避免伤害他人。

8. 养成良好的工作习惯　管理者处理的问题往往千头万绪,工作中为提高工作效率,应养成良好的工作习惯：①减少电话的干扰,打电话要尽量抓住要点,电话边上放置纸、笔,便于记录重要事项,避免打社交性的电话,以减少不必要的干扰。②在办公室以外的走廊谈话,以节约时间。如谈话内容重要,再请到办公室细谈。③控制谈话时间,如交谈中觉察内容不重要,可站起来,或看看表,或向门口走去,或礼貌地直接解释手中正在处理一件紧急文件,表示谈话可以结束。④鼓励预约谈话,可安排在每日工作不忙的时间段进行会谈。⑤对有关的档案资料要进行分档管理,按重要程度或使用频繁程度而分类放置,并及时处理、阅读。⑥减少会议,缩短会议时间,并提高会议效果,准时开始,做到不开无准备、无主题的会议。

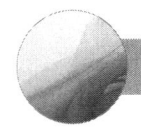

目标检测

单项选择题

1. 在宗旨、任务的指导下，组织活动要达到的最终可测量的成果是
   A. 宗旨 B. 目的 C. 目标
   D. 策略 E. 反馈

2. 组织为达到目的而制订的一种限定活动范围的计划称为
   A. 宗旨 B. 目的 C. 目标
   D. 政策 E. 评估

3. 根据具体情况是否采取某种特定行为所做出的规定是
   A. 宗旨 B. 预算 C. 目标
   D. 策略 E. 任务

4. 计划的特征不包括
   A. 目的性 B. 纲领性 C. 组织性
   D. 效率性 E. 普遍性

5. 中期计划的年限是
   A. 3个月 B. 6个月 C. 1年
   D. 3~5年 E. 4个月

6. 择优是计划工作的（   ）问题。
   A. 重要 B. 核心 C. 不重要
   D. 关键 E. 次要

7. 组织长期计划一般由（   ）制订。
   A. 中层管理者 B. 被管理者
   C. 高层管理者 D. 基层管理者
   E. 执行者

8. 目标管理的创始者是
   A. 泰罗 B. 法约尔
   C. 彼德·德鲁克 D. 韦伯

   E. 莱金

9. 目标管理的第一个阶段是
   A. 组织实施 B. 检查评价
   C. 制订目标体系 D. 实施奖惩
   E. 以上都是

10. 从生理学角度讲，人们最佳的工作年龄是
    A. 20~30 岁 B. 20~40 岁
    C. 25~30 岁 D. 25~50 岁
    E. 35~50 岁

11. 管理者的最佳工作年龄是
    A. 25~30 岁 B. 30~40 岁
    C. 35~55 岁 D. 25~35 岁
    E. 30~55 岁

12. 时间管理最重要的意义是
    A. 有效利用时间 B. 激励员工的事业心
    C. 有利于管理 D. 制订实施计划
    E. 提高工作效率

13. 按照 ABC 时间管理法，A 类工作应占工作时数的
    A. 20%~30% B. 30%~40%
    C. 50%~60% D. 60%~80%
    E. 50%~80%

14. 管理者对 A 类工作的管理要点是
    A. 授权 B. 请别人做
    C. 明天做 D. 亲自去做
    E. 以上都是

（吴俊晓）

第4章 组织与组织管理

组织是实现组织目标的支持和保障,在组织目标实现过程中起着重要作用,也是人类社会生活中普遍存在的社会现象,如学校、企业、公司、医院等。护理组织管理是运用管理科学的组织理论,研究护理组织系统的结构和特点。通过护理组织设计,建立合适的护理组织结构,创造一个和谐的护理工作环境,从而发挥出每个护理人员的智慧和能力,保障护理组织目标的实现。

第1节 组织概述

● 案例4-1

某医院在本年度的护理工作任务中,护理部主任给护理各科室下达了目标任务,并要求在年终进行考核。小李与小黄分别是消化科和神经内科护士长,小李回到科室后,成立了目标小组,并由她亲自担任组长,小组成员各司其职来完成任务;而小黄回科室后只是交代了任务,让大家认真完成,而没有成立目标小组。在年终任务目标考核时,消化科考评为优秀,而神经内科考评为不合格。

问题:1. 理解组织的概念及组织的作用。
   2. 进一步学习组织结构、设计、组织文化等内容。
   3. 假如你是护士长小黄,你该如何组织工作来完成年度考核目标?

一、组织的概念和职能

在管理的各项职能中,组织是进行人员配备、领导、控制的前提。研究护理管理中的组织职能,首先需要明确组织的有关概念,并理解其含义。

1. 组织的概念 根据组织理论的发展,组织的概念包括名词性概念和动词性概念。

(1)组织的名词性概念:组织(organization)是人们为了实现某一特定的目标而形成的系统集合,如党组织和团组织。

(2)组织的动词性概念:是人们为了实现特定目标,科学合理地整合和统筹安排人力、物力、财力的活动,包括动态组织和静态组织。

2. 组织的含义　从本质上来说组织是人们为了实现共同的目标而采用的一种手段或工具，是按照一定目的和程序而组成的一种权责角色结构。

组织是具有明确目的和系统性结构的实体，包含了四种含义：

（1）组织是一个人为的系统。

（2）组织必须有共同目标。

（3）组织必须有分工协作。

（4）组织要有不同层次的权力与责任制度。

3. 组织的职能　一般组织的职能包括以下内容。

（1）确定组织目标。

（2）分解任务，并把工作分成各种具体职责，使组织中的每个成员充分认识自己的工作责任。

（3）划分不同的管理层次和部门，确定各部门的职责范围。

（4）赋予相应职权，明确各层次、各部门的分工协作关系和相应职责。

（5）建立组织内的信息沟通渠道。

（6）协作，与其他管理职能配合以保证组织正常运转。

二、组织的基本要素

组织的基本要素包括人、目标和结构。组织由两个以上的人构成，只有当一个人的力量难以完成组织目标时，建立相应的组织才是可取的；组织必须有明确的共同目标，目标是组织存在的前提；组织内部还需要不同层次的分工与合作，有不同层次的权利与责任。

1. 职权　是指按一定的正式程序所赋予某项职位的权利，是一种职位的权力，而不是某特定个人的权力。

2. 职责　是指某项职位应该完成某项任务的责任。

3. 负责　反映上、下级之间的一种关系。下级有向上级报告自己工作绩效的义务或责任，上级有对下级的工作进行必要指导的责任。

4. 组织系统图　反映组织内各机构、岗位上下左右相互关系的一种图表。

三、组织的分类

组织可以分成正式组织和非正式组织两大类。

1. 正式组织　是为了实现组织目标，有目的、有意识地设计和建立的各种关系，也称为显结构。

2. 非正式组织　是一种生产于同工作有关的联系并从而形成一定的看法、习惯和准则的无形的组织，主要为了满足个人需要自发形成的联合群体，也称为潜结构。

3. 正式组织和非正式组织的区别

（1）正式组织：是具有一定结构、同一目标和特定功能的行为系统。任何正式组织都是由许多要素、部分、成员，按照一定的联结形式排列组合而成的。它有明确的目标、任务、结构和相应的机构、职能和成员的权责关系，以及成员活动的规范。作为社会组织设计出来的正式组织，不论其规模的大小和从事的是什么样的活动，其组建、运行都需要有三个基本要素，即协作的意愿、共同的目标和信息的联系。

（2）非正式组织：最早由美国管理学家梅奥通过"霍桑实验"提出，是人们在共同的工作过程中自然形成的以感情与喜好等情绪为基础的松散、没有正式规定的群体。人们在正式组织所安排的共同工作和相互接触中，必然会以情感、性格、爱好相投为基础形成若干人气，这些群体不受正式组织的行政部门和管理层次等的限制，也没有明确规定的正式结构，但在其内部也会形成一些特定的关系结构，自然涌现出自己的"头头"，形成一些不成文的行为准则和规范。

四、组织工作及其作用

（一）组织工作

1. 组织工作的概念　组织工作是指为了实现组织目标而确定组织内部各要素及其相互关系的活动过程，也就是设计一种组织结构，并使之运转的过程。只有使组织中的每个人了解自己在组织工作中应有的地位和他们之间的相互关系，才能有效地发挥他们在组织中的作用，保证组织目标的顺利进行。

2. 组织工作的内容　从组织工作的定义可以看出，组织工作的基本内容就是设计、建立并保持一种组织结构，其具体内容包括以下四个方面：①设计并建立组织结构；②设计并建立职权关系体系、组织制度规范体系与信息沟通模式，以完善并保证组织的有效运行；③人员配备与人力资源开发；④组织协调与变革。

3. 组织工作的基本程序　设计、建立并维持一种科学合理的组织结构，是为成功地实现组织目标而采取行动的一个连续的过程，这个过程由一系列的逻辑步骤所组成：①认真分析既定的组织目标，对目标进行合理分解，并拟定派生目标；②明确为了实现目标所必需的各项业务工作或活动，并加以分类；③根据可利用的人力、物力及利用它们的最佳途径来划分各类业务工作或活动；④授予执行有关各项业务工作或活动的各类人员以职权和职责；⑤通过职权关系和信息系统，把各层次、各部门联结成为一个有机的整体。

4. 组织工作的分析方法　主要有三种。

（1）业务活动分析：主要分析组织为实现目标应该有哪些活动。

（2）决策分析：主要分析在各项业务活动中有哪些种类的决策，这些决策的重要程度如何，应该由哪一层次、哪一部门或人员做出，以及各级主管人员参与决策的方式和程度等。

（3）关系分析：主要分析职权关系、职责关系、负责关系、沟通关系等。

（二）组织的作用

1. 形成新的生产力与竞争力　组织设立的根本原因在于个体或者单个的个体无法完成某项目标和任务，从而将两个以上的个体通过某种形式组合成一个新的总体，通过这种组合，在直接增强力量的同时，还有各成员之间的协调配合，及因分工的专业化、工序的流程化等因素形成的新的生产力与竞争力。

2. 形成群体文化　组织内的各成员形成一个新的总体后，为了完成组织目标，在长期的协同配合中，将逐步形成共同的世界观、人生观和价值观，从而形成组织的群体文化。

3. 直接满足组织成员的各种需要　组织内各成员通过努力，在实现组织的共同目标的同时，各成员个人的各种物质和精神方面的需要也将不同程度地得到满足。

第2节　护理组织结构与设计

● 案例 4-2

俗话说"一个和尚挑水喝,两个和尚抬水喝,三个和尚没水喝",说明了我们在生活中经常会遇到的一种情形。

问题：1. 为什么会出现这种情况？
　　　2. 在我们生活的组织当中,应怎样避免这种情况的发生？

一　组织结构与护理组织结构

（一）组织结构概念

组织结构是对完成组织目标的人员、工作、技术和信息所做的制度性安排。组织结构是组织的骨架,包括纵向、横向两大系统。

1. 纵向系统　是领导隶属关系,反映组织上下垂直机构或人员之间的联系。

2. 横向系统　是分工与协作关系,反映平行机构或人员之间的联系。

组织结构在整个管理系统中起"框架"作用。有了它,系统中的人流、物流与信息流才能正常流通,使子目标的实现成为可能。在组织规模确定的情况下,组织结构主要由组织层级与管理幅度的相互关系来决定。

（二）组织结构类型

目前,常见的基本组织结构主要有以下几种类型。

1. 直线型　组织中只有一套纵向的行政指挥系统,各职务按垂直系统直线排列,上级对下级直接管理(图4-1)。

优点：结构简单、权责明确、指挥统一、管理直接、成本较低。

缺点：组织结构较简单,对领导要求高,不适合较大规模、业务复杂的组织。此外由于权利高度集中,易导致权利滥用。

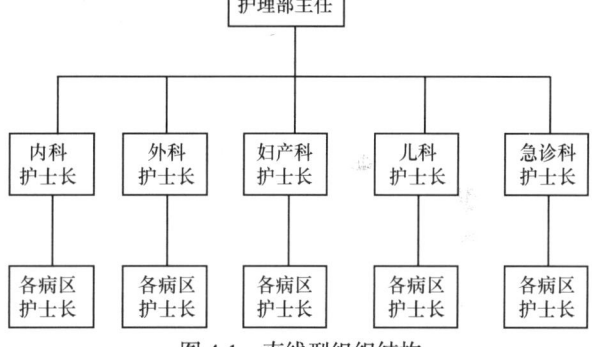

图 4-1　直线型组织结构

2. 职能型　以职能分工为基础,通过这种专业划分,由职能管理机构领导业务机构（图 4-2）。

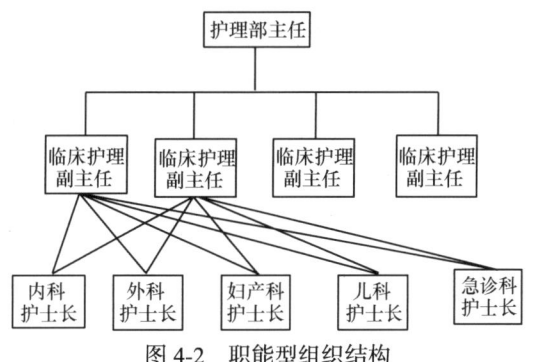

图 4-2　职能型组织结构

优点：管理人员专业化、方便领导决策，管理效率较高。

缺点：容易形成多头指挥，造成管理混乱。

3. 直线参谋型　这种结构综合了上述两种结构的优点，以直线为基础，设指挥系统与管理职能系统两套系统（图4-3）。

优点：综合了直线型和职能型的优点，直线主管人员有相应的职能机构和人员作为参谋和助手，能进行更为有效的管理，又可满足现代组织活动所需的统一指挥和实行严格责任制的要求。

缺点：不同的直线部门和职能部门目标不易统一，相互之间容易产生不协调或矛盾。

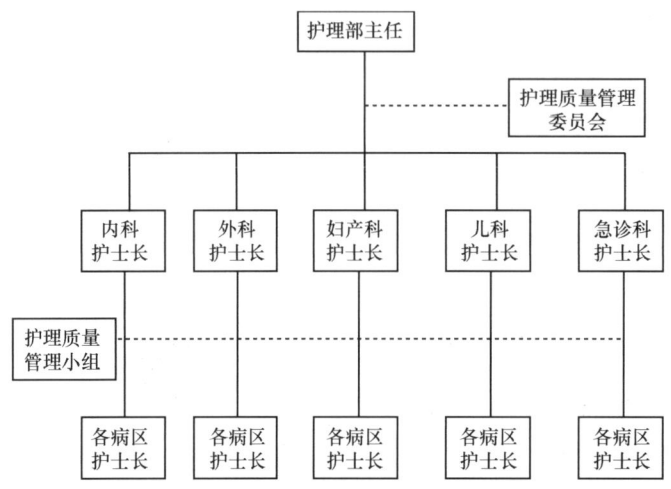

图4-3　直线参谋型组织结构

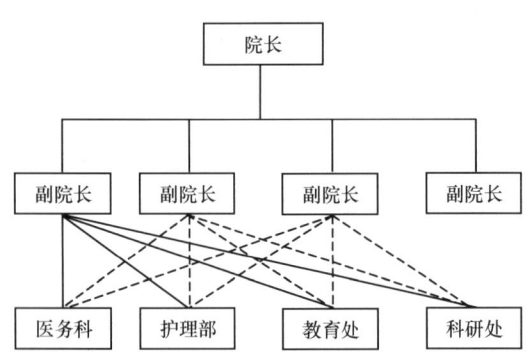

图4-4　直线职能参谋型组织结构

4. 直线职能参谋型　在直线职能的基础上，直线主管予以一些职能部门一定的权利。这是对直线职能（参谋）型的改良，优点较明显，适用于规模较大、产品种类多的企业（图4-4）。

5. 矩阵型　纵向是职能系统，横向是产品或区域的项目系统，项目系统无固定工作人员，而随任务进度需要随时抽调组合，完成工作后返回原部门（图4-5）。

优点：能集中人力、物力和信息资源解决重大问题或完成重点工作。

缺点：组织复杂，双向领导，稳定性较差。

它适用于创新任务较多、生产经营复杂多变或以科研开发为主的组织，重大工程与项目，单项重大事物的临时性组织。

20世纪80年代以来，出现并流行着一些创新类型组织结构类型，如多维立体型、动态网络制、委员会制、团队结构、无边界组织等。

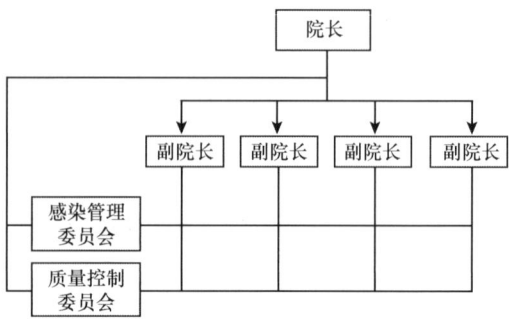

图4-5　矩阵型组织结构

（三）护理组织结构

护理组织结构是否完善、是否合理是影响护理专业持续发展的重要因素；曾有学者预言，21世纪中国护理业不能得到有效重视和发展，将影响中国经济增长，甚至会影响政府的形象，所以只有建立完善、合理的护理组织结构，才能推动护理专业的发展，满足人民群众日益增长的卫生服务需求。我国从国家级政府到县级政府均设有专门的卫生行政部门，在各级卫生行政部门中均设有护理管理部门或岗位（图4-6）。

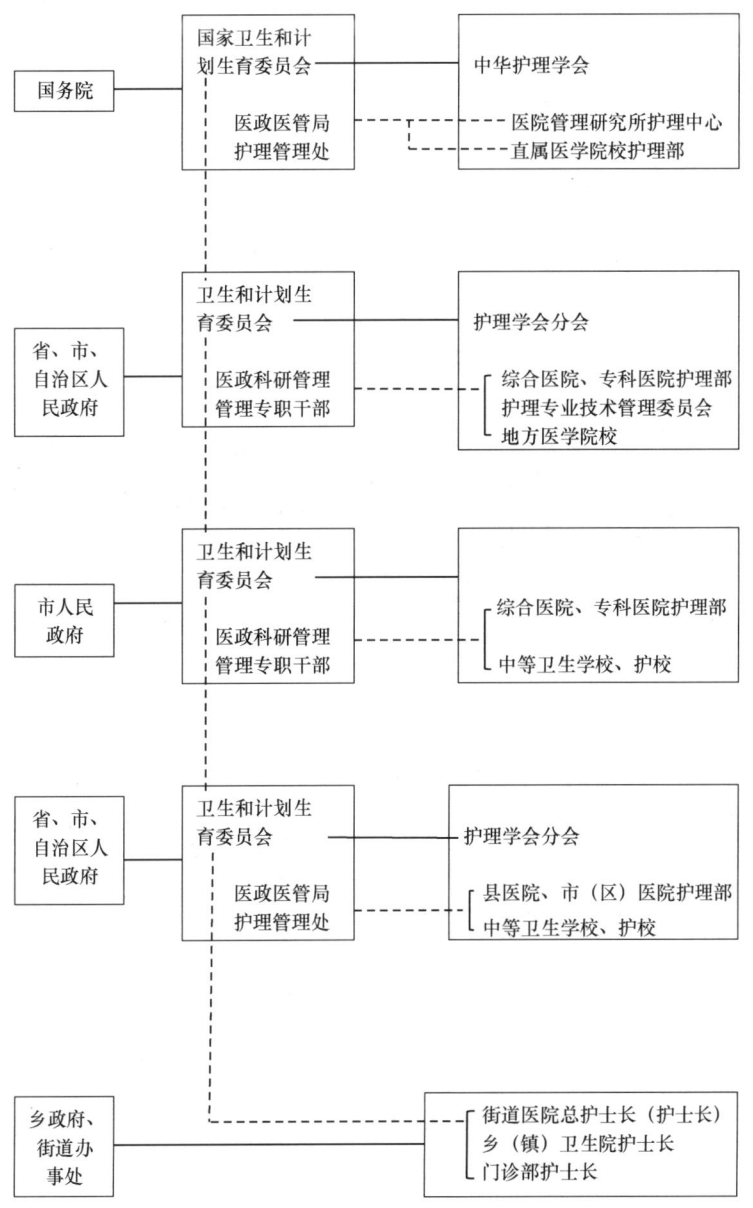

图4-6 我国护理组织结构

1. 国家卫生和计划生育委员会护理管理机构　在我国卫生行政部门的护理管理系统中，国家卫生和计划生育委员会（简称卫计委）下设医政医管局，医政医管局下设护理管理处，是我国护理行政管理的最高机构，其职责是为全国城乡医疗机构制定和组织实施有关护理工作的政策、法规规划、人员编制、管理条例、工作制度、职责和技术质量标准等。配合教育、人事部门对护理教育、人事等工作进行管理,并通过医院管理研究所护理中心进行护理质量控制和技术指导、专业骨干培训和国际交流与合作。

2. 各级政府和卫生行政部门的护理管理机构　各省、直辖市、自治区卫计委均设一名厅(局)级领导分管医疗和护理工作,多数地(市)以上卫计委普遍在医政处(科)配了一名主管护师或以上技术职称人员全面负责本地区护理行政管理工作,并根据需要和条件配备适当的助手。部分县卫计委也配备了专职护理管理干部,以加强护理管理。各级政府和卫生行政部门的护理管理机构与人员的职责和任务:在各级分管负责人的领导下,根据实际情况制定并组织贯彻上级护理工作的具体方针、政策、法规和护理技术规范;提出并实施护理发展规划和工作计划,并检查其实施情况;组织护理经验交流;听取护理工作汇报,研究解决存在的问题;与护理学各分会相互配合。

> **链接**
>
> **中华护理学会介绍**
>
> 1909年中华护士学会在江西牯岭成立,1924年由中国伍哲英首次担任学会理事长,1964年改名为中华护理学会。中华护理学会每4年召开一次会员代表大会,并选举产生理事会,理事会设理事长、副理事长、秘书长、常务理事。护理人员中凡具有中级职称者可申请入会,现已有会员33万余名。
>
> 中华护理学会通过开展各种业务活动,为培养护理科技人员和护士队伍建设做出了积极贡献,推动了护理事业的发展。中华护理学会成为党和政府联系广大护理科学工作者的纽带,也是护士之家。

3. 医院内护理组织结构　我国医院护理组织结构的形式主要有:①在院长领导下,设护理副院长、护理部主任、科护士长、护士长,实施垂直管理;②在主管医疗护理副院长领导下,设护理部主任、科护士长、护士长;③床位不满300张床位的医院,不设护理部主任,只设立总护士长、护士长的二级管理;④在主管院长的领导,设立护理部主任、科护士长、护士长,但科护士长纳入护理部合署办公。

(1)护理部的地位:护理部是医院护理工作管理的职能机构,在护理副院长或分管护理工作的副院长领导下,负责医院的护理管理工作。护理部与医院其他职能机构处于并列地位,密切协调和配合,完成医院的基本任务。

(2)护理部的作用:护理工作是医院工作的重要组成部分,护理部主要负责护理临床、护理教学、护理科研、预防保健的管理与组织工作。护理部良好的护理管理体制、合理的组织系统、正确的领导与决策对于提高医院护理工作水平和质量起到至关重要的作用。

(3)护理部的职能

1)参谋职能:随着医药卫生事业的不断发展,医院管理日趋复杂,护理部作为医院管理的职能机构,应当好医院领导的参谋和助手。根据医院护理工作的特点、规律和任务,提出建设性意见和建议,为领导决策服务。

2)决策职能:护理部根据医院发展的要求,制订全院护理工作发展规划、护理工作标准、护理服务质量标准、考核标准、工作制度等。

3)组织指挥职能:护理部在院长的授权下,在业务工作范围内行使组织指挥职能,如对护理活动中的人力、物力、财力、时间、信息等卫生资源进行合理的组织,做到人尽其才、物尽其用。对全院临床护理、教学、科研等工作统筹安排，进行有效指挥、领导和监督。

4）协调沟通职能：护理部应协调好医疗、医技、后勤等部门的关系，合理调配护理人员，保证护理工作的正常运行，协同人事部门做好护理人员的任免、考核、奖惩、晋升等工作。

二 护理组织设计的目的和原则

（一）护理组织设计的目的

护理组织设计就是对组织的结构和活动进行创构、变革和再设计。

护理组织设计的目的就是要通过创构柔性灵活的组织，动态地反映外在环境变化的要求，并且能够在组织演化成长的过程中，有效积聚新的组织资源要素，同时协调好组织中部门与部门之间、人员与任务之间的关系，使员工明确自己在组织中应有的权利和应担负的责任，有效地保证组织活动的开展，最终保证组织目标的实现。所以在组织设计的过程中，应该遵循一些最基本的原则，这些原则都是在长期管理实践中经验积累的结果，应该为组织设计者所重视并将其视为医院护理管理的组织原则。

（二）护理组织设计的原则

1. 等级和统一指挥的原则　将组织的职权、职责按照上下级关系划分，组成垂直等级结构，实现统一指挥。例如，护理组织上划分为护理部主任—科护士长—护士长—护士的管理等级结构。为了避免多头指挥和无人负责的现象，管理上注意避免两个以上领导人同时对一个下级和同一项工作行使权力，造成下级无所适从。

2. 专业化分工与协作的原则　要提高管理的效能，组织中为一个目标工作，就需要有分工和协作，根据组织任务、目标，按照专业进行合理分工，使每一个部门和个人明确各自任务、完成的手段、方式和目标，不能过细也不能过粗。护理工作依此分配到群体或个人，使其技能得到有效的利用。要更好地实现组织目标还要进行有效的合作。

3. 管理层次的原则　要做到组织有效的运转，组织中的层次应越少越好，命令路线越短越好，组织层次的多少与管理宽度相关，相同人数的组织，管理宽度大则组织层次少；反之则组织层次多。近年来，出现了加宽管理宽度，减少层次，使组织趋于扁平结构的趋势。管理层级是指组织中从最高的直接主管到最低的基层具体工作人员之间形成的层次（图4-7）；一般组织是最高领导层到基层为2～4个层次。

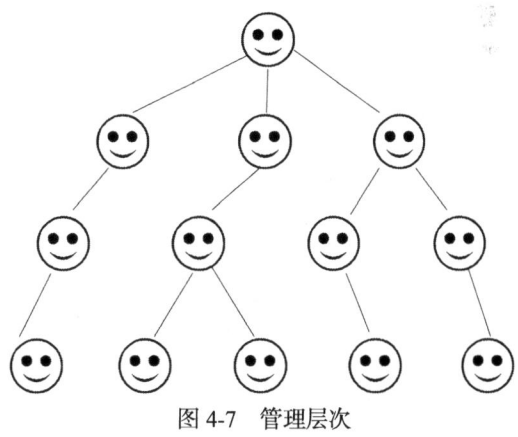

图4-7　管理层次

4. 有效管理幅度原则　管理幅度是指不同层次管理人员能直接领导的隶属人员人数，管理幅度应是合理有限的。管理幅度是随着工作性质、类型、特点、护士的素质、技术水平、经验、管理者的能力而定。护理部主任、科护士长、护士长的管理幅度要适当和明确，管理幅度过宽，管理的人数过多，任务范围过大，使护理人员接受的指导和控制受到影响，管理者则会感到工作压力大；而管理幅度过窄，管理中不能充分发挥作用，会造成人力浪费。管理幅度是指上级管理者直接领导的下属数量（图4-8）。管理幅度、管理层次与组织规模互相制约；管理幅度+

管理层次=组织规模。影响管理幅度的因素主要有以下几种。

（1）组织中人的工作能力和素质因素：包括主管的工作能力和下属工作能力。

（2）工作内容和特性：主管所处的管理层次、下属工作的相似性、计划的完善程度、非管理性事物的多少。

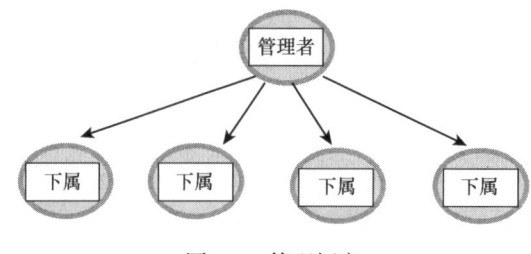

图 4-8　管理幅度

（3）工作基础和条件：助手的配备情况、信息手段的配备情况、工作地点的接近性等。

（4）组织环境和组织状况等。

5. 职责与权限一致的原则　为了实现职、责、权、利的对应，要做到职务实在、责任明确、利益恰当、利益合理。权利不应大于或小于其职责。如果有权无责会助长瞎指挥和官僚主义；有责无权或权限太小，会阻碍或束缚管理者的积极性、主动性和创造性，使组织缺乏活力，不能真正履行相应的责任。

6. 集权分权结合原则　集权是把权力相对集中在高层领导者手中，使其最大限度地发挥组织的权威。分权是把权力分配给每一个管理层和管理者，使他们就管理范围内的事情做出决策，对于例行性业务按照常规措施和标准执行，领导加以监督和指导，下属定期向上级汇报，有利于领导集中精力研究及解决全局性管理问题，也有利于调动下级的工作积极性。

7. 任务和目标一致的原则　强调各部门的目标与组织的总目标保持一致，各部门或者科室的分目标必须服从组织的总目标。例如，护理部的目标必须根据医院总体目标制订，并保持一致。病房、门诊、手术室等护理管理目标必须服从护理部的总体目标。

> **链接**
>
> **组织设计的步骤**
>
> 组织设计的步骤：①确立组织目标；②划分业务工作；③提出组织结构的基本框架；④确定职责和权限；⑤设计组织的运作方式；⑥决定人员配备；⑦形成组织结构；⑧调整组织结构。

第3节　组织文化与团队建设

● 案例 4-3

《西游记》在中国是一部家喻户晓的古典小说。它讲的是孙悟空、猪八戒和沙僧三人保护唐僧去西天取经的故事。在取经的路上，孙悟空能七十二般变化，降妖除魔；猪八戒虽然贪吃贪睡，但也能上天入海，助孙悟空一臂之力；沙僧憨厚老实，任劳任怨，一路挑行李到西天。唐僧有股执着的取回真经普度众生的信念，一路指引着大家。最终他们师徒四人取回了真经。

问题：1. 请思考为什么他们师徒四人会获得成功，取回真经？

2. 试举一个身边团队协作取得成功的例子。

组织文化的概念

组织文化是特定的组织在长期发展过程中形成的价值观念、理想信念、道德规范、工作作风和行为准则的总和。

广义的组织文化包括物质文化和精神文化。物质文化的主体是物，包括组织的物质状态、技术水平和效益水平等，也称硬文化；精神文化的主体是人，是指组织在发展过程中形成的具有自身特色的思想、意识、观念等意识形态和行为模式，以及与之相适应的组织结构和制度，也称软文化。

狭义的组织文化是指组织所创造的精神财富，包括传统、习惯、作风、精神、价值观念、道德规范和行为准则等。它反映和代表了该组织成员的整体精神、共同的价值标准、合乎时代要求的道德和追求发展的文化素质。

 组织文化的结构

1. 物质层文化　包括组织名称、标志、标准色、标准字、组织外貌（如自然环境、建筑风格等）；徽、旗、歌、服、花等。物质层文化是最直观、最表象的部分。

2. 制度层文化　是指具有本组织文化特色的各种规章制度、员工行为准则等的总和。它是组织文化的中介层。物质层文化和制度层文化并非指组织的建筑设施、规章制度、管理机制等本身，而是从其中所折射出来的精神、价值观念和思想意识。

3. 精神层文化　是指组织员工长期形成并共同接受的思想意识活动，包括组织精神、组织哲学、价值观念、道德规范、管理思维方式等。精神层是组织文化的源泉，为最深层次文化，是组织文化的核心部分。

 组织文化的功能

1. 导向功能　组织文化作为一种思想观念，使组织具有明确的价值取向，要求组织成员不仅注重自身利益和个人目标，还要关注组织利益和群体目标，能够引导和塑造员工的态度和行为，规范成员的日常生活，以便于组织的群体目标行为一致。

2. 凝聚功能　组织文化含有全体成员共同创造的群体意识，可以形成组织的凝聚力，促使每个成员都将组织的生存发展视为己任，对组织有强烈的归属感、使命感、责任感，与组织同舟共济。

3. 约束功能　组织文化作为组织成员共同的道德标准和行为准则，要求所有组织成员遵守组织的共同标准和准则，从而对组织成员的言行产生约束作用。

4. 激励功能　组织文化作为精神目标和支柱，以人为中心，人的自身价值受到重视，人格得到组织的尊重和信任，就会激发员工的工作热情，激励成员自信、自强、团结进取，调动成员的积极性、创造力，提高工作效率。

5. 辐射功能　组织文化在社会大系统中塑造良好的组织形象，可提高组织的知名度和声誉，引起全社会的尊重与支持，发挥组织文化的社会影响作用。

护理组织文化的特点

组织文化是组织的自我意识所构成的精神文化体系，也是社会文化的重要组成部分。除了具有社会的一些共性外，还具有以下几个方面的主要特征。

1. 组织文化是作为一种精神和生活心理状态而存在的　从组织文化的定义可以知道，组织文化反映了组织成员的精神追求、价值观念、道德标准和行为准则，因此是一种作为精神和心理状态而存在的。

2. 组织文化具有整体性　组织文化代表的是组织整体精神状态及全体成员的共同价值、愿望和追求，因此具有整体性。

3. 组织文化具有广泛渗透性　组织文化一旦上升为组织成员共同的价值观念、道德标准和行为准则，就会广泛渗透到每一个成员的日常工作和生活中。

4. 组织文化具有历史发展性　组织文化是组织在长期的发展运营中形成的，也会随着组织的发展而不断变化和升华，同一个组织，在不同的发展时期组织文化也会有所差异。

五、护理组织文化的建设与管理

护理组织文化是在一定的社会文化基础上形成的具有护理专业自身特征的一种群体文化。它是被全体护理人员接受的价值观念和行为准则，也是全体护理人员在实践中创造出来的物质成果和精神成果的集中表现。

1. 易接受性　护理组织文化应容易被护理人员理解、认同和接受，尤其是制度文化和精神文化的建设，要做深入的宣传、探索和研究，以增进护理管理者和护理人员的认同感。

2. 群众性　护理组织文化要求每一位护理人员积极参与。

3. 针对性　护理文化建设是一项系统工程，既要考虑共性要求，又要根据自身的实际情况建设。

4. 独特性　设计和培育护理文化，要体现护理专业的个性；另外，由于每个医院形成发展的条件不同、规模和技术专长不同、人员构成和素质不同等，这也就决定了医院文化和护理文化的内涵不同。

六、护理团队与护理团队建设

（一）群体与团队的概念

群体是指为了实现某个特定的目标，由两个或两个以上相互作用、相互依赖的个体组合而成，分为正式群体和非正式群体。

1. 正式群体　是组织结构确定、职务分配很明确的群体。在正式群体中，一个人的行为是由组织目标规定的，并且是指向组织目标的。

2. 非正式群体　既没有正式结构，也不是由组织确定的联盟，它们是员工为了满足社会交往的需要在工作环境中自然形成的。

团队是指致力于实现共同目标而相互分工协作、承担一定的职责、技能互补的个体所组成的正式群体。

（二）团队的分类

1990年，桑德斯特洛姆·戴穆斯根据四种变量、团队工作周期的长短及团队产出成果的类别把团队分为四个类型：①建议或参与团队，如董事会、委员会、领导小组；②生产或服务团队，如生产制作小组、维修小组；③计划或发展团队，如研究小组、计划小组；④行动或磋商团队,如运动团队、谈判小组。

1996年,斯蒂芬·罗套斯根据团队成员的来源、拥有自主权的大小及团队存在的目的不同,将团队分为三种类型:①问题解决型;②跨功能型;③自我管理型。

(三)团队的基本特征

在团队中,目标是集中的,成员关系是和谐互助的,工作方法是保证一致的且有一定的弹性。作为团队,应该有以下几个特征。

1. 目标明确　团队作为一个群体,有若干的成员,不同成员有不同的目的和技能,但是作为一个整体,应该有共同的目标,并且要为达到这一共同目标去制订共同的计划。团队每个成员都应该了解团队的目标及目标实现的意义,并且这一目标的实现需要依靠团队,这是构成团队、维系团队的基本条件。

2. 明确的角色　团队每一成员都应在团队的组织结构中有明确的角色定位和分工,并清楚了解自己的定位与责任。

3. 互补的技能　团队成员要有实现共同目标所需要的技能,并能相互合作。在一个团队内,既要有组织能力强、威望高、技术好的负责人,也要有技术精湛的技术骨干,还要有优良的维护和保障人员,大家共同协作、技能互补,才能实现团队共同目标。

4. 相互信任　一个团队要取得成功,各团队成员之间的相互信任必不可少;所以每个团队成员都应该对团队内其他成员的能力和品行确信无疑,对目标的完成要有奉献精神。

5. 良好的沟通能力　沟通对团队成员的信息交流、交互作用和团队正常运转具有极大的影响,有效沟通能协调各成员的行为,以形成共同的意识与凝聚力。

6. 合适的领导　合适的领导指挥、协调、指导和支持,是团队成功的坚强后盾。

(四)团队的作用

一个高效的团队能使一个组织充满生机和活力,富于生命力和创造力,能使团队成员精诚团结、不辞劳苦、敬业职守。团队具有的作用有以下几点。

1. 有利于生产率的提高　团队各成员间能分工合作、技能互补,可大大提高生产率。

2. 提高员工满意度　团队各成员间能相互沟通、相互信任,营造一个和谐团结的工作气氛使成员间有种志同道合的归属感觉,使成员热爱自己的团队,热爱自己的工作。

3. 增强团队责任心　每个团队成员都将自己的个人目标融入团队目标,最终来为实现团队的共同目标而努力奋斗,增强团队成员的团队荣誉感和责任心。

4. 促进员工多方面发展　团队工作需要各成员间相互合作、技能互补,并扩大训练,成员之间能相互交流、相互帮助,这样能使团队成员相互学习,促进员工多方面的发展。

5. 提高组织的适应能力　团队动机和团结合作的氛围能使组织更好地适应环境变化,并能快速地提高组织的适应能力。团队的多技能成员并存能在必要时快速适应各种变化,并能快速地变革和重组,以适应环境的变化。

(五)团队精神

团队精神是团队成员对团队感到满意与认同,自愿并主动为了团队的利益和目标相互协作、尽心尽力、努力奋斗的意愿和作风。

团队精神的主要作用:①推动团队有效的运作和发展;②规范和约束作用;③增强凝聚力;④有助于实现团队目标;⑤提高团队效能;⑥实现信息共享。

团队精神的最高境界就是全体成员的向心力和凝聚力,这是从松散的个人集合走向团队尊重和重视。团队精神能够不断地释放团队成员潜在的才能和技巧,能够让各成员深感被尊重和被重视,鼓励坦诚交流,避免恶性竞争,找到最佳的协作方式,为了一个统一的目标,大家自觉地认同必须承担的责任,并愿意为此而共同奉献。

(六)护理团队建设

护理工作具有整体性与连续性,需要高度协调与合作,还应具有高度的责任感、牺牲精神,集高超的技术与耐心周到的服务,所以建立一支高效的护理团队尤为重要。加强护理团队建设,可以使其充满凝聚力,增强护士团队成就感、整体概念及对护理工作的自豪感与敬业精神,培养护士的协作与沟通能力,并能营造一个宽松环境,建立和谐的人际关系。

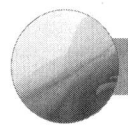

目标检测

一、单项选择题

1. 下列关于组织的说法正确的是
   A. 正式组织和非正式组织是完全对立的
   B. 非正式组织在任何情况下都起着消极的作用
   C. 管理者应该努力解除非正式组织
   D. 当非正式与正式组织的目标一致时会对正式组织起到积极的作用
   E. 当非正式与正式组织的目标一致时会对正式组织起到消极的作用

2. 组织文化的核心是
   A. 物质文化　　B. 制度文化
   C. 道德文化　　D. 精神文化
   E. 经济文化

3. 下列哪项不属于团队的基本特征
   A. 目标明确　　B. 相互信任
   C. 无正式的结构　D. 技能互补
   E. 彼此配合

4. 下列哪项不可以加大管理幅度
   A. 中低层存在较多的专业问题
   B. 上下级之间有效的联系
   C. 内外部环境的缓慢变化
   D. 重复性工作计划明确
   E. 上下一致,团结合作

5. 下列哪项是最简单的组织类型
   A. 直线型
   B. 直线职能参谋型
   C. 职能参谋型
   D. 矩阵式
   E. 矩阵职能参谋型

二、多项选择题

1. 组织文化的结构层次包括
   A. 物质文化　　B. 表层文化
   C. 中介文化　　D. 深层文化
   E. 传统文化

2. 组织文化的作用包括
   A. 导向作用　　B. 约束作用
   C. 激励作用　　D. 凝聚作用
   E. 辐射作用

3. 下列哪些是职能型组织结构的缺点
   A. 多头领导,不利于组织统一指挥
   B. 职能机构横向联系不够
   C. 当环境变化时适应性有局限
   D. 能发挥职能机构专业管理作用
   E. 减轻上层管理者的负担

(邓　媛　黄　薇)

第5章 领导与决策

随着管理领域认识范围的扩大,越来越多的管理理念和方法被人们广泛认可,为了使组织取得成效,通过影响下属来实现组织目标,领导作为管理的重要职能之一,其方法和相关领导理论在实际应用中对组织的成功与失败也起着非常重要的作用。因此有效地进行领导是作为一名有效管理者的必要条件之一。

决策普遍存在于社会生活的各个领域,贯穿于领导和管理过程的始终。例如,美国管理学家赫伯特·西蒙(Hebert Simon)就曾认为"管理就是决策"。决策是管理活动的核心,决策在管理中占有非常重要地位并起到巨大作用。大至国家领导人处理国家大事,小至病区护士长安排本病区的病房护理工作,甚至每位护士每天面对众多的工作时,先做什么、后做什么等,都需要决策。决策正确与否直接关系到工作的成效高低,甚至组织的兴衰存亡。决策正确,可以提高组织的管理效率、经济效益和社会效益,使组织兴旺发达;而决策一旦失误,则一切工作都将徒劳,甚至会给组织带来灾难和损失。现在,决策作为管理学的重要内容之一,已逐渐发展成了一门独立的学科——决策学。护理管理者必须充分认识到决策的重要性,掌握科学决策的程序和方法,做出科学的决策。

有效的领导、正确的决策是完成组织目标、提高组织效率的重要工作。

每个护理管理者都应努力争取成为一名好的领导者,学习领导理论相关知识并运用领导艺术使下属心甘情愿地追随,在各个时期做出正确的决策,为实现护理组织目标而奋斗,共同促进管理水平的提高。同时基层护理工作人员也应该懂得相关领导职能和决策知识,并在临床实践工作领域应用,以便更好理解领导者的意图,促进沟通交流,减少矛盾冲突,化解误会。

本章将从领导的概念、领导者的素质、领导理论、领导艺术、决策管理等方面进行叙述。

第1节 领导概述

● 案例 5-1

某医院消化内科一位护士长,专业技术一流,工作认真,但其管理的整个科室却一片混乱。经调查发现,该护士长在科室总是事必躬亲,整日忙于本病房的护理治疗工作,在其他护士工作时护士长还经常亲自动手帮忙,自己像个陀螺忙得不可开交!然而护士们迟到、早退现象却经常发生,甚至有时上班时有的护士上网玩游戏、聊天,护士长也只是简单说一句,不予管理。但最终结果却是在护士长换届选举时她反而落选了,该护士长百思不得其解。

问题：1. 该护士长是否为一名合格的基层管理者？
2. 对该科新上任护士长你有哪些建议？

一、领导的概念

（一）领导

关于"领导"一词，历来有不同解释。大多数学者认同领导是一种行为和影响力，这种行为和影响力可以引导和激励人们去实现组织目标，可定义为领导者或机构对组织（或群体）内的部门或个人的行为施加影响，以引导完成组织目标的活动过程。

领导与管理有联系也有区别。领导是管理的一个重要职能，是管理的高级形式，领导的重点对象是人。

（二）领导的三层含义

1. 领导活动中必须有领导者与被领导者参与。
2. 领导是一个动态的过程，这个过程由领导者、被领导者和所处环境之间相互作用构成。
3. 领导的目的是指引和影响群体或个人完成所期望的目标。

（三）领导与管理的区别

人们习惯将领导与管理作为同义词来使用，似乎领导过程就是管理过程，领导者就是管理者。严格来讲，领导和管理既有共性，又有区别（表 5-1）。

表 5-1 领导与管理的共性和区别

		领导	管理
共性		行为方式：实现组织目标的过程	
		权力构成：组织层级的岗位设置的结果	
区别	本质	权力基础+个人影响	正式职位+合法权力
	对象	人	五大元素
	性质	组织或非正式团体	组织
	职能	管理五大职能之一	五大职能
	侧重点	方向、设置目标、影响人、提高凝聚力、激励和鼓舞人	计划、预算、合理应用资源、控制

（四）领导者与管理者的区别

领导者和管理者是既有联系又有区别。

两者的联系：两者都是通过一定的方法，使他人共同实现目标；都拥有改变他人行为的力量。

两者的区别：领导者是经上级任命或者由群体内部自然产生，运用影响力、领导才能等指导、帮助下属完成目标，并不需要以正式职位为基础，致力于实现领导过程、引导追随者的人。也就是说领导者可以是组织认可者，也可以是群体认可者，如各领域学术带头人、资深专家等。管理者由上级指派而产生，有正式职位和合法职权，如医院中的院长、护理部主任等，具有规划、组织、控制工作等职权。

是管理者但不能成为领导者的情况是存在的，因为仅靠组织提供的正式权力并不能保证他们能有效实施领导；相反，有人虽有领导才能，但不处在管理者岗位上的情况也是存在的，在理想的情况下，所有的管理者都应该是领导者，将两个角色有效融合。

管理者寻求稳定，领导者探讨革新；管理者循规蹈矩，领导者独辟蹊径；管理者维持现状，领导者提高发展；管理者注重组织，领导者注重人力；管理者依赖控制，领导者激发信任；管理者目光短浅，领导者目光远大。

二 领导者的影响力

一个人与他人交往中，影响和改变他人心理和行为的能力被称为影响力。领导者的影响力是指领导者影响和改变被领导者的心理和行为的能力。领导者影响力越大，就越有利于组织目标的实现。领导者的影响力按其性质和构成要素可以分为权力性影响力和非权力性影响力，影响力构成见图5-1。

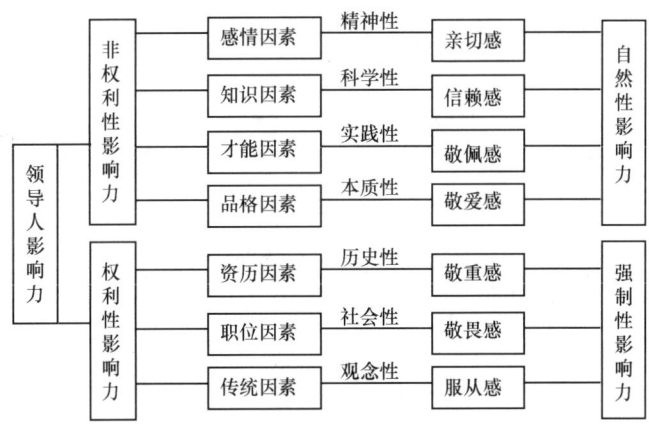

图 5-1 领导者影响力构成图

（一）权力性影响力

权力性影响力指领导者运用上级授予的权力强制下属服从的一种能力，与特定的个人无关，只与职务发生联系，核心是"权力"，对被领导者来说，具有强制性与不可抗拒性。构成权力性影响力的主要因素有：

1. 职位因素　职位越高、权力越大、影响力越强，让人产生敬畏感。
2. 传统因素　"领导有职权、有才能"，让人产生服从感。
3. 资历因素　与过去所任职务有关，让人产生敬重感。

（二）非权力性影响力

非权力性影响力又称权威，是领导者的品质、作风、知识、能力、业绩及行为榜样等非权力性因素对下属形成的一种自然影响力。核心是"威望"，属于软性影响力。

1. 品格因素　主要包括道德、品行、修养、人格、工作作风，领导者的品格反映在他的一切言行中，高尚的道德品质会使领导者有较大的感召力和吸引力，使下属产生敬爱感。表现为平等待人、办事公正、宽宏大量、坦率诚实、言行一致。
2. 才能因素　指领导者的才干、能力、工作成效、解决问题的有效性，一个才能出众的领导者，不仅为成功实现组织目标提供了重要保证，还能增强下属的信心，使下属产生敬佩感。
3. 知识因素　丰富的知识、扎实而先进的技术为实现组织目标提供了保证，领导者掌握的知识越丰富，对下属的指导越正确，就越容易使下属产生信赖感。
4. 感情因素　是指人们对客观事物好恶倾向的心理反应。和蔼可亲、平易近人、体贴关心下属，则关系融洽，产生亲切感，相互吸引力增大，影响力就大；反之，产生对抗力、负影响力，没有感情的影响力，会影响领导者作用的发挥。

领导者应合理地使用两种影响力，权力性影响力为推行领导者意图、完成工作任务创造了有利条件，但在运用过程中，应持审慎态度，做到执法公正严明，不滥用职权，不以权谋私，以树立领导者的威信。非权力性影响力能激发下属的工作热情，提高其自觉性，是在领导者影响力中起决定作用的力量。

> **链接**
>
> **新护士长的非权力性影响力**
>
> 护理知识的层次发生了质的变化，出现了新的飞跃，大量接受高等教育的青年护士充实到护理队伍中。对作为学科带头人的护士长，对于知识有更新更高的要求。新护士长要与时俱进，及时掌握本专业的前沿动态和先进的护理管理理念，把业务知识创新和管理理念创新作为先导。新护士长具备了创新的意识，才能提出创新性的建议，才能带领全体护士进行创新性的工作，新护士长的非权力性影响力是在工作中逐步形成的，是与护士在工作中磨合而形成的，上级授予的职务与权力不会对新护士长威信的提高形成太大的帮助，而护士长的人品、人格、工作方法和技巧都会提高其在同仁中的威信，对同事之间的团结协作、科室之间的配合及良好的医护关系、护患关系的建立等有不可估量的作用。

领导者的素质与能力

（一）领导者的素质

领导者的素质是指领导者具有的内在因素、素质和基本条件，是提升工作方法与艺术的基础。领导素质包括政治素质、业务素质、心理素质、生理素质等多种因素。这些因素的相互作用、相互融合，体现和决定着领导者的才能、领导水平、领导艺术、工作绩效，构成如下。

1. 政治素质　领导者对其所从事的事业所抱的态度和所持有的立场，是领导者素质中最基本、最重要的因素。领导要有较强的事业心和责任感，有献身精神，能够做到公正廉洁、忠诚积极、不谋私利和小团体的利益，全心全意为人民服务，要能够以身作则，树立"领导就是服务"的思想观念。以实际行动来影响和团结群众，自觉地接受群众监督，不断提高自己的政治思想修养和道德品质。

2. 业务素质　是领导者对本职工作熟悉的程度。领导者业务素质水平，不但直接影响和决定着领导素质，而且也直接影响着领导工作效果与领导艺术，如果领导者对本职工作不熟悉，其从事领导活动时将可能办错事、说错话，最终将严重影响领导绩效。因此，护理领导者不仅要具备医学、护理学的知识，还要具备现代管理科学知识及与管理有关的社会科学知识和人文科学知识，对护理工作中提出的问题、项目、方案能够进行评估、选择和指导。护理领导者只有具有广博的业务知识，才能适应日趋复杂的综合性的护理领导工作。

3. 心理素质　领导者面对任何情况都要具有健康的、优良的心理状态。实际工作中各级护理领导者面临的管理对象和管理环境都十分复杂，常要应付来自各方面的压力，只有具备了良好的心理素质，才能既经受得住各种挫折的考验，又经得住荣誉、地位、利益和各种诱惑的考验。

4. 生理素质　通常是指领导者身体健康状况，能否以旺盛的精力和饱满的热情处理繁重的工作。如领导者身体状况不佳，长期承担繁重的工作就会有力不从心之感，临床护理领导者，由于领导活动频繁，平时做事时脑子要想，眼睛要看，嘴里要讲，手脚不得闲，没有健康的身体是不能适应的。

综上所述,培养和提高领导者素质的途径可通过认真读书、刻苦学习、认真实践、发挥集体智慧等方式来提高整体素质。

(二)领导者的能力

能够出色完成组织目标的群体或组织,都要有一些有才能、精通领导艺术的人作为领导者。领导者通过领导活动表现出其特点与才能。

通常领导活动可以分为三个过程:即认识过程、决策与组织过程、激励过程,三者相互联系、相互作用,共同构成完整的领导活动系统。

1. 认识过程中的领导才能 既包括敏锐的观察能力,又包括牢固的记忆能力、稳定的注意能力和深刻完备的思维能力。

(1)观察能力:一种有目的、有计划、有组织的知觉。由于领导者的素质不同,领导者的观察能力也有强弱之分,这将直接影响其对客观事物认识的范围和程度。良好的观察能力,应包括观察的全面性、客观性与敏锐性。

(2)注意能力:是认知事物的基本保证。领导者应具有注意的稳定性、集中性、广阔性,能够及时收集信息,了解基本情况。

(3)记忆能力:领导者应具有敏捷性、准确性、持久性等记忆的能力。

(4)思维能力:是认识的高级阶段,是对已有的知识进行推断和解决问题的过程,包括分析、综合、比较、概括等环节,其基本形式是概念、判断和推理。领导者的思维能力,应具有广阔性、精确性、敏捷性、灵活性、逻辑性、深刻性、创造性等。思维能力在领导活动中具有重要作用,它是领导者分析问题、解决问题、进行科学决策的重要前提条件,是领导者创造性的工作、不断开拓前进的首要因素。

2. 决策与组织过程中的领导才能 领导者进行认识的目的,在于实现决策与组织的高效运转。决策与组织过程,主要表现领导者的决策能力、指挥协调能力、人才开发与管理能力、宣传发动能力、创新能力和感召力等。

(1)决策能力:是指制定政策和方案及决断的能力,它是实施领导活动的主要职能。

(2)指挥协调能力:决策是组织管理的核心,但决策的实施有赖于领导者的指挥和协调能力,指挥是领导者依靠权威指使下属从事某种活动的领导职能。协调能力是在领导过程中加强各方面配合,使群体达到协调一致的能力。

(3)人才开发与管理能力:领导者要善于发现人才、培养人才。将各种人才安排在适当的岗位,做到人尽其才、才尽其用,激发组织成员的积极性和创造性,提高领导绩效。

(4)宣传发动能力:领导者具有较强的宣传、教育、发动能力,就会统一思想、鼓舞士气,激发下属的热情和献身精神,为实现组织目标奠定必要的基础。

(5)创新能力:领导者运用已有的知识经验,按照新的设想,分析和解决问题。创新能力是由创造性思维与创造性想象构成的,良好的智力品质是创新能力的基础。

(6)感召力:这种影响力是建立在下属对领导崇敬、信服的基础上的,它产生的影响远比权力影响要广泛和深远。领导者的威信主要通过领导者的品格、能力、知识和情感等因素来提高的,同时领导者要以身作则,才能具有强大的感召力。

3. 激励过程中的领导才能 激励过程是领导活动的动力系统,激励就是领导者根据被领导者的需要激发其动机,使之产生内在动力,朝向所期望的目标前进的过程,它属于领导活动的驱动系统,其目的在于充分调动人的积极性,因而成为领导的主要工作方法之一。激励从发生到完成主要经过以下阶段：①了解需要。领导者要认真把握被领导者的需要，这对于激发其合理动机、导致积极行为是十分必要的。②目标协调。领导者在实施组织目标的过程中，设立分目标并明确个人目标，激发其责任感，发挥个人潜力。③强化激励。强化的方法可采取设置目标法，即确定较高的目标和期望，极大地激发其动机。

激励可采取渐进法和反馈法。①渐进法：即把复杂的行为过程分解成许多阶段，逐步完成，增强完成任务的信心，便于看到自己成果，焕发工作热情。②反馈法：及时反馈信息，使下属了解自己的行为结果，增强工作信心，不断改进工作。

四 领导的作用与效能

（一）领导的作用

领导，在管理活动的有效性方面起重要作用，是实现组织管理目标的关键，是将管理其他职能，如计划、组织、人力资源管理及控制联结在一起的纽带，起指导、协调和激励的作用。

（二）领导的效能

1. 领导效能概念　领导效能是指领导者在实施领导过程中的行为能力、工作状态和工作结果，即实现领导目标的领导能力和所获得的领导效率与领导效益的系统综合。它包括三个要素。

（1）领导能力。

（2）领导效率，是指已经实现的领导任务（或目标）与时间之比，即完成一定数量和质量的领导任务（或目标）的速度。

（3）领导效益，是指领导活动的最终结果，即领导活动投入与领导活动结果之比。它包括经济效益、政治效益、文化效益、人才效益及社会效益等，是综合性的指标。

当然，衡量领导效能的最重要的指标就是实现目标的程度。

2. 领导效能特点　领导效能作为一个复杂的、广泛的综合性体系，其特点主要表现在以下几个方面。

第一，综合性。领导效能的高低优劣取决于多种因素：首先包括领导者的自身因素；其次包括领导群体的因素；再次包括被领导者的自身因素；最后包括领导活动得以进行的客观环境因素。

第二，社会性。一方面，领导活动作为一种有组织的社会活动，是社会活动的有机组成部分，这就使领导效能不可避免地受到各种社会因素的影响与制约；另一方面，领导活动作为一种有目的的社会活动，其最终目标是为促进整体社会的发展服务的。

第三，历史继承性。领导效能所反映和体现的，总是在某一特定的时间和空间里，某一个领导者或领导群体率领被领导者，在一定的环境与条件下改造客观世界所取得的工作成果与所释放的领导能力。然而，这些成绩的取得，无不是建立在前人或前任已进行的工作或已创造的条件的基础之上，同时现任领导者或领导群体在某一特定的时间和空间里所取得的，又会为后来者创造条件，提供契机。

第四，主观与客观统一性。总体来说，领导活动必须首先在一定的自然与社会环境中进行，因而，领导效能的取得必然受到所处客观环境的影响与制约。同时，人具有改变客观世界的主观能动性，在一定的时期和一定的条件下，在认识并掌握客观世界规律的前提下，人是可以利用并进一步改造客观环境因素的。

第五，动态变化性。一方面领导群体或个体的绩效随着时间的推移而不断变化，另一方面，人的主观行为对社会经济发展的作用需要一定的时间才能显示出来，因而，领导者在不同的时间其工作效能是有差异的。因此，要准确评价一个领导者的效能，必须对他在一段时间内的效能进行多次的评价和衡量，并且要根据工作性质的不同而改变效能评价的次数。

第六，形式多样性。从事不同类型工作的领导者，其工作结果的表现是不同的，因而其工作效能的表现形式亦有很大的差异。进行效能评价时，应考虑不同类型领导者的特点。

3. 领导效能的基本内容　领导效能是一个综合指标，从一般意义考察，主要包括以下几方面。

（1）决策效能：决策是领导的首要职能。决策的正确与否，决定领导活动和组织中全体人员活动的目标方向是否正确。所谓决策效能，是指决策对一个组织领导效率、直接效果及社会环境所产生的作用或影响。一项高效率的决策，不仅能提高领导活动和组织与各项工作的高效率，更重要的是还会对社会产生积极的影响。例如，护士长安排工作要分轻重缓急，集中优先处理重大事情，并选择性地授权他人处理其他工作。这样既保证了重大事件的及时正确处理，又兼顾了一般性工作，则决策效能高。

（2）办事效能：就是领导者处理各种事务所获得的效率。领导者的职能活动，主要表现为进行组织指挥、协调激励等具体处理和解决问题的工作，即各种领导事务。如果领导者作风拖拉懒散，办事效率低、失误率高，这个组织的运转必然是低效率的，效果差。因此，办事效能是领导其中重要的内容。

（3）用人效能：是指领导活动中对人的选配和使用所产生的效能。领导活动是需要依靠各级人员的活动实现的。能否选择适当的人员从事适当工作，并使各类人员合理配置、组织，能否充分调动各类人员的积极性和创造性，不仅关系到组织目标的实现，而且直接影响到该组织的社会存在价值，关系到领导活动的成败。如果某个组织用人是低效能，这个组织的领导活动及全部活动必然也是低效能的。例如，护士长根据护理人员的工作特长合理安排岗位，使每位护理人员的能力得到最大程度的发挥，则用人效能较高。

（4）时间效能：是指领导者管理、利用时间的尺度。领导者要将他的时间效能与组织的命运联系在一起，善于抓住时机，重视讲求实效，把时间效能置于一个重要的地位，科学地运筹时间，努力提高时间的利用率。例如，护士长制订周密的日工作计划，利用最佳时区做最佳和最重要的事情；集中一定时间处理耗时多的工作；无论何事均事先做好准备；减少了时间浪费，则时间效能较高。

（5）组织的整体贡献效能：是组织整体以合理的投入所取得的工作成果。领导者的整体贡献效能是指同一领导组织整体目标的实现程度。领导效能不仅反映在个人所主持、负责的部门工作和单项领域之中，更重要的是反映在全局工作和整体贡献上。整个组织的总体目标实现程度如何，是衡量领导效能高低的最重要的尺度。

4. 领导效能的类型　根据不同的层次与性质，领导效能可以划分为不同的类型。

（1）根据领导效能层次的不同划分：可以分为宏观领导效能和微观领导效能。宏观领导效能是指领导活动在社会整体中所达成的效能，包括政治效能、社会效能、文化效能和经济效能等。微观领导效能是指领导者在具体活动的领导过程中所体现出来的效能，主要包括决策效能、用人效能、办事效能、时间效能、组织整体贡献效能。

（2）根据领导效能性质的不同划分：可以分为正效能和负效能。获得大于投入的，称为正效能；获得小于投入的称为负效能。无论是宏观领导效能还是微观领导效能，都要有正负之分。

5. 领导效能的测评

（1）领导效能测评的含义：领导效能的测评是特定的测评主体根据一定的标准，遵循一定的原则，按照一定的程序，通过一定的方法，对领导者实施领导活动的能力与效果进行综合测试与评价的过程。

（2）领导效能测评的意义：①领导效能测评是一切领导活动的出发点与归宿，有助于增强各级领导者的责任感；②领导效能测评是衡量领导活动成败得失的标尺，鼓励先进，督促后进；③领导效能测评是改善领导者素质的重要环节，有助于提高领导水平；④领导效能测评是正确使用与科学培训领导者的重要依据，有助于对各级领导者的选拔、培养和使用；⑤领导效能测评是对领导活动进行民主监督的有效途径，便于群众监督。

（3）领导效能的测评的内容：领导效能测评的内容归纳为领导者的德、能、勤、绩四个方面。①对领导者德的测评，即对领导者的道德、品质、作风、修养等方面的测评；②对领导者能的测评，即对领导者的文化程度、业务水平、工作能力及身体素质与心理素质等方面的测评；③对领导者勤的测评，即对领导者的事业心与工作态度的测评；④对领导者绩的测评，即对领导者的工作实效的测评。

（4）领导效能的测评的原则、程序与方法：测评的原则除应遵循的总原则外，还要遵循以下原则：①主观测评与客观测评相结合原则；②静态测评与动态测评相结合原则；③直接测评与间接测评相结合原则；④定性测评与定量测评相结合原则；⑤整体测评和局部测评相结合原则。

测评的程序一般包括：①舆论宣传与组织准备；②内容确定与方法设计；③自我总结与群众评议；④综合分析并做出结论；⑤结论反馈与复核修正；⑥结果公布与资料存档。测评时可以采用调查研究、民意测验、目标测评、比较测评、模拟测评等方法。

第2节 领导理论与领导艺术

一 领导理论

西方管理学对领导理论有较多研究，许多学者也曾经做过大量研究：如领导特征理论、领导行为理论、领导权变理论研究等，都试图找到进行有效领导的最佳途径。这些研究都为实际领导工作提供了一定的借鉴并起到了较好的作用。

（一）领导特征理论

领导特征理论是早期的领导理论，它认为领导的特质如身体、性格、气质、智力、修养、素质等因素是先天具备的，有效的领导共与七项特质相关：内在驱动力、领导愿望、诚实与正直、自信、智慧、工作相关知识和外向性。并试图通过科学的方法来测定并归纳成功领导者应具有的人格特质以便作为选拔领导者的重要依据，其中比较著名的理论包括以下内容。

1. 鲍莫尔的领导者理论 美国的经济学家鲍莫尔（W. J. Baumol）提出了作为一个领导者应具备的十种条件。①合作精神：能与人合作，用感化和说服的方法赢得人心；②决定能力：实事求是地决策，并能高瞻远瞩；③组织能力：善于把人力、物力、财力组织运用好，调动下属的积极性；④精于授权：善于授权，以便把适当的职权授予下属而自己抓大政方针和重要事项；⑤善于应变：灵活机动和权益应变，即打破墨守成规和生硬僵化；⑥敢于求新：定于对新鲜事物的敏感，愿意并开展变革和创新；⑦勇于负责：责任心强，即积极承担责任和严格要求自己；⑧敢担风险：勇于负责和出头、承担风险；⑨尊重他人：谦虚谨慎，能够尊重别人；⑩品德高尚：严格自律，品德上为社会人士和下级所敬仰。

2. 斯托格笛尔的领导者理论　美国管理学家斯托格笛尔（R. M. Stogdill）在全面研究了关于有效领导者应具备的素质要求的文献后，总结了领导者的门类特征，具体如下。①身体特征：精力、身高、外貌、年龄、体重五种；②社会特征：社会经济地位、学历两种；③智力特征：判断力、果断力、知识的尝试和广度、口才能力四种；④个性特征：急性、慢性、适应性、进取性、独立性、支配力、自信、热心、机灵、智慧、有主见、见解独到、正直、情绪稳定、不随波逐流、作风民主十六种；⑤与工作有关的特征：对人关心、责任感、事业心、毅力、首创性、坚持六种；⑥社交特征：人际关系、教练程度、能力、合作、声誉、正直、诚实、权力的需要、与人共事的技巧九种。

3. 吉塞利的领导者理论　美国心理学家吉塞利（E. Ghiselli）对领导的研究历时20多年，他通过对美国具有代表性的306名中级管理人员进行研究来确定领导者的素质特征，同时采用因素分析方法，对研究结果进行了处理，将领导特征按个性特征（P）、能力特征（A）和激励特征（M），分为3大类、13个特征，如洞察能力、事业心、才智、自我实现欲、自信、决断能力、安全的需求少、与下属关系亲近、首创精神、不要高额金钱报酬、权力需要高、成熟程度、性别。并按各种特征管理中的重要性分值进行排序，性别被认为最不重要。

但是领导特征理论有其历史局限性，还有人对通过人格测量来鉴别领导者特质的研究方法本身提出质疑，认为人格测试的不完备、主试的经验及被试的伪装等因素均可能影响研究结果的准确性。因为成功的领导不仅与特质相关，也与领导环境等因素有关。事实上后天环境、教育、社会关系等方面都在影响着领导特质的形成。

鉴于上述种种原因，20世纪50年代之后，西方学术界对领导特征研究的热情已大为减退。

（二）领导行为理论

20世纪50～60年代，由于特征领导理论的局限性，行为科学家和心理学家将研究的重点转为对领导行为的研究。领导行为理论（behavioral pattern theory）着重分析领导者的领导行为和领导风格对其组织成员的影响，目的是找到最佳的领导行为和风格，将领导者的行为划分为不同的类型，分析各类领导行为的特点与领导有效性的关系，并将各类领导行为、领导方式进行比较研究。

1. 领导方式论　该理论由德国心理学家卢因最早提出，通过实验研究不同的工作作风对下属群体行为的影响，以寻求最佳的领导方式。他把领导者在领导过程中表现出来的极端行为分为三类，即专制型、民主型和放任型。

根据实验结果，卢因认为放任型领导方式效率最低，只达到社交目的而完不成工作目标；专制型的领导方式通过严格的管理达到组织目标，但群体成员缺乏责任感，情绪消极，士气低落；民主型的领导方式工作效率最高，不但完成工作目标，而且群体成员关系融洽，工作积极主动、有创造性。在实际管理工作中，三种极端的领导行为并不多见，大多数领导方式是混合型。

2. 领导行为四分图理论　1945年，美国俄亥俄州立大学教授斯多基尔、沙特尔在调查研究基础上把领导行为归纳为"抓组织"（结构维度）和"关心人"（关怀维度）两大类。"抓组织"，强调以工作为中心，是指领导者以完成工作任务为目的，为此只注意工作是否有效地完成，只重视组织设计、职权关系、工作效率，而忽视部属本身的问题，对部属严密监督控制。"关心

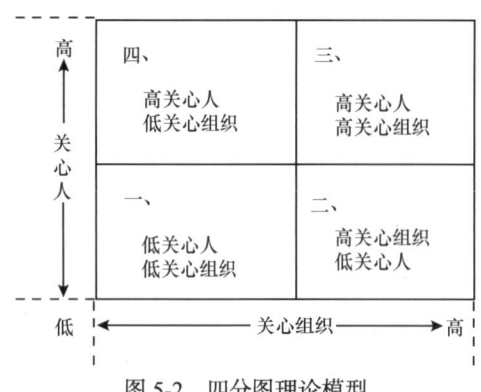

图 5-2 四分图理论模型

人",强调以人为中心,是指领导者强调建立领导者与部属之间的互相尊重、互相信任的关系,倾听下级意见和关心下级。调查结果证明,"抓组织"和"关心人"这两类领导行为在同一个领导者身上有时一致,有时并不一致,领导行为是两类行为的具体结合。因此,用这样的标准进行划分,可以非常容易地将任意领导者的行为投影在一个用两度空间的"四分图"上,即四分图理论模型(图 5-2):属于低关心人高组织的领导者,最关心的是工作任务;高关心人低组织的领导者大多数较为关心领导者与部属之间的合作,重视互相信任和互相尊重的气氛;低组织低关心人的领导者,对组织对人都漠不关心,一般来说,这种领导方式效果较差;高组织高关心人的领导者,对工作对人都较为关心,一般来说,这种领导方式效果较好。

3. 领导方格理论　管理方格理论(management grid theory)是由美国德克萨斯大学的行为科学家罗伯特·布莱克(Robert R. Blake)和简·莫顿(Jane S. Mouton)在 1964 年出版的《管理方格》(1978 年修订再版,改名为《新管理方格》)一书中提出的。管理方格图的提出改变了以往各种理论中"非此即彼"式(要么以生产为中心,要么以人为中心)的绝对化观点,指出在对生产关心和对人关心的两种领导方式之间,可以进行不同程度的互相结合。

使用其设计的一张纵轴和横轴各 9 等分的方格图,即管理方格理论模型(图 5-3):纵轴和横轴分别表示企业领导者对人和对生产的关心程度。第 1 格表示关心程度最小,第 9 格表示关心程度最大。全图总共 81 个小方格,分别表示"对生产的关心"和"对人的关心"这两个基本因素以不同比例结合的领导方式。

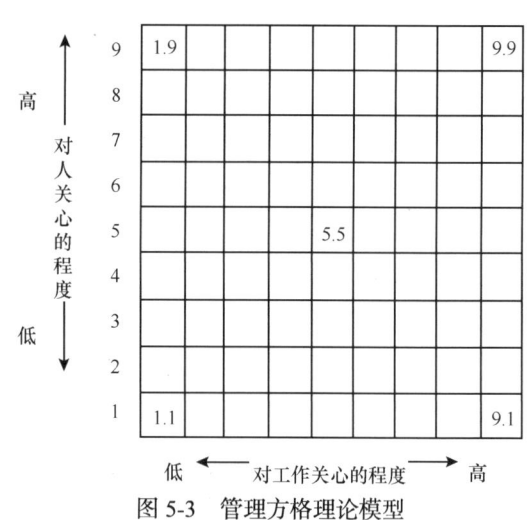

图 5-3 管理方格理论模型

方格图中"1.1"方格表示对人和工作都很少关心,这种领导必然失败。"9.1"方格表示重点放在工作上,而对人很少关心。领导人员的权力很大,指挥和控制下属的活动,而下属只能奉命行事,不能发挥积极性和创造性。"1.9"方格表示重点放在满足职工的需要上,而对指挥监督、规章制度却重视不够。"5.5"方格表示领导者对人的关心和对工作的关心保持中间状态,只求维持一般的工作效率与士气,不积极促使下属发扬创造革新的精神。只有"9.9"方格表示对人和工作都很关心,能使员工和生产两个方面最理想、最有效地结合起来。这种领导方式要求创造出这样一种管理状况:职工能了解组织的目标并关心其结果,从而自我控制、自我指挥,充分发挥生产积极性,为实现组织的目标而努力工作。

除了那些基本的定向外,还可以找出一些组合。例如,"5.1"方格表示准生产中心型管理,比较关心生产,不太关心人;"1.5"方格表示准人中心型管理,比较关心人,不太关心生产;"9.5"方格表示以生产为中心的准理想型管理,重点抓生产,也比较关心人;"5.9"方格表示以人为中心的准理想型管理,重点在于关心人,也比较关心生产。还有,如果一个管理人员与其部属关系会有"9.1"定向和"1.9"体谅,就是家长作风;当一个管理人员以"9.1"定向方式追赶生产,而在这样做的时候激起了怨恨和反抗时,又到了"1.9"定向,这就是大弧度钟摆;还有平衡方法、双帽方法、统计的"5.5"方法等。

> **链接**
>
> 要练就团队式管理,前提是准确判断自己的管理类型,然后才能看出差距,有针对性地进行训练。布莱克和莫顿发现,现实中的管理者,往往会高估自己的管理水平。他们统计的数据是:管理人员没有学过方格理论时,大约有75%会把自己的管理方式说成9.9型,然而当学习和进行科学的自我测定后,坚持自己的管理方式为9.9型的比例会减少到25%。在判断自己的管理类型时,特别要防范自我欺骗,尤其是不自觉地自我欺骗。这就需要以客观的可衡量的标准尺度来衡量现实中的管理表现。

(三)权变领导理论

1. 菲德勒模型(the Fiedler model) 伊利诺伊大学的菲德勒(Fred Fiedler)从1951年开始,首先从组织绩效和领导态度之间的关系着手进行研究,经过长达15年的调查试验,提出了"有效领导的权变模式",即菲德勒模型(图5-4)。他认为任何领导形态均可能有效,其有效性完全取决于是否与所处的环境相适应。他把影响领导者领导风格的环境因素归纳为三个方面:职位权力、任务结构和上下级关系。

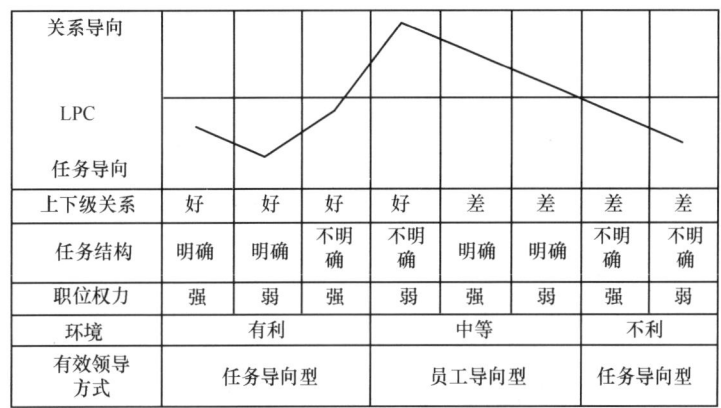

图 5-4　费德勒权变理论模型

2. 情境领导理论(situational leadership theory,SLT)又称领导生命周期理论(life cycle theory of leadership) 该理论由赫尔塞(Paul Hersey)和布兰查德(Ken Blanchard)于20世纪60年代提出,他们认为下属的"成熟度"对领导者的领导方式起重要作用。所以,对不同"成熟度"的员工采取的领导方式有所不同。

所谓"成熟度"(readiness)是指人们对自己的行为承担责任的能力和愿望的大小。它取决于两个要素:工作成熟度和心理成熟度。工作成熟度包括一个人的知识和技能,工作成熟度高的人拥有足够的知识、能力和经验完成他们的工作任务而不需要他人的指导。心理成熟度指的是一个人做某事的意愿和动机。心理成熟度高的个体不需要太多的外部激励,他们靠内部动机激励。

组织所面临的环境,领导生命周期理论认为随着下属从不成熟走向成熟,领导者不仅要减少对活动的控制,而且也要减少对下属的帮助。当下属成熟度不高时,领导者要给予明确的指导和严格的控制；当下属成熟度较高时，领导者只要给出明确的目标和工作要求，由下属自我控制和完成。

3. 路径-目标理论（path-goal model） 是以期望概率模式和对工作、对人的关心程度模式为依据，认为领导者的工作效率是以能激励下属达到组织目标，并且在工作得到满足的能力来衡量的。领导者的基本职能在于制订合理的、员工所期待的报酬，同时为下属实现目标扫清道路、创造条件。根据该理论，领导方式可以分为四种。

（1）指示型领导方式：领导者可以而且应该根据不同的环境特点来调整领导方式和作风，当领导者面临一个新的工作环境时，他可以采用指示型领导方式，指导下属建立明确的任务结构和明确每个人的工作任务。

（2）支持型领导方式，有利于与下属形成一种协调和谐的工作气氛。

当领导者对组织的情况进一步熟悉后，可以采用参与者式领导方式，积极主动地与下属沟通信息，商量工作，让下属参与者决策和管理。

（3）参与型领导方式：1973年维克多·弗罗姆（Victor Vroom）和菲利普·耶顿（Phillip Yetton）提出了领导者-参与模型（leader-participation model），该模型将领导行为与参与决策联系在一起。由于认识到常规活动和非常规活动对任务结构的要求各不相同，研究者认为领导者的行为必须加以调整以适应这些任务结构。弗罗姆和耶顿的模型是规范化的，它提供了根据不同的情境类型而遵循的一系列的规则，以确定参与决策的类型和程度。

（4）成就指向式领导方式：在前面几种领导方式的基础上，就可以采用成就指向式领导方式，领导者与下属一起制订具有挑战性的组织目标，然后为实现组织目标而努力工作，并且运用各种有效的方法激励下属实现目标。

 领导艺术

（一）领导艺术的含义

所谓"领导艺术"，就是领导者在一定知识、经验、智慧和才能的基础上，在其履行领导职能或进行领导活动的过程中，采用特殊、巧妙、高明和更高层次的手段或方法，创造性地、卓有成效地解决某些特殊疑难问题或取得某些超常效果，这种特殊、巧妙、高明和更高层次的领导方法，或领导方法的巧妙运用，就称为领导艺术。领导艺术是非规范化的个人经验，具有较强的实用性和个体差异，是丰富多彩的具体的领导才能。领导工作是科学和艺术的统一，领导艺术的高低，在很大程度上决定着领导水平的高低。

（二）领导艺术的特性

领导艺术和一般领导方法比较，有以下不同的特性。

1. 突破性和创造性　领导艺术没有按部就班的程序，而是一下就抓住问题的本质和矛盾的焦点，对准具有决定意义的关键环节，抓住时机、集中力量、突破一点，施以独特的方法，争取造成"连锁反应"，扩大战果，带动全局。具有明显的突破性和创造性。

2. 非模式化和非规范性　领导艺术既没有固定模式，也没有特定规范，可以不受任何局限的充分施展，方法独特，所以也不容易进行常规学习、模仿和传授。

3. 随机性和灵活性　由于领导艺术总是以其新颖独创性见长，大都表现在运用非常规方法处理非常规事件上，所以具有很大的随机性和灵活性。它不是简单、机械地运用一般领导方法，而是根据变化着的情景和条件，在不违反原则的前提下，针对实际要求，灵活而有创造性地运用有效方法解决实际问题。

4. 偶然性和特殊性　有时有些问题是在特殊情况（环境或条件）下偶然发生的，没有现成的手段方法可循，领导者在特殊环境或条件下解决特殊问题的特殊手段和方法，这也是一种领导艺术。

总之，领导艺术相对地说，是一种没有固定模式和特定规范，机动灵活随机应变，富有突破性和创造性或偶然性和特殊性，无确切规律可循，因而也是很难学习、模仿和传授的，而又有超常效果的奇特、高明的领导方法。一旦找出它的规律，它便成为可以学习和传授的科学领导方法了，而这种规律和区别，随着事物和人们认识的发展随时都可能找出来。所以严格地说，"领导艺术"与"领导方法"的区别是相对的，没有绝对严格的区别。

（三）领导艺术的主要内容

领导艺术的内容范围很宽、内容很复杂。按其性质归纳起来主要可以划分为待人艺术、处事艺术、运时艺术、会议艺术等几类，现分别简述如下。

1. 待人、处事艺术　领导要团结多数、开展批评与自我批评、学会赔礼道歉、巧用机会、使用人才的待人艺术；也要有抢占先机、敢冒风险，勇于开拓的处事艺术。

2. 运时艺术　领导者对时间要有紧迫感，如果缺乏这种主观愿望和紧迫感，即使办法再好、再多也无济于事，有效地赢得时间、巧妙地节省时间、善于管理自己解决时间问题并迅速见诸行动，这些都是取得良好效果不可缺少的重要因素。

3. 会议艺术　会议是讨论问题、沟通信息、交流思想、协调行动的重要方式。由于领导工作中会议占有相当的比例，所以提高会议效率是一个非常现实的问题。如何提高会议效率，有如下经验和做法。

（1）会议六戒：指以下六种情况的会议不开。①没有明确的议题；②议题过多；③没有充分的准备；④可以用其他方式解决；⑤没有迫切需要；⑥会议成本过高。

（2）主持会议原则：①发言准确，只谈与议题有关的事情；②禁止开小会；③会议结果与议题相符；④说短话，开短会，不搞疲劳战术；⑤反对迟到。

4. 有效沟通艺术　领导者能与下属建立有效沟通十分重要。要进行有效沟通，领导者必须掌握人际交往的技能。

（1）积极倾听：是对信息进行积极主动的思索，其基本要求是专注、移情、接受。积极倾听可以使用一些技巧和方法，如目光接触、表现赞许性点头和恰当的表情，复述，避免中间打断叙述，避免分散注意力的举动或手势等。

（2）运用反馈：很多冲突是由误解或信息不准确造成的，在沟通中运用反馈的方法，可以减少这类问题的发生。有效的反馈需要注意以下方面，如运用描述性反馈，使反馈对事不对人；强调具体行为，避免信息模糊；确保反馈的信息是对方可以理解的。注意把握反馈时机，接受者的行为与对该行为的反馈时间越短，反馈越有意义；对于消极反馈，应避免评价性，注意使反馈指向接受者可以改进的行为，这样不仅可以减少批评造成的不快，而且为接受者提供了指导。

（3）简化语言：由于语言可能造成沟通障碍，所以领导者应该注意选择措辞，使信息清楚明确，易于理解，使用的语言要适合于接受者。

（4）抑制情绪：领导者在沟通过程，注意避免因情绪原因使信息传递受阻或失真，特别是对某些引起失望的信息、不正确的信息，要注意克制情绪，避免冲动。不要过多讲话，更不要一时激动加以辩解，可以采取暂停进一步沟通的方式以恢复平静，避免在情绪激动状态下对信息的误解或表述信息时不够准确。

（5）注意非语言提示：领导者在沟通中要特别注意自己的行动，使之和言语相匹配，起强化语言的作用。因为行动比语言更明确，非语言信息在沟通中占很大比重。因此，有效沟通强调沟通者注意非语言提示，保证它们与言语的一致性。

5. 领导协调的艺术

（1）领导协调的含义：所谓领导协调，就是对可能影响组织和谐的各种矛盾、冲突进行调整、控制，使组织保持一种平衡状态以实现组织的预定目标。

（2）领导协调的对象：①协调群体中的个人；②协调组织中的群体；③协调不同的组织。

（3）领导协调的种类：①纵向协调，这是指组织内部上下阶层的协调工作，通常经过指挥渠道来完成；②横向协调，是指组织内同级阶层之间的协调。

（4）领导协调的作用：①协调是积极的平衡；②协调是整合组织力量，实现组织目标的根本手段。

6. 领导处理冲突的艺术　由于人际关系存在着潜在的或外显的、意识的或行为的不统一，在部门之间、个人与部门之间、个人与个人之间经常会出现矛盾冲突。领导者解决矛盾冲突的过程，就是树立威信的过程。正确解决矛盾冲突是领导水平的体现。

（1）冲突的含义：冲突是指两个或两个以上的行为主体，由于在目标、认知与情感方面产生差异，在特定问题上采取相互排斥、对抗、否定等行为或情绪而形成的一种状态。

（2）冲突的两重性：冲突作为一种矛盾的存在形式，存在着正面与反面、建设与破坏、有益与有害两种功能。在特定的情况下，冲突往往是促进组织向前发展的重要诱因。领导者应从多维视角来看待冲突，既要看到它的破坏性，也要看到它的建设性，不能简单地把冲突等同于破坏。面对冲突与矛盾要因势利导、化害为利，而不能一味地采取压制与打击的办法，认识有害冲突是组织中具有破坏性的或阻碍组织目标实现的冲突。这种冲突会使人力、物力和精力分散，凝聚力下降，造成人际关系紧张与敌意，降低工作效率。

（3）处理冲突策略：第一，原则和灵活相结合。原则就是不能侵害组织利益，灵活就是解决矛盾的方法多种多样，不能教条式地解决问题。第二，要暗中解决矛盾。矛盾应尽量暗中解决，不要张扬出来，但对那些不伤面子，同时又有普遍教育意义的可以公开出来，起到教育其他下属的目的。第三，不是工作矛盾，不要轻易介入。第四，有些矛盾不解决比解决好。第五，对恶意制造矛盾者绝不能手软。恶意传闲话者、故意制造事端者、要果断解决，坚决辞退，无论他有多高的才能都不能用。第六，善于在冲突中发现有价值的想法和意见。有了分歧，自然就会有争辩，领导在争辩中要时刻保持清醒的头脑，因为在争辩中经常导致有价值的想法出现，这是一种外激力，就看领导能不能大肚容人和善于发现了。而对于分歧，最理想的结果就是双方都满意，出现所谓"化干戈为玉帛"的局面。争取这种可能性的前提就是双方心态平和，积极沟通，理解彼此的需求，并有共同为组织进步的信念。

总之，只要领导坚持以人为本，着眼于和谐相处，以共同的目标和理想凝聚组织上下的激情，就能带领组织不断前进。

7. 授权艺术　授权是将权力分配给其他人以完成特定的任务。领导者不可能亲自去做每一件事，如果要使工作更有成效，要学会授权。

有效授权需掌握的一定原则：如视能授权、逐级授权、责权同授、适度授权。

授权时需注意以下注意事项：

第一，合理设置目标。人有目标才会去奋斗，目标价值越大，吸引力就越大。但是如果目标不切实际，使之觉得可望而不可及，其实际价值就会缩小，不可能构成真正的动力。

第二，恰当授权。授权应选择有能力而且有动力去完成工作的人。但要注意有控制；通知其他与授权活动有关的人员。避免障碍，建立反馈控制机制。

第三，用人之长。领导者要做到用人所长，首先要做到知人，如熟悉每个下属的优点、长处和特点，然后才是善任，即用人所长。

第四，能职相称。这样才能避免人才浪费，激发人们自觉工作的积极性。

综上所述，领导艺术的范围很宽，内容很复杂，除上述几个主要方面外，还有创新艺术、公关艺术、驭权艺术、决策艺术、激励艺术、褒贬艺术等。

第3节 激励与激励理论

激励是现代管理的核心问题。激励指激发人的动机并将其内在潜力发挥出来。对激励问题进行研究，实则是对人的工作行为动力的探讨。

（一）激励的概念

激励是激发、鼓励的意思，也就是调动和发挥人的积极性的过程。激励的本质是激发人的动机。动机是引起、维持，并且指引某种行为去实现一定目标的主观原因，是决定人的工作行为表现的首要因素。因此，实际工作当中调动人的行为激励方法的应用是至关重要的。

（二）激励的过程

1. 人的行为的共同特征 人的行为是人们日常生活中所表现的一系列举止、动作，包括人的欲望、动机、意志、态度和情感等在行为上的表现。人的行为虽然千变万化、千差万别，但依然有其共性之处，包括如下6个方面。

（1）人的行为均有内驱力的动机（需求欲望）。

（2）人的行为是自己产生的。

（3）人的行为是有起因和目标的。

（4）任何一种行为都来自于起因的基础（未满足的需要）。

（5）行为指向的目标没有实现以前，不会终止行为，但有可能改变行为方式，继续努力实现目标。

（6）人的行为具有可塑性，通过学习和训练改变行为方式。

2. 激励过程模式 人的行为均为达到一定的目的和目标而发生的，同时又是围绕着满足需求的欲望而进行的。激励的基本模式如图5-5所示。当需求未得到满足就会导致紧张心理，进而使个人采取某种行为来完成实现某种特定目标的心愿，以便满足需求达到解除或减轻其紧张程度。所以，被激励的员工常常处于一种紧张状态，努力工作是缓解紧张行为的表现。通常是紧张强度越大，努力程度越高。因此，没有被满足的需求是调动积极性的起点，更是引起一系列导向行为的初始动机；需求满足亦达到了目标，故激励过程完成。若目标未达到而是受到阻碍，就会继续出现实现目标的行为。

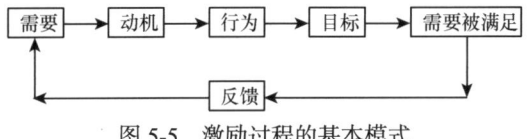

图5-5 激励过程的基本模式

(三)激励的作用

每个人行为的强弱都与激励作用息息相关。每个人都需要自我激励和相互激励。工作中,尤其需要得到他人、群体、领导、组织等多方面、多层次的激励。身为管理者,应把激励机制灵活地应用到管理工作中的每一个细节,采用各种激励手段不断地激励自己的员工,使其积极性、智慧、创造性都能够主动自愿发挥出来,成为组织活力的源泉。由此可见,激励是组织实现目标和提高竞争能力的关键,更是取得成效的根本措施。

激励是管理职能中最重要的部分,也是最关键和最难实现的职能。因为人是很复杂的个体,没有办法能够预测和计划并控制他的精确性,尤其是人内在的因素很难把握,加之有些管理人员与领导者通常不能意识到员工潜在力量的巨大作用,只是强调技术需要改进。人的工作成就取决于他们的能力和积极性,而人的积极性是需要激励才能发挥出来的,所以,激励作用可以把人的工作积极性、创造性充分地调动起来,更好地实现组织目标。

激励理论

管理行为科学、心理学和社会学都从不同的知识方面探讨如何预测和激发人的动机,满足人的需要,调动人的行为积极性,做了大量的研究工作,产生了许多的相关激励理论。

(一)层次需要理论

美国人本主义心理学马斯洛提出的需要层次论认为:人类的需求是多样性、层次性、可变性和潜在性的,以此来决定着人们的行为动机。他将人类的需要按依次要求、依次满足、递级上长的特点排为五个层次。

1. 生理需求 属于人类的最基本的需求,包括饥饿时需进食、干渴时需饮水、寒暑时需衣服(增减)、栖身时需庇护所、供氧时需空气、生病时需医药等,这些基本的需要必须得到保证,否则身体失去平衡。

2. 安定和安全的需求 要求劳动安全化、职业安全化、生活稳定化、希望未来有生活保障及社会保险等。

3. 社交和情感的需求 这是一种归属和相爱的需求,也是一种心理的渴望。希望得到友谊、信任、爱情、归属,渴望成为正式组织一员或非正式组织一员。

4. 自尊与被尊重的需求 包括内部和外部尊重因素两方面。内部尊重因素:渴望有自己的实力、有各方面的成就感、有胜任工作的能力。外部尊重因素:渴望有地位、有独立和自由、有名誉,即受人尊重、被认识和注意。

5. 自我实现的需要 包括一个人追求个人能力极限的内驱力。表现为希望成长为有用之才、希望自己的潜在能力得到充分的发挥,从而达到自我期望的人。

马斯洛的这五种需要并不是并列的,而是从低到高排列的。当任何一种需要基本上得到满足后,下一个需要就成为主导需要。从激励的作用上来看,当需要获得满足之后,就不再具有激励的力量了,只有未满足需要时才能够影响人的行为起到激励作用。

护理领导者在管理工作中应学会马斯洛的层次需要理论。根据护理队伍人群的特点,充分了解和分析护士需求的原动力,采取多种方法给予满足,善于应用精神奖励和物质奖励的满足需要方式,以真正达到满足需要的目的。从而激发出护士们的工作干劲和热情,为组织目标的实现做出应有贡献。

（二）双因素理论

20世纪50年代，美国心理学家赫茨伯格及其同事在进行工作满意度调查的基础上提出"激励-保健因素理论"，即双因素理论，其核心在于"只有激励因素才能够给人们带来满意感，而保健因素只能消除人们的不满，但不会带来满意感"这一论断，因此如何认定与分析激励因素和保健因素并"因材施政"这才是关键。

保健因素与激励因素的实质区别就在于"平等因素"与"公平因素"的区别，凡是共同享有的、共同承受的、共同面对的就是"平等因素"，而与其工作职责目标紧密统一的，必须按工作成就成绩分层次、分等级享有、承受与面对的则就是"公平因素"。凡是平等的必然是保健的，因而是必须给予其基本满足，但却是永远难以完全满足的因素；相反，凡是公正的必然是激励的，因而虽然是员工不会主动要求的，但却是最大程度的有激励性的，从而也是应该给予提倡与实施的。

（三）期望理论

美国心理学家维克多·弗罗姆提出的期望理论认为，一种行为倾向的强度取决于个体对于这种可能带来的结果的期望强度，及这种期望对行为者的吸引力。具体地说，人们从事某项工作并未达到组织目标，是因为他们相信这项工作和组织目标会帮助他们达到自己的目标，如晋升、加薪及各种奖励制度。因此，弗罗姆指出：激励乃是个人寄托在一个目标的预期价值与他对实现目标的可能性的看法的乘积。用公式表示如下：

$$激励力=效价 \times 期望值$$

公式中，激励力指一个人受到激励的强度；效价指这个人对某种成果的偏好程度；期望值则指通过特定的活动导致预期效果的概率，也是个人的一种主观估计。从该公式可以看出，当某人对实现某一目标漠不关心时，效价是零，而当他认为实现目标反而对自己不利时，效价是负值，就毫无激励而言了。同样，如果期望值为零或为负值时就不会激励一个人去实现目标。期望理论说明，激励实际上是选择过程，促使人们做某件事的激励力依赖于效价和期望值这两个因素。效价和期望值越高，激励力越大。期望理论注重于以下三种关系。

1. 努力-绩效关系　个人认为通过一定努力会带来一定绩效的可能性。
2. 绩效-奖励关系　个人相信一定水平的绩效会带来所希望的奖励结果的程度。
3. 奖励-个人目标　组织奖励满足于个人目标或需要的程度及这些潜在的奖励对个人的吸引力。

期望理论强调人的各种个人需要和激励的重要性，强调个人有个人的目标，个人目标不同于组织目标，但两者是完全可以协调起来的，因此，弗罗姆的理论与目标管理体系是一致的。期望理念的关键是了解个人目标及努力与绩效、绩效与奖金、奖励与个人目标满足之间的关系。作为一个权变模式，期望理论认识到，不存在一种普遍的原则能够解释所有人的激励机制。如果员工以努力工作来获得晋升，但得到的却是加薪；或者员工希望得到一个比较有趣和具有挑战性的工作，但得到的仅仅是几句表扬的话，这样的奖励就没有吸引力。这些例子表明，根据每个员工的个人需要设置奖励是十分重要的。一些领导者和管理者错误地认为，所有员工都想得到同样的东西，因此，他们忽视了差别化奖励的激励效果，在这种情况下，员工的激励水平是很低的。

（四）强化理论

美国哈佛大学心理学教授斯金斯提出的强化理论，着重研究行为与影响行为的环境之间的关系，用不断改变环境刺激因素来达到增强、减弱或消失某种行为。其包括以下几方面。

1. 积极强化（正强化）　在某种行为发生以后，立即用物质或精神的鼓励来肯定这种行为，使个体感到对自己有利，从而增强之后该行为反应的频率。

2. 消极强化（负强化）　当一个特定的强化能够防止产生个人所不希望的刺激，就称为消极强化，消极强化使用的目的也是加强所希望的行为。

3. 惩罚　在消极行为发生之后，给予某些令人不喜欢的对待，或取消某些为人所喜爱的东西，从而减少消极行为，或消除消极行为。

4. 消退　在某一行为出现以后，不给予任何形式的反馈，久而久之这种行为被判定无价值而导致此行为出现的频率降低。消退和惩罚都是为了减少或消除不希望发生的行为的方法。

在管理工作中，要以正强化为主，慎重采用负强化和惩罚，利用信息反馈增强强化效果。

（五）归因理论

归因理论出现在20世纪50年代，其代表人物是海德和维纳。归因是指观察者为了预测和评价人们的行为并对环境和行为加以控制，而对他人或自己的行为过程所进行的因果解释和推论。

归因理论认为：人们行为的原因包括内部原因和外部原因两种。内部原因是个体自身所具有的、导致其行为表现的品质和特征，如人格、情绪、动机、欲求、能力、努力等；外部原因是个体以外的、导致其行为表现的条件和影响，如环境条件、情境特征、他人的影响等。美国心理学家韦勒认为能力、努力、任务难度和机遇是人们在解释成功或失败时知觉到的四种主要原因，四种主要原因又分成内外因、可控性、稳定性三个纬度，不同的人对成功或失败有不同的归因，并导致不同的情绪反应或行为表现。例如，把成功归为内部原因，则感到满意、信心十足，若归为外部原因，则满意感降低；把失败归因于内部因素，则会羞愧内疚，归为外部因素羞愧减少。

除以上理论外，由于人类的许多需要都不是生理性的，而是社会性的，而且人的社会性需求不是先天的，而是后天的，得自于环境、经历和培养教育等，很难从单个人的角度归纳出共同的、与生俱来的心理需要。时代不同、社会不同、文化背景不同，人的需求当然就不同，所谓"自我实现"的标准也不同，因此也有人提出其他激励理论，如麦克利兰成就需要论、公平理论等。

第4节　预测管理与决策管理

预测管理

（一）预测管理的含义

所谓预测管理就是以明确并合理界定的目标为导向，运用先进的管理方法与技术从多个层面与侧面对未来经营环境的趋势与企业自身的行为的准确及时全面评估，以期企业行为主动应对环境变化，并积极指向目标的一系列超前活动。

（二）预测管理的特点

1. 主观性　管理就是预测，预测的管理与管理的预测要协调一致，预测本身是面对未来，未来并不准确，所以预测有较强的主观性。

2. 综合性　预测管理强调预测只是一部分，而管理实践（实验）是另一部分，预测是概念加工过程。管理实践是创新与转变的实现过程，两者缺一不可，不可偏重一方。只有将概念与实践完美地结合起来才算是完整的预测管理，所以预测管理更注重全过程性、及时性、科学性、全面性、全员全部门参与性、合适（满意）性、未来性、实效性、实践性与结果目标导向性。过程注重方法与技巧，需要用到多学科知识，并积极探索寻求创意，所用的科学包括决策科学、运筹学、统计学、博弈论、数理科学、市场学、会计学、经济学、管理学、心理学、系统学、历史学、哲学等。

（三）预测管理的过程

任何管理都是一个过程，预测管理也不例外，预测管理分为预测过程与实践（实验）过程两部分。其一，信息加工与筛选过程；其二，预测过程。近期预测应以定量为主，远期预测应以定性为主，注意定量与定性预测的接口，预测的关键是综合多学科的结论，而不是单一学科的结论。

预测程序：①收集与整理信息；②对信息的可能状态分析处理；③定义信息并分类；④建立预测模型；⑤进行预测；⑥建立与预测结论相适应的行动计划；⑦根据实践的即时信息与计划结果状态对预测与计划修改；⑧评价整个过程的有效性。

二、决策管理

20世纪70年代决策学派成为人类管理理论"丛林"中的一个重要学派。其代表人物赫伯特·西蒙在《管理行为》中指出："决策是管理的核心，管理就是决策，管理的各层次，无论是高层，还是中层或下层，都要进行决策。"决策有广义和狭义之分，广义上的决策可以理解为做出决定的意思，是指决策者在管理活动中，为了实现预定目标而制订、选择、实施行动方案，做出各种选择和决定的过程。狭义的决策专指决策者对行动方案的最终选择，是组织为实现一定的目标，制订两个或两个以上的备选方案并从中选择一个合理方案的分析判断过程。

（一）决策的实质

决策就是组织为了解决一定的问题，在两个以上可能方案中选择一个或几个较为合理的，并把其付诸实施的过程。在理解决策的实质时需要注意以下几个关键点。

1. 问题和目的　决策是针对某一具体问题而言的，也就是说，决策并不是盲目的，而是有针对性的，直接的目的就是要解决组织面临的某些特殊问题。

2. 有两个以上可能方案　即解决某一问题有不同的途径、办法，可以"殊途同归"，通常解决问题的方案不仅有一种。

3. 比较选优　从不同角度、按不同标准来衡量每个方案的利弊，决策者运用自己的判断进行比较，从而选出一个或几个在总体上较为合理、有效的方案予以实施。因而决策有合理、科学与否的比较和区别。

4. 过程　决策不是一刹那的行为或想法，而是一个遇到问题——选择并实施方案的过程，并且不能忽视的是一次决策的执行会反馈到下一次决策，因此，决策本身是一个循环不断的过程，贯穿于管理活动的始终。正是在这个意义上，可以说管理就是决策。

（二）决策的原则

科学的决策是在科学理论和知识的指导下，通过科学的方法和程序所做的符合客观规律的决策。决策过程中需要遵循科学的原则。

1. 目标管理原则　组织中的任何一项决策，都应围绕组织确定的整体目标而进行。各级护理管理者要根据所处的环境条件，围绕护理组织目标、医院的目标、卫生工作目标及国家、社会的有关政策做出符合实际的决策。

2. 信息准全原则　信息是科学决策的基础。只有全面掌握了大量真实可靠的信息，并对其进行科学合理的归纳、整理、比较、选择，才能做出正确、科学的决策。各级护理管理者必须高度重视信息工作，保证各种数据、资料的全面性和准确性。

3. 择优对比原则　科学正确的决策，必须建立在对多种方案对比择优的基础上。只有充分比较，权衡各种利弊关系后，才能从中择优。因此，应事先准备两种以上的方案，以便管理者从多种方案中比较，选择最优的方案。

4. 可行性原则　是指在现有的主客观条件下，决策能够实施的程度。决策是否可行是衡量决策正确与否的标志。决策前，决策者应从实际出发，认真分析现有人力、财力、物力等主客观条件，研究决策实施过程中可能出现的各种变化，预测决策实施后对各方面可能产生的影响，以保证决策可行。切忌只强调需要，只考虑有利因素或不利因素，防止片面性和局限性。

5. 集体决策原则　医院护理组织系统是医院大系统中的一个子系统，与医院各子系统之间相互联系、相互制约。因此，护理管理者在决策中如有一个小小的失误，都会引起其他部门的连锁反应。在护理组织中，护理管理者单凭一个人的智慧和经验难免出现决策失误，需要坚持民主决策原则，集思广益，克服管理者个人在知识和经验方面的不足，积极采取集体决策，保证决策正确。

（三）决策的类型

管理决策的类型多种多样，按照不同的分类依据可以将决策分为不同类型。如按决策主体可分为集体决策和个人决策；按决策的范围可分为宏观决策和微观决策；按决策的重要性可分为战略决策和战术决策；按决策的性质可分为规范性决策和非规范性决策；按决策的重复性可分为程序化决策和非程序化决策；按决策过程，可分为突破性决策和追踪性决策；按决策目标，可分为单目标决策和多目标决策；按决策的可靠程度可分为确定型决策、风险型决策和不确定型决策；按照对决策问题的了解程度可分为常规性决策和非常规性决策。较为重要的类型有以下几种。

1. 集体决策　是由管理者集体做出的决策。在我国，各级组织普遍实行集体领导与个人分工负责相结合的民主集中制。因此，凡是重大的问题，都由集体商讨后共同做出，每个管理者都不能独断专行。

2. 规范性决策　又称常规性决策或确定性决策，就是那些带有常规性、反复性的例行决策，这种决策可以按照既定的程序、模式和标准来进行，所以又称为程序性决策。通常用于解决一般性问题。基层管理者一定要掌握这种程序化决策的方法，对经常出现、有固定的处理规范、有章可循的问题按常规做出决策，如护理部根据医院护理发展的需要，每年有计划地引进本科以上学历的护理人员，办公室定期订购办公用品、护士按常规先处理病情最重的患者等。

3. 非规范性决策　又称非常规性决策或非确定性决策，是指对那些过去未曾发生过的、偶然出现的、一次性的、史无前例的、非例行的问题所做的决策，也称非程序化决策。非规范性决策一般要体现决策者的创造性，风险较高，所以一般高层管理人员必须掌握。但是这两类决策有时很难区分，如果某一决策从来没有出现过，当它首次出现时肯定属于非规范性决策，但当随后多次重复出现，它就变成了规范性、常规性决策。非规范性决策又包括风险型决策和博弈型决策。当存在两种以上的备选方案，而选任何一种方案均有利有弊，这时的决策就是风险型决策。当决策涉及的是同某一对手竞争的问题时，这一类型的决策就是博弈型决策。

> **链接**
>
> 一般情况下程序化的事件，不需要任何请示，按事先规定的规则去做就可以了。在管理工作中，约有80%的决策属于程序化决策。如果没有程序化决策，就意味着该组织没有制度规范，事情没有做到制度化，管理者就会每天都忙于具体事务的监督管理，一旦离开组织就会混乱一团。

（四）管理决策的程序

管理决策是一个科学的过程，需要按照一定的步骤进行。一般分为四个步骤。

1. 查找问题，确定目标　这是进行科学决策的前提，任何决策都是从发现问题开始的。所以，首先要通过调查研究，发现问题，只有发现了问题，找出了产生问题的主要原因和相关因素，才能确定决策目标并围绕目标做出选择。明确目标是一切决策的起点，目标的内容、大小和决策者对目标的认识都会影响决策的顺利进行。目标选择不准确，势必导致决策的失误。

2. 研究分析，制订方案　决策是对未来行动所做的决定，发现了问题，确定了正确的目标以后，管理者就要从多方面寻找实现目标的有效途径。在估计决策对象及其所处的环境可能发生的变化之后，做出最优选择。收集信息时，既要注意避免信息遗漏，又要注意避免信息过多而分散注意力，要将精力集中在重要的信息上，以做出科学的预测，制订出各种可供选择的方案。拟定方案时，要从多方面寻找实现目标的途径，发挥自己的想象力和创造力，拟定出各种条件下的最佳方案。

3. 分析比较，方案选优　根据所要解决问题的性质，采用定量分析和定性分析相结合的方法，对方案进行比较，充分考虑决策目标、组织资源和方案的可行性，结合自己的工作经验，通过试验或研究分析，权衡利弊后，对提供的几种方案从总体上进行比较和综合评价，寻找最佳的途径和方法，最后确定最佳的方案。这是决策过程中最关键的一步，可以是在各备选方案中选出最优方案，也可以在各方案的基础上，归纳出一套最优方案。

4. 实施决策，反馈评价　实施决策方案是管理活动的最终目标。做出的决策是否正确和科学，需要在实施过程中检验。只有将决策方案付诸实践，才能达到预期的目标，决策才有意义。由于人的认识受到各种因素的限制，选择的方案不可能与实际状况完全一致，因此，在实施过程中不可避免地要根据实际情况的变化不断进行调整、修改，以确保实施过程的顺利进行。在决策的实施过程中，要注意信息的反馈，及时对实施过程进行评估，发现偏差，找出原因，及时纠正，保证决策目标的实现。决策实施后，要检验和评价实施的效果，看是否达到了预期目标，还要总结经验教训，为今后的决策提供信息和借鉴，这一步骤也有人称为"后评价"。

（五）决策的方法

1. 头脑风暴法　又称专家会议决策法，是指依靠一定数量专家的创造性逻辑思维对决策对象未来的发展趋势及其状况做出集体判断的方法，是为了克服障碍，产生创造性方案的一种相对简单的方法。典型的头脑风暴法是让成员围桌而坐，领导者以一种明确的方式向所有参与者阐明问题，鼓励每个成员在一定时间内，针对问题独立思考，广开思路，畅所欲言，尽可能多地提出意见和建议而不需考虑建议的质量，其他人也不对这些建议做任何评价，禁止任何形式的批评，防止屈从压力。这种决策方法有利于少数派意见的提出，适用于收集新的设想。

2. 德尔菲法　又称专家意见法，该法要求决策参加的人员都是专家或对要决策的问题有一定经验的内行。这是一种较为复杂的方法，具体的实施步骤：①设计需要解决问题的问卷；②每一成员独立对问卷给出自己的意见；③汇总结果；④将结果寄给每个成员；⑤每一位成员在第一次结果的基础上,再提出方案。重复④和⑤,直至成员之间的意见基本一致。这种方法不需将成员聚集在一起,成本较低,而且成员之间相互影响较少,可在一定程度上避免心理暗示和从众行为。但耗时较长,也难以通过成员之间的相互启迪而获得有创造性的设想和方案。

3. 名义群体决策法 也称为互动群体决策法,是指通过会议的形式,让成员面对面地坐在一起,但在决策制订过程中限制讨论,因此称为名义群体法。要求群体成员都需要出席会议,但开始必须独立思考,提出自己的方案,待所有的方案都提出后,再进行讨论,相互启发,然后每一个群体成员都要独立地把各种方案排出顺序,最后的决策就是综合排序最高的方案。这种方法最为简单,在日常管理中也最常用。

4. 电子会议法 是近年来逐渐发展起来的新的决策方法,是将名义群体决策法与计算机技术有机结合在一起的电子会议。计算机将需要决策的问题显示给计算机终端的决策参与者,每个人的评论和统计票数都投影到屏幕上。这是一种匿名、真实、快速的决策方法。这种方法有可能成为未来决策的主要方法之一。

5. 模拟决策法 是指人们为取得对某种客观事物的准确认识,通过建立一个与所研究对象的结构、功能相似的微型模型,即同态模型,然后运行该模型,并对各种不同条件下的模拟运行结果进行评价、分析和优选,从而为领导决策提供依据的方法。

6. 决策树法 是风险决策的一般性方法。决策树法就是将决策过程用树状图来表示。树状图一般由决策点(常用方块表示)、方案枝(常用细线表示,一个方案枝代表一个方案)、状态结点(常用圆点表示)、概率枝(常用细线表示,每条概率枝代表一种自然状态)、结果点(收益值或损失值)几个关键部分组成。

(六)影响有效决策的因素

决策的管理的重要部分,有效的决策是决策者的一个追求,但是在实践中,决策却受到各种因素的影响,其有效性也就会降低。对以下几个因素的把握有助于提高决策的质量和有效性。

1. 把握问题的实质 由于问题的界定与把握是决策的起点,整个决策也就是为了解决问题,所以能否深刻认识所面临问题的性质和实质是非常重要的。这里要思考的是:这是一个什么样的问题,不同问题的人员要运用的资源等决策的前提也是不一样的。只有把握了问题的实质,决策才有一个良好的开端。否则就会犯"第三类错误"——用正确的答案解决错误的问题。

2. 决策的依据要充分 这不仅包括客观的依据,还包括主观的依据,前者是指所悼念到的信息,只有掌握充分、可靠的信息,决策的基础才是牢固的,因而在面临问题的时候要快速、全面、准确地搜集相关的信息以帮助决策方案的设计。后者是说决策者本人的价值观和个性特征(如果断、直觉、敢于冒险等)在决策中所起到独特而不能忽视的作用,也正是这一点体现了决策的艺术成分,它还可以弥补前者的不足。有了充分的依据,决策的"拍板"时刻才能到来。

3. 选择比较满意的方案 在西蒙之前,人们认为决策要做的是面对问题、收集信息、提供尽可能多的解决方案,然后从中找出一个最好的、最满意的方案。这种做法在西蒙看来是不可能的,因为人的更改是有限的,而不是像人们所期望和认为的那样是全知全能的。所以,在决策中受到环境的不确定性和人的认识局限性的影响,人们往往只能提供比较有限的几个方案,最终的选择也只能在这几个方案中进行。所以在一定时间内,满意的方案就是解决问题的最好的办法,如果一再等待信息的完全化,很有可能会错失良机。现实的决策往往是边做边想。

> 链接
> 1. 下列不属于领导者的非权力性影响力的因素为
>   A. 品格因素　　B. 才能因素　　C. 知识因素　D. 感情因素　　E. 资历因素
> 2. 下列不属于认识过程中的领导才能的是
>   A. 决策能力　　B. 注意能力　　C. 记忆能力　D. 思维能力　　E. 观察能力
>
> 分析:
> 1. 资历因素、职位因素、传统因素为权力性影响力的因素,而品格因素、才能因素、知识因素、感情因素为非权力性影响力因素。故选 E。
> 2. 决策能力、指挥协调能力、人才开发与管理能力、感召力、创新能力、宣传发动能力为决策与组织过程中的能力。故选 A。

目标检测

单项选择题

A₁ 型题

1. 领导的主要对象为
   A. 人力资源　　　B. 财力资源
   C. 物力资源　　　D. 时间资源
   E. 信息资源

2. 属于权力性影响力的因素是
   A. 职位因素　　　B. 品格因素
   C. 才能因素　　　D. 感情因素
   E. 知识因素

3. 在管理方格理论中,最理想有效的领导行为类型是
   A. 1.1 型　　　　B. 5.5 型
   C. 9.9 型　　　　D. 9.1 型
   E. 1.9 型

4. 不属于领导效能基本内容的是
   A. 决策效能　　B. 用人效能、办事效能
   C. 时间效能　　D. 组织的整体贡献效能
   E. 组织设计效能

5. 下列哪项不属于民主式领导方式的特点
   A. 权力定位于管理者
   B. 下属参与决策
   C. 双向沟通协调
   D. 重视人际关系
   E. 分配任务时给下属选择性

A₂ 型题

6. 某医院护理部每年度都积极进行奉献精神宣传活动,并进行评选"最受欢迎的白衣天使"活动,同时给予优胜者相应的物质和精神奖励,这种活动使护士们更加注重提高为患者服务水平依据的理论是
   A. 人类需要层次理论　B. 双因素理论
   C. 成就需要理论　　　D. 期望理论
   E. 公平理论

7. 张护士,硕士研究生毕业,在做好临床护理日常工作之余,希望进一步发挥特长参加院护理部新业务、新技术的实践,其行为按照马斯洛的需要层次论来讲具体属于
   A. 经济的需要　　B. 安全的需要
   C. 自我实现的需要　D. 生理的需要
   E. 自尊的需要

8. 某医院护理部提出基层护理管理者应了解护士的需要和愿望,并合理给予满足,调动护士工作积极性,这项提议符合的理论
   A. 激励理论　　　B. 领导理论
   C. 公平理论　　　D. X-Y 理论
   E. 成就需要理论

9. 某护士长根据工作任务的难度选择适当的工作授权给某个护士,是遵循了授权的（　　）原则。
   A. 以信为重授权　B. 逐级授权
   C. 责权同授　　　D. 适度授权
   E. 视能授权

10. 某医院急诊科突然收治 10 名食物中毒患者,此情况下该科护士长应采取（　　）

领导风格带领护理人员处置。
A. 权威型　　　B. 民主型
C. 放任型　　　D. 自由型
E. 协商型

11. 某医院手术室的李护士长在运用领导艺术做得相当出色，每当其科室护士各方面表现出色时，该护士长总是在公开场合当即给予表扬和肯定，该护士长运用了强化理论里的（　　）手段。
A. 正强化　　　B. 负强化
C. 惩罚　　　　D. 消退
E. 消极强化

A₃/A₄型题

（12、13题共用题干）
某医院新上任一位护理部主任，其做法和上一任形成极大反差。前任护理部主任工作相对较专断，经常一言堂。而新主任到任后经常召开护士长会议，积极听取大家意见，了解各科室工作动态，所采取的系列措施使该医院护理管理工作有了较大改观，得到了患者及同行的好评。

12. 前任护理部主任的领导方式属于
A. 独裁式领导　　B. 民主式领导
C. 放任式领导　　D. 参与式领导
E. 授权式领导

13. 现任护理部主任的领导方式属于
A. 独裁式领导　　B. 民主式领导
C. 放任式领导　　D. 说服式领导
E. 授权式领导

（14、15题共用题干）
消化内科护士长让护士小吴代表本病区参加护理技术操作大赛，并告诉小吴说，如果能名列前茅的话还能代表医院到省里参加比赛，同时获得荣誉证书。小吴开始思考：

14. "经过努力练习，我在护理技能大赛中，能否取得好成绩"属于
A. 激励水平　　　B. 激励程度
C. 效价　　　　　D. 期望值
E. 关联性

15. "我是否需要荣誉证书"属于
A. 激励水平　　　B. 激励程度
C. 效价　　　　　D. 期望值
E. 关联性

（靳红芹）

第 6 章 护理风险管理与危机管理

风险管理是一个管理程序,是指对现有和潜在的护理风险的识别、评价和处理,以减少护理风险事件的发生及护理风险事件对患者和医院的危害和经济损失。医疗风险管理指医院有组织、有系统地通过对医疗风险的发现、评价并寻求其对策的管理科学。医疗护理风险的预防和风险管理是护理管理中的一个重要内容,也是护理质量的根本保证。危机管理在现代医院护理管理中占有重要地位,医院护理危机管理直接关系到医院的信誉与效益,疏忽护理危机管理的任何行为,都有可能使其目标遭到重创。因此,现代医院护理管理必须重视护理风险管理和护理危机管理。

第 1 节 护理风险管理

● 案例 6-1

护士小丽在给一位 70 岁男性患者提供早餐——鼻饲营养液时,误将营养液滴入了留置于患者气管的管道,待发现有误时,营养液已进入患者肺内 200ml,最终患者窒息死亡。

问题:1. 护士小丽的操作有风险吗?何谓护理风险?
2. 护士小丽出现的护理风险事件属哪一类,是什么原因引起的?
3. 护士小丽出现的护理风险应如何处理?
4. 护士在护理操作过程中,如何避免护理风险的发生?

一、风险与风险管理

由于医疗工作的复杂性及人体生命科学领域的未知性,任何医疗活动,哪怕是极其简单的临床活动,都可能存在风险。正确认识护理风险,增强法治意识,理解护理风险意识,才能在医疗护理活动中发挥主观能动性,做到最大限度地控制和回避风险。有效地回避护理风险,不仅可以保障患者人身安全,还可以避免医院及当事人承担法律责任、经济责任和人身伤害风险。

1. **风险** 是指可能发生的不幸和损失,包括发生不幸或损失的机会。它包含两层含义:即发生的可能性及产生不良后果的严重程度。风险具有客观性、随机性、相对性和不确定性。

2. **风险管理** 是研究风险发生规律和控制风险技术的一门新兴管理科学。威廉姆斯

（C. Arthur williams，Jr）和汉斯（Richard M. Heins）1964 年在《风险管理与保险》一书中写道："风险管理是通过对风险的识别、衡量与控制，以最低的成本将风险的发生概率和风险所致的损失降到最低程度的管理方法。"

风险的分类

风险的分类标准不是绝对的，国际上比较通用的分类是把风险分为战略风险、财务风险、运营风险和危害性风险。

（一）风险按其来源分为外部风险和内部风险

医院的外部风险来自医院经营的外部环境，包括外部环境本身和外部环境的变化对医院目标的影响，如社会政治风险、竞争对手风险、技术革新风险、法律法规风险、自然地理环境风险、灾害风险。医院的内部风险来源于医院的决策和经营活动。医院决策的风险一方面表现在与外界环境的不相适应，另一方面表现在医院本身的经营活动中；经营活动中的风险来自医院的各个流程和各个部门。

（二）风险按其是否有盈利的可能又分为纯粹风险和机会风险

纯粹风险指不含盈利的可能性，如灾害性风险、大多数运营风险。机会风险是盈利与损失的可能性并存的风险，如许多战略风险、市场风险。

（三）医院面临的风险

1. 共性风险　　是指其他企业都可能面临的风险，如火灾、失窃、人才流失、财务风险等。

2. 特殊风险

（1）医疗护理风险：医疗护理风险是医院日常面临的主要风险，贯穿于诊断、治疗、护理和康复的全过程，可能导致损害或伤残事件。如发生医疗事故、差错、意外等，它不仅对患者的健康和经济构成危害，而且也对医务人员的工作和医院的发展带来不利的影响。

（2）医院感染风险：医院是患者密集的地方，由于病原微生物多、患者的免疫力较正常人群低下等，都存在医院感染的隐患。

（3）技术风险：医院通过医疗技术为患者服务，在应用技术、开发和应用新技术的过程中存在风险。

护理风险及其识别与预测

（一）相关概念

1. 护理风险（nursing risk）　　指患者在接受医疗护理活动中，由于风险因素直接或间接地影响而导致可能发生的一切不安全事件，是一种职业风险。

2. 护理风险管理（nursing risk management）　　是医疗风险管理的重要组成部分，包括风险识别、风险评估、风险处理和风险管理效果评价 4 个阶段。这 4 个阶段周而复始，构成了一个风险管理的周期循环过程。

（二）护理风险识别

1. 概述　　护理风险识别是护理风险管理的基础，其主要任务是对护理服务过程中客观存在的及潜在的各种风险进行系统的识别和归类，并分析产生护理风险事故的原因。由于护理服务过程中患者的流动、设备运转、疾病的护理都是一个动态的过程，因此风险的识别，实际上也是一个动态监测过程。作为风险管理流程的第一步，风险识别与评估的成果直接影响着整个风险管理流程的每一步，影响着最终的风险管理决策。

全面、精确、符合临床实际的风险识别与评估成果，可以协助护理管理者全面、清楚地认识医院所面临的各种风险，并依据风险的特性和严重程度采取相应的护理风险管理措施。反之，风险识别与评估中的错误、遗漏等会造成护理管理者对风险的认识失真，并导致相应的风险管理行为和体系出现偏差、遗漏，或者缺乏应有的针对性、有效性。

医院护理管理者应在制订或参考已有风险管理制度的基础上，对全院的护理风险进行全面监测，可以通过医院系统工作流程图，参照已有的护理风险分类资料，确定高风险发生环节，利用调查手段分析风险发生的原因，最后利用计算机管理系统和质量监控系统收集风险评估信息，作为改进或制定风险管理制度的依据。此外，这方面的材料也可以作为护士教育的素材。

2. 常用的护理风险识别技术有三种

（1）从多年积累的临床资料入手，分析和明确各类风险事件的易发部位、环节和人员等。

（2）工作流程图法，包括综合流程图及高风险部分的详细流程图，由此全面分析各个环节可能发生的风险事件。

（3）应用调查法，设计专门调查表，调查关键人员，掌握可能发生风险事件的信息。

在护理工作中可以把后两种方法结合运用，流程图法便于直观分析、全面综合，调查法有利于了解风险之所在，并且可以补充及完善工作流程图。

3. 常见的护理风险分类

（1）护理差错事故：护理差错是指在护理工作中，因责任心不强、工作粗疏、不严格执行规章制度或违反技术操作规程等原因，给患者造成了精神及肉体的痛苦，或影响了医疗护理工作的正常进行，但未造成严重后果和构成事故者。而护理事故则是指在护理工作中，由于护理人员的过失，直接造成患者死亡、残疾、组织器官损伤导致功能障碍。临床上比较常见的护理差错事故：因执行医嘱不当发生给药错误，包括忘记发药、药物发错患者、用药时间错误、药物剂量或给药途径错误等；因护士对患者查对不当引发的执行医嘱错误；因护理操作不当给患者造成的伤害等。

（2）意外事件：意外事件的发生常常是由于无法抗拒的因素，导致患者出现难以预料和防范的不良后果，如药物注射所引起的过敏性休克，有些药物虽然按操作规程进行皮肤过敏试验，但是还有个别过敏试验结果为阴性者仍会发生过敏反应。另外患者跌伤、烫伤、自杀也属意外事件的范畴。

（3）护理纠纷：是指护理人员在护理服务过程中，护患双方出现的争执。临床上，患者就诊、住院直至痊愈出院，护理人员与之接触最多，由于多种因素的影响，护患关系处理不好就会发生纠纷。如患者及其家属对护理人员态度、工作责任心、技术操作的不满意而引发的投诉。

（4）并发症：是指在诊疗护理过程中，患者发生了现代医学事件能够预见，但却不能避免和防范的不良后果，如难免性压疮、产妇分娩出现的羊水栓塞等，由于并发症能够预见，所以医护人员需要事先向患者及其家属说明，让其有一定的心理准备。当并发症发生时，患者和家属通常会主动配合医护人员采取适当措施，尽最大努力减轻患者所遭受的不良后果。

除了上述几类护理风险外，护理病案记录不完善或错误、仪器故障也是较常见的护理风险。

（三）护理风险预测

1. 风险评估　是在风险识别的基础上进行的定量分析和描述，把风险发生的频率、损失程度、结合其他因素综合考虑，得出风险事故发生的可能性及危害程度，确定危险等级，为采取相应的护理风险管理措施提供依据。

2. 引起护理风险的原因　"医疗风险无处不在"已成为医学界的共识。护理工作中一切影响患者康复的因素，如医务人员自身健康因素、医院环境、设备、卫生学因素、组织管理因素等，都会成为护理工作中的风险因素。

（1）护理人员自身因素：在护理活动中，护理人员和患者接触的时间最多，且护理工作繁琐单一，稍有疏忽就很容易发生护理差错，常见的原因有以下几种。

1）法律意识和自我保护意识淡薄：由于护理人员在学校教育中常缺乏系统的法律知识教育，故在护理患者过程中，容易无意中侵犯患者的权利，造成对患者的伤害。

2）业务技术水平不过硬：住院患者往往存在多种疾病，需要护理人员掌握多学科专业知识实施整体护理，由于部分护理人员资历浅、学历低、知识缺乏、经验不足等原因而不能满足患者需要。

3）执行规章制度不严格，未按操作规程办事：由于个别护理人员责任心不强，怀有侥幸心理，在护理工作中不严格执行"三查七对"，交接班不认真等行为势必导致护理缺陷的发生。

4）缺乏有效的沟通：护理人员的沟通能力不能满足患者的沟通要求，护理人员缺乏沟通理念、技巧和知识，不恰当的语言沟通和非语言沟通，易给患者造成不安全感，常会造成护患纠纷。

5）其他方面：由于医疗技术日新月异的发展，对护理操作的技术含量要求越来越高，而护理人员每天疲于应付基本的工作，无法提高自身水平，跟不上临床需要，势必引起一些安全问题。

（2）患者方面：护理工作是一个护患双方共同参与的活动，护理活动的正常开展有赖于患者的配合，而患者入院后对疾病的康复期望较高，当诊疗护理工作出现了预期不良的后果时，患者通常将正常的治疗效果或不良反应归咎于护理人员的护理操作不当。患者的一些无知行为、冒险的行为、不健康的生活方式也可增加护理风险出现的概率。

（3）组织管理方面：管理不善、要求不严是影响护理安全的重要因素。部分管理者安全意识淡薄，责任不清，处罚不明，规章制度不健全、不落实；不重视对护理人员进行有效的安全教育，使其缺乏安全知识；护理人力资源不足或安排不合理，临床护理人员工作超负荷，医院聘用临时护理人员，使得护理队伍人员素质参差不齐等因素都将会成为护理工作的安全隐患。

（4）医院环境方面：患者住院期间医院的环境中也经常会存在一些不安全因素，如医疗废物、剧毒药物、地面滑、病区治安问题等均可导致护理风险的发生。

（5）物质方面：护理物品、设备及药品都会直接影响护理效果。如医疗物资供应不及时、设备性能差及养护不当等都会影响护理效果，引起护理风险的发生。

（四）医院风险的特征

1. 风险领域的广泛性　在医疗护理工作的各个环节、各个流程，以及各个部门都存在不同程度的风险。

2. 风险因素的多样性　任何医疗行为都有风险存在，如手术、药物、检查、护理等。

3. 风险征兆的隐含性　风险征兆隐含不容易发现。

四 护理风险的处理

(一) 认真贯彻护理风险管理程序

管理者在进行护理风险管理时,应该严格认真贯彻护理风险的管理程序(图6-1),有效地执行每一个步骤,用最低成本实现最大的安全保障,保护患者和护士的安全。护理风险管理的程序包括四个方面:风险的识别、风险衡量与评价、风险处理和风险管理效果评价。管理者首先应该对护理活动中潜在的安全隐患和客观存在的各种护理风险进行系统连续的识别和归类,分析原因。然后对护理风险发生的可能性和严重性进行定量分析和评估,针对经过风险识别衡量和评估之后的风险问题采取相应的处理措施,最后对护理风险管理的效益性和适用性进行分析、检查、评估和修正,为下一轮的管理提供依据,促进护理质量持续改进。

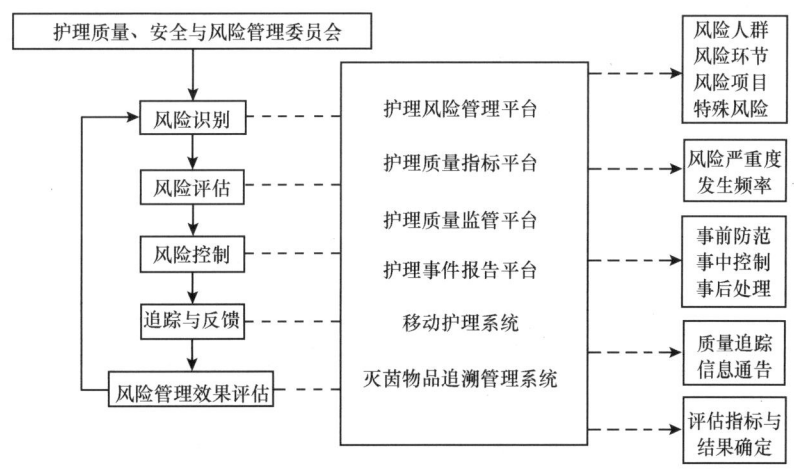

图6-1 护理风险管理流程示意图

(二) 完善落实风险管理制度

完善的风险管理制度是做好风险管理的前提,制定各项护理制度(如交接班制度、查对制度、分级管理制度等)和护理风险预案,并认真落实。在制订护理风险预案时,应突出"预防为主"的原则,从前瞻性管理控制不安全因素的发生,将护理风险降至最低。

(三) 加强护理人员的管理

(1) 提高护理人员的安全意识:护理人员对安全重要性的认识是做好护理工作的前提,护理管理工作中应加强对护理风险意识的培训,定期进行各种规章制度的学习,提高各级护理人员的安全意识。

(2) 重视护理人员的素质培训:医院应加强护理人员职业道德、基础知识和实践技能的培训。

(3) 合理配置护理人力资源:充足的护理人员及合理的配置,是护理人力资源管理的重要内容。目前部分医院临床护士工作负荷过重,床位与护理人员比例不合理,极大地增加了护理风险的概率。因此,管理人员应该根据临床床位和护理人员比例合理配置护理人员,充分发挥各个层次护士的作用。

(四) 注重部分特殊或有自杀倾向患者的管理

对于一些年老体弱、意识障碍及婴幼儿患者应该实施家人陪伴制度,做好各项安全防护措施,如增加床档预防坠床、实施热疗应进行烫伤教育等,争取家属的配合,减少护理风险的发生。对于有自杀倾向的患者应 24 小时不间断护理，检查有无危险物品如剪刀、绳索等，必要时使用约束装置，并在护理记录中详细记录。

（五）加强护患沟通，取得患者的理解，有效化解护理风险

护理活动服务的对象具有很大的特殊性，由于疾病带来的生理和心理负担，患者及其家属大多处于焦虑的状态，护理工作人员在工作中应该主动关心他们，以患者为中心，建立良好的护患关系。同时实行风险管理预告制度，维护患者的知情同意权，以取得患者的理解和信赖，有效地化解护理风险。

（六）改善住院环境，加强物资管理

改善住院环境，为患者提供一个安全舒适的休养环境，促进患者的早日康复，如走廊应安置扶手，防止患者跌倒；厕所安装呼叫装置，防止老年人如厕时发生危险而不能被及时发现等。各种仪器设备实施专人管理，建立日常维护保养制度，符合国家质量检测规定，定期进行安全及质量监控检查。

（七）风险转移

风险转移是指通过一定的方式将风险从一个主体转移到另一个主体。①购买保险：对那些发生频率低但损失较大的风险，可以通过平时向保险公司交纳一定的费用，当发生医疗事故时，由保险公司补偿一部分损失的方式进行管理；②合同安排：通过合同方式将风险从一个主体分散到多个主体。

（八）护理风险管理效果评价

护理风险管理效果评价（nursing risk management evaluation）是对风险管理手段的效益性和适用性进行分析、检查、评估和修正，为下一个周期提供更好的决策。护理风险管理效果评价就是信息反馈，如护理文书合格率是否提高、护士的法律意识和防范风险意识是否增强等，为今后的管理提供依据。采用的方法有调查问卷法、护理文书抽检、不定期组织理论考试等。采集的数据全部录入计算机进行分析和总结，使护理风险管理更有效率。

第 2 节　护理危机管理

● 案例 6-2

护士小英执行医嘱、0.9%氯化钠溶液 250ml 加氯霉素 1g 静脉滴注。护士小英在核对时已经发现盐水的量错准备为 100ml，但她在明知剂量不符医嘱的情况下仍继续执行，结果在静脉滴注的过程中，液体发生沉淀，引起了一场医疗纠纷。

问题：1. 护士小英的操作存在危机吗？何谓护理危机？
2. 护士小英发生护理危机的原因是什么？
3. 护士小英出现的护理危机应如何处理？
4. 护士在护理操作过程中，如何避免护理危机的发生？

一 危机与危机管理

（一）相关概念

1. 危机　是指由组织内外环境因素造成的一种突发的对组织基本价值和行为准则构架

具有威胁性的情景或事件。广义的"危机"是指所有可能给企业的形象、信誉和运营造成负面影响的事件或活动。

2. 危机管理　指为应付各种危机情景所进行的规划决策、动态调整、化解处理、员工训练等活动过程，其目的在于消除或降低危机所带来的威胁。危机管理是专门的管理科学，它是为了应对突发危机事件、抗拒突发的灾难事件，尽量使损害降至最低点而事先建立的防范、处理体系和应对的措施。

（二）危机的特点

1. 突发性　危机往往都是不期而至，令人措手不及，危机一般是在组织毫无准备的情况下瞬间发生，给组织带来的是混乱和惊恐。

2. 破坏性　危机发作后可能会带来比较严重的物质损失和负面影响，有些危机的后果用"毁于一旦"来形容一点不为过。

3. 不确定性　事件爆发前的征兆一般不是很明显，企业难以做出预测。危机出现与否与出现的时机是无法完全确定的。

4. 急迫性　危机的突发性特征决定了企业对危机做出反应和处理的时间十分紧迫，任何延迟都会带来更大的损失。危机的迅速发生引起了各大传媒及社会大众对于这些意外事件的关注，使得企业必须立即进行事件调查与对外说明。

5. 信息资源紧缺性　危机往往突然降临，决策者必须做出快速决策，在时间有限的条件下，混乱和惊恐的心理使得获取相关信息的渠道出现瓶颈现象，决策者很难在众多的信息中发现准确的信息。

6. 舆论关注性　危机事件的爆发能够刺激人们的好奇心理，常常成为人们谈论的热门话题和媒体跟踪报道的内容。组织越是束手无策，危机事件越会引起各方的关注。

（三）危机管理理论

"危机管理"这一概念是美国学者于20世纪60年代提出的，危机管理（crisis management）是现代管理的一种科学管理方法。罗伯特·吉尔（Robert Girr）认为，危机研究和管理的目的就是要最大限度地降低人类社会悲剧的发生。魏加宁认为危机管理是对危机进行管理，以达到防止和回避危机，使组织或个人在危机中得以生存，并将危机所造成的损害限制在最低限度的目的。危机管理常被企业运用，为应对各种危机情境进行规划决策、动态调整、化解处理及员工培训等活动过程中，其目的在于消除或降低危机所带来的威胁和损失。

（四）危机管理的特点

危机管理存在不确定性、应急性和预防性三个特点。

1. 危机管理的不确定性　是由危机管理对象的不确定性决定的，危机发生的决定性因素并不容易判断，但有时仍可从统计数据推算出危机发生的可能性。

2. 危机管理的应急性　危机全过程分为前兆阶段、爆发阶段、持续阶段和恢复阶段。在爆发阶段，危机的危害每分每秒都在增加，必须以极快的节奏和不同于平常的方式进行管理。

3. 危机管理的预防性　是指在危机发生前采取一系列措施，防止危机爆发或减少危机爆发造成的损失，贯彻预防为主方针的重要特征。

（五）危机管理的目的

1. 预防危机　是对危机迹象进行监测、识别、诊断与评价的过程，以使组织及时脱离危机险境，减轻危机造成的形象损失，有效地避开危机所造成的危害。在组织外部向有关公众发出危机警示，以使其对危机发生做好充分的思想准备，并与组织密切配合，尽可能减轻危机损失。

2. 控制危机　即对危机采取一系列有效对策，以避免危机的产生或减轻危机带来的危害。在思想上，树立全员危机感；在组织上，设立危机处理队伍；在机制上，建立危机管理计划和制度；在条件上，做好经费、设施、信息资料及媒介关系准备。

3. 解决危机　通过公关的手段阻止危机的蔓延并消除危机。

4. 在危机中恢复　制止危机给组织造成的不良影响，尽快恢复组织或品牌形象；重获员工、公众、媒介对组织的信任。

5. 在危机中发展　危机管理的最高境界就是总结经验教训，让组织在事态平息后更加焕发活力。

6. 实现组织的社会责任　作为社会的一员，组织卓有成效的危机管理，将促进社会的安定和进步。反之，如果危机处理不当，将成为社会的负担，并带来不可估量的危害。

护理危机管理及其内容

护理危机管理在现代护理管理中占有重要的地位，护理危机管理直接关系到医院的信誉和效益。护理危机管理是一种超前的管理，它所管理的对象大多是虚拟的，对护理管理者来说，能有效地防范和处理危机，就能为医院、科室赢得信誉和效益。研究护理危机管理的意义在于预先采取防范措施，通过实施危机管理让工作人员产生危机感，增强紧迫感，提高责任感，做好各项护理工作，防患于未然，使护理质量得到持续改善。

（一）相关概念

1. 护理危机　是指由于护理工作中的缺陷所产生的影响危害，对护理组织产生的负面效应。

2. 护理危机管理　是指有计划、有组织、系统地在医院护理危机爆发前的预防，并于危机爆发后采取迅速有效的方法控制解决危机，尽量避免和减少危机产生的危害，最终从危机中获利。

（二）我国医院护理危机管理的现状

1. 护理人员危机意识淡薄　一方面，护理人员在学校接触的危机教育多限于差错事故的概念，而对医院护理活动中的复杂性与未知性未能做充分的认识，由于未曾尝试过失败，故而思想上未能产生足够的危机感。工作中就有可能表现为随意简化操作程序或凭主观经验和估计行事。对过往发生的很多差错事故分析显示，大多数原因都是危机意识缺乏，未能严格执行"三查七对"流程引起的。另一方面，随着我国人民维护自身权益的法律意识日益增强，以前不会引起纠纷的行为现在也有可能成为纠纷的焦点，如患者的隐私权、知情权等，而护理人员对这些法律问题似乎仍未完全认识，侵犯患者知情权和隐私权的事件时有发生。典型的例子，如某医院有一名护士在电梯里谈论一位患者不能生育，恰好让该患者的丈夫听见，回去后就以该患者不能生育为由申请离婚，引起了一场官司。这是护士忽视患者隐私权的后果。

2. 旧医疗体制的约束　众所周知，我国大多数医院都是国有事业单位，"铁饭碗"意识相当普遍，工作努力与不努力很少影响到个人利益。从许多医院护理方面来看，有护理管理制度，但约束力不强，护理人员工作积极性不高，差错事故接连发生，护士形象不佳，现场管理混乱等，已经反映出医院护理的危机前兆。然而，护理管理仍依靠传统的模式，对快速变化的医疗护理活动无法做出周密的计划，无法及时处理医疗护理中遇到的种种问题。例如，我们对工作不称职的护士，除了批评教育还是批评教育，在旧医疗体制的制约下，管理者们似乎无能为力。

3. 管理思想落后　管理是人类共同劳动的产物，也是共同劳动得以进行的必要条件。病区护士长作为基层管理者，普遍管理意识不强，大部分未接受过管理知识的系统学习。很多医院的病区护士长工作重心偏移，个别医院护士长经常参加一线护士值班，每日实际花了大量的时间和精力进行非行政管理任务工作。不少医院护理管理过分强调绝对权力，忽视基层护士的建议；过分强调惩罚的作用，忽视工作流程的改进；过分强调护士的主观原因，忽视医院自身的问题。在管理中，报喜不报忧，官僚主义作风严重，又或是以人情为重的管理模式。

（三）危机管理在护理管理中的运用

1. 注重危机管理　危机给医院带来的损失是可以避免的，只要护理重视危机管理，注重分析危机发生的客观规律和防范对策，就可以把危机风险损失降至最低程度。例如，我们的前辈经过多年积累下的经验"三查七对"就是一个很好的防范差错的措施。但仅仅靠前人的经验是不够的，护理管理者只有主动规划制订护理目标，改善研究创新危机管理的方法，才能控制危机。

2. 正确树立危机管理意识　护理人员对危机应有正确的认识，护理出现危机虽然不是好事，但危机意识却是人类社会进步的内在成功动力之一。因为有了危机感，才能提醒应该改进的地方。医疗护理的复杂性和不同患者所需的多方面不同的治疗，在医疗护理过程中要完全杜绝错误是不可能的。危机的发生可能是护理人员的一句话、一项操作或一次观察的疏忽。要视危机发生为必然，而更重要的是努力研究医疗活动中变化的规律，具有超前的危机管理意识，提高预见性，就可能采取措施防患于未然。

3. 加强危机的预测与防范　危机的发生，通常都有诱发的事件，诱发的事件有些可以预测，有些却难以预测。对那些可以预测的，采取防范措施，将可能避免危机的发生。例如，我们建立的交接班制度、"三查七对"制度、局麻药保管制度等，都是对危机的预测后采取的预防措施。另外，护理管理者应该了解：护理人员的培训是否足够？护理人员的技术是否达到要求？护理质量管理体制是否完善？同时，管理者要注重提高护理人员应对危机的能力。

4. 正确处理危机事件　正确处理危机的态度是临危不乱、处变不惊，要以患者利益为重。尽可能用最短的时间将伤害性降至最低的程度，切忌推卸责任。将危机的过程做成报告，检讨每一个细节并推广到每个科室组织讨论，提出预防措施。而对人的处理应该是重防轻治，一般主张不以危机事件作为惩罚依据，应对当事人和科室给予保密，因为宣扬惩罚的后果可能是对问题更大的隐瞒。正确的做法是鼓励当事人写出事件的客观过程，使全院护士引以为戒。

5. 危机事件模拟训练　模拟训练可以让护理人员在面对危机的时候有经验可循，以后再发生危机时便可临危不惧、从容面对。例如，小的危机可以每季组织护士进行小品表演，大家点评；大的危机如火灾等更应定期组织演练，以防不测。

三 护理危机管理的基本原则

1. 预防控制原则　医院护理危机爆发前，护理管理者应建立护理信息收集系统和护理危机管理计划系统，拟订护理危机事件处理程序与应对计划，进行护理危机管理教育、培训，在此基础上建立护理危机管理预案。

2. 及时主动原则　医院护理危机发生后，护理管理者应在最短的时间内积极主动地投入到危机的处理中，寻求最佳解决方案，避免事态进一步恶化。因此，护理管理者必须集中一切能够利用的资源来解决危机。

3. 实事求是原则　面对护理危机，护理管理者必须本着实事求是的原则主动向患者讲明事实真相，主动承担责任，争取赢得患者的信任和支持。而不能掩盖或隐瞒事实真相，这将加大危机处理的难度，甚至导致危机进一步恶化。

4. 患者至上原则　护理管理者在处理危机事件时，应该把患者的利益放在首位，以公众利益为出发点，以实际行动表明解决危机的诚意。尽量为受到影响的患者弥补损失，取得其理解和支持。

5. 积极沟通原则　在处理危机时，护理管理者应积极、主动地同媒体、患者及相关团体进行沟通，采取公开、坦诚的方式提供相关情况和事实材料，掌握舆论的主导权。

（1）主动沟通，加强护患和谐。随着患者生活质量的不断提高，除了满足技术性护理服务需求之外，对人文性护理服务提出新的要求，护理人员应以人为本，主动为入院患者提供"六个一"亲情服务：即一张笑脸、一句问候、一壶热茶、一张舒适的床、一个安静的环境、一张详细的入院介绍。对住院患者应关心体贴，耐心听取其叙述，回答其提出的疑问，给予其足够的心理支持，满足其心理需求，从而改善其对护理服务的态度，缩短护患距离，避免护理危机事件的发生。

（2）书面沟通，保护护患权益。社会文化水平整体上升，通信发达使患者更方便了解到与疾病相关的信息，患者更多地了解自己的治疗方案、用药及预后，患者自主参与意识增强。知情同意是患者的重要权利，是患者得到尊重的重要体现。按照知情同意原则，患者及其家属必须知晓治疗的真实信息，特别是可能引发的风险，应取得患者及其家属的同意。护士应对患者疾病原因、治疗、用药、医疗收费报销等情况进行详细介绍，并按规定填写知情同意书、双向协议书、健康教育实施调查表等，一旦出现意外，有利于医院举证，决不能采取以往单向告知的方式。

（3）与媒体正确沟通，避免错误报道。成功的媒体沟通可以弱化公众对危机处理过程中暴露出来的失误及犹豫不决等消极印象，尽可能排除外部负面因素对医院的干扰和不利影响。预感危机将至时应尽早与媒体沟通，危机处理过程中要与媒体真诚合作，尽可能避免对医院形象的不利报道，使不正确、消极的公众反映和社会舆论转化为正确的、积极的公众反映和社会舆论。现代医院面临的风险与危机是现实和潜在的，护理管理者如何应对护理危机事件将成为护理管理中的一项重要职责，学会识别和预测危机，防患于未然。

四、护理危机管理的方法

（一）护理危机产生的因素

1. 服务对象　随着我国社会经济的发展，大规模的城市建设，交通车辆的日益增多，以及人们生活水平的提高、生活节奏的加快，急症和各种意外事故的发生有明显增多的趋势。加上生活富裕了的人们，科学文化素质不断提高，维护自身权益的法律意识明显增强。在就医中，医护人员不经意的一句话或过去一些约定俗成的做法，现在就会被患者及其家属看作无法忍受的侵权行为，进而卷入危机中而影响工作情绪，如未经患者同意带实习学员入产房见习、未经患者同意让实习生为其治疗、手术前谈话签字等。

2. 社会环境　随着医疗保险制度的不断改革及医疗法规的相继颁布,使医护人员的工作受到社会环境的强制性约束,而医疗事业又有高科技、高风险、医疗后果不可预测和医学进展的局限性等特性,很难完全满足广大患者、家属的需要。

3. 缺乏沟通

(1) 患者缺乏对有关疾病的认识,对病情变化不了解,或者医护人员对患者的病情没有充分估计其可能发生的问题而进行交代。患者家属没有思想准备,出现意外后常不理解。

(2) 医护人员不认真执行沟通制度,为患者实施治疗前不与患者或家属沟通,致使他们对治疗不理解,患者一旦发生残疾或死亡,便认为是医疗差错事故,申请索赔。

(3) 缺乏沟通技巧,护理人员在与患者沟通过程中不注意语言交流技巧,造成言语不当引起他们强烈不满,导致医疗纠纷的发生。

4. 服务质量

(1) 极少数护理人员缺乏职业道德、服务态度差、行为不规范,造成患者或家属不满,引起医疗纠纷。

(2) 由于护理人员责任心不强,在工作中不严格执行操作规程,忽视查对制度而发生护理差错事故;或在当班工作中未按要求巡视病房,观察病情,患者发生病情变化时未及时发现,或发现病情变化未及时报告医生处理,以致延迟抢救治疗时机。

(3) 工作态度不严谨,有的护理人员在抢救患者或手术时不注意场合与方法,谈论与治疗无关的话题或在为患者做治疗时接打手机,这种漫不经心的工作态度使患者对护理人员失去信赖,引发各种医疗纠纷。

(4) 安全护理不到位,保护措施不得力,对特殊患者如老人、小儿、有精神症状及长期卧床的患者,无安全防护措施,导致患者坠床或发生压疮、烫伤等护理并发症而引起纠纷。

5. 技术质量　护理是一个不断实践的过程,而临床护士又趋于年轻化,年轻护士由于临床经验不足、专科知识缺乏,对常见的护理问题不能处理,造成信任危机。此外,随着新知识、新技术的不断更新,护理工作中复杂程度高、技术要求高的内容不断增多,不仅对护理人员形成较大压力,而且导致护理工作中危机出现的风险也随之增大。

6. 护士缺编　护理人力资源不足,不能满足患者的需要,也是造成医疗纠纷的一个常见原因。

7. 法律意识淡薄　护理人员对医疗文件重要性认识远没有上升到法律的高度,护理过程中缺乏自我保护意识。

8. 思想政治教育薄弱　一些护士不热爱本职工作,不具备良好的职业道德。病房护士长不主动管理、不善于管理,各项护理规章制度不认真落实,医疗仪器设备管理不完善,急救药物准备不到位等都可能成为危机产生的因素。

(二) 护理危机管理的对策

1. 护理危机发生前的管理

(1) 树立正确的危机意识。科学的危机观不仅反映了医院护理人员的业务素质,而且也是策略化处理护理危机的保障,只有重视护理危机,才能对护理危机的征兆具有敏感性。目前护理管理的当务之急是培养、教育护理人员树立牢固的危机意识,让护理人员认识到危机管理不只是医院管理者的事,也不仅是护士长的职责,而是全体护理人员都应参与的事。尽管危机很难预料,但大多数危机并非突然发生,而是有预兆、有过程的。通过多途径、多形式来促进和强化护理人员的危机意识,以纠正危机是百年不遇的偶然事件的错误认识和由此造成的预见性及危机意识的缺乏。

(2)加强危机的预警意识,建立危机预警系统。危机管理具有不确定性、应急性和预防性三大特征,加强危机的预警意识教育,建立危机预警系统(图6-2)。运用"木桶原理"将所有可能会对工作造成危机的薄弱环节一一列举出来,洞悉危机发生的潜在因素,考虑其可能发生的后果,然后针对各种"危机源"制订有效的改进方案和应对策略,如健全护理记录、完善医疗设备检修、建立应急预案并培训演习等,将危机的防范以制度的形式确定下来,并贯穿到护理管理之中,以做到防患于未然,并特别注意避免对某信息熟识而导致的忽视和麻木由此而引发危机。

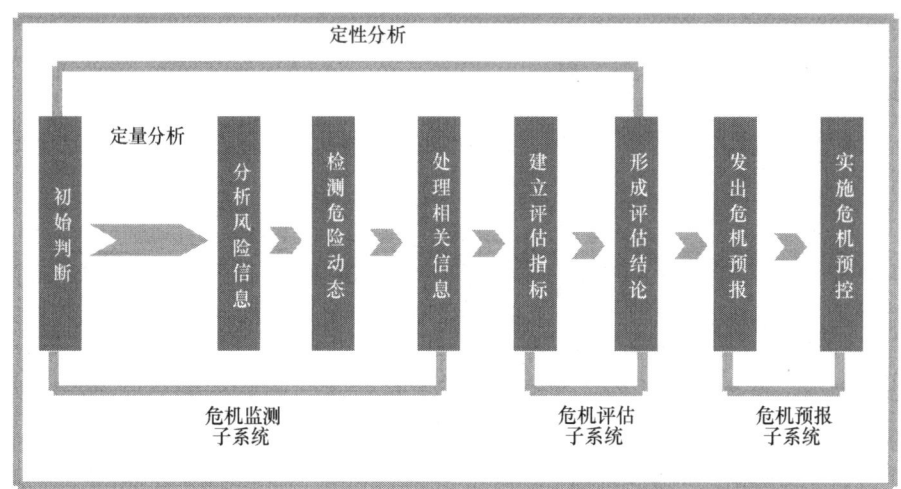

图 6-2 危机预警系统构成图

> **链接**
>
> **"木桶原理"的核心内容**
> 一个由许多块长短不同的木板箍成的木桶,决定其容水量大小的并非是其中最长的那块木板或全部木板长度的平均值,而是取决于其中最短的那块木板。要想提高木桶整体效应,应用在护理工作中就是要想提高整体护理水平,必须综合评估其影响因素,采取科学有效的管理方法,使"木桶"的功能达到最大化。

(3)培养高素质的危机管理人员。美国咨询顾问史蒂文·芬克在《危机管理》中指出,危机就像死亡和纳税一样是管理工作中不可避免的,所以必须为危机做好准备。另外,在为危机做准备时留心任何细节,忽略任一方面,代价都是昂贵的。因此,必须重视护理人员综合素质的培养。首先,护理管理者必须具备精湛的专业知识,以及管理学、法律学、伦理学、社会学等多元化知识和良好的心理素质,尤其是整体把握危机的能力。其次,要组织护理人员学习医疗法律法规,加强法律意识、责任意识;转变服务理念,加强护患沟通,提高沟通技巧;严格执行工作制度,特别是关键性制度的落实,优化工作流程;加强员工培训,提高危重症抢救技术、应急应变能力和评判性思维及观察能力,全面提高护理质量,杜绝差错事故的发生。普及危机管理知识,学会识别和预测危机,以减少危机事件发生的可能。使护理人员自觉地将危机管理渗透到护理工作的各个方面,从而将危机消灭在萌芽状态。

(4)设立危机对策制度。危机管理的成功与否,关键在于危机发生之时是否有一套成熟的危机应对制度，应包括以下几方面：①设立专门的应对组织及对策负责人。危机的发生不仅使科室蒙受损失，更重要的会使医院声誉下降。因此，医院应设立专门组织管理危机，一旦危机发生，能迅速提出解决对策、决定何时启动危机管理组织，协调处理危机引发的各种问题。②实事求是，依法办理。危机一旦发生，危机管理部门应尽快查明真相，确认造成不良后果的性质、程度，必要时主动邀请有关权威部门参与纠纷的调查与处理过程，积极配合司法机关调查取证，正确把握"危机"的基调，既要满足患者的正当要求，又要有法律依据。③做好媒介及患方的协调工作。如实、迅速地向公众传递医疗纠纷等危机事件的有关信息，对实质问题要态度明确、口径统一。同时要争取患者、家属及其单位的支持配合，站在公正的立场上来维护护患双方的合法权益，对于那些个别因医护人员玩忽职守造成的事故，应按有关法规严肃处理，对于患方的分歧意见，应正确对待，尽量减少负面效应，控制好事态的发展方向。④将危机管理制成手册或文件。对以上的评估完成后，一定要将危机管理手册或文件发送到科室和护理人员手中，并按制度认真执行。

（5）拟定护理纠纷风险应对策略。建立危机管理制度后，医院还应针对各种"危机源"提出具体的应对策略。首先，对日常小事件、小缺点应给予重视并及时处理解决。如医院常见的投诉现象，要认真分析问题的根源，针对问题紧抓职业道德教育，规范护士语言，熟练业务技术，学习医疗法规，提高护士的自身素质，以适应新形势下医院的需要，提高护理质量。其次，在平时的护理工作中，严格护理行为，关心患者的需求，时刻保持危机意识。

（6）将安全护理纳入护士长的目标管理。护士长采取科学管理的方法，在排班上尽量做到满足护士要求，以调动其工作积极性，既要保证护理人员充足，又要避免护士长期处于紧张、疲劳状态而发生差错事故。同时，排班时注意新、老、强、弱搭配。注明每周二线班，确定周末及节假日科室负责人，做到每班有人负责，每天有人检查，护理部月查及随机抽查，使各项规章制度真正落实到工作中，从而保证护理工作质量，确保一方平安。

2. 护理危机发生时的应对措施

（1）确认危机，应对危机。危机管理的实质和最高准则是转危为安，所以危机一旦发生，管理者必须正视现实，沉着面对并迅速调动危机处理应急机制，针对危机来源及时接纳各种信息，全面掌握危机状况，做好风险评估，冷静分析，果断决定，积极寻找补救措施，并根据事态的发展，突破惯性思维的局限，灵活应变，不断地对决策做出必要的调整和修正，尽快控制危机，争取在短时间内将危机所带来的危害降低到最低程度。

（2）有效沟通，详细记录。危机发生时，护理管理人员需确定沟通理念，适时、适当、适宜地进行沟通，通过坦诚的态度，安抚患者和家属，争取得到他们的理解和谅解。对患方不合理的要求和不可隐瞒的医疗事实真相，更应注意沟通策略，因势利导，以尽量减少负面效应和控制事态发展的方向，防止出现信任危机而带来更大的危机。对危机处理过程，因涉及法律和伦理问题，必须做好详细记录，如实记录事件发生的诱因、经过、所造成的影响和后果及护理危机处理过程、参与人员等，对记录及填写的报告要妥善保管，防止随意更改。

（3）解决危机，及时补救。一旦发生了护理危机，管理者应调动危机的处理机制，沉着面对，冷静处理，积极寻找补救措施，并重新评估危机处理机制，修订完善危机管理的处理机制。在处理危机时，护理管理者要快速反应，亲自出现在现场，承认存在的问题，并适时给予相应的解释，最好能当面解决问题，以缓解患者的不满情绪。当发生危机引起患者不满意时，主要从以下几个方面进行处理：①认真核实患者不满意的原因，有针对性地进行处理；②当事人及时真诚地向患者道歉，并做好随后的各项护理服务工作，取得患者及家属的谅解；③明确服务理念，规范护士的语言和行为；④严格执行各项护理操作规程；⑤对医疗技术有意见者及时与医务科联系，协调解决；⑥出院时和出院后征求患者意见。

（4）反思危机，完善管理。危机管理应奉行"危机不仅意味着威胁、危险，更意味着机遇"的积极行为准则。一方面要努力消除危机可能对医务人员、患者及家属造成的心理影响；另一方面要分析危机产生的诱因、责任，进行深刻反思，认真总结，使全体护理人员从中吸取经验教训，集思广益，不断地探索改进的方法和措施，进一步完善内部管理机制。

3. 危机发生后的管理　控制危机情况，处理紧急问题后，紧接着就进入善后重建的阶段。危机后的管理还有一件重要的工作便是检讨改进。危机发生后常是部门或单位仔细检讨专业知识、技能是否有不足，需要安排相关的在职教育；常规、办法是否过时、不当，需要修改或重新制订；专业服务态度是否有偏差、需要修正改变。管理者还必须召开相关人员的会议，做检讨改进工作，吸取经验教训。

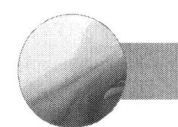

目标检测

单项选择题

1. 风险按来源分为外部风险和内部风险，以下除哪项外都属外部风险
   A. 社会政治风险　　B. 灾害风险
   C. 经营活动风险　　D. 技术革新风险
   E. 法律法规风险

2. 护理工作中护理风险分类，以下哪项是错误的
   A. 并发症　　　　B. 护理差错事故
   C. 护理纠纷　　　D. 严格执行查对制度
   E. 意外事件

3. 引起护理风险的原因中哪项不属于护理人员自身因素
   A. 缺乏有效的沟通
   B. 法律意识和自我保护意识淡薄
   C. 执行规章制度不严格
   D. 业务技术水平不过硬
   E. 患者无知行为

4. 护理风险管理的程序下列哪项除外
   A. 风险的识别　　B. 风险衡量与评价
   C. 风险处理　　　D. 风险管理效果评价
   E. 风险计划

5. 制订护理风险预案时，应突出以下哪项原则
   A. 前瞻性原则　　B. 多变性原则
   C. 预防为主原则　D. 实事求是原则
   E. 积极沟通原则

6. 以下哪项不是危机的特点
   A. 不确定性　　　B. 突发性
   C. 舆论关注性　　D. 信息资源紧缺性
   E. 常规性

7. 危机管理的目的，以下哪项是错误的
   A. 预防危机　　　B. 在危机中发展
   C. 解决危机　　　D. 危机持续
   E. 控制危机

8. 以下哪项不是护理危机管理的基本原则
   A. 预防控制原则　B. 患者至上原则
   C. 实事求是原则　D. 及时主动原则
   E. 多变性原则

9. 护理危机发生时的应对措施下列哪项是错误的
   A. 解决危机　　　B. 反思危机
   C. 有效沟通　　　D. 确认危机
   E. 放任危机

（周小菊）

第7章 护理人力资源管理

人力资源是组织中最重要的资源之一,人才就是财富。人力资源是组织在激励竞争中赖以生存和发展的特殊资源,一个组织的成败主要取决于人员的配备及管理。对于医院来说,人才同样是最大的财富和资本,也是医院的核心竞争力。因此,护理人力资源管理是护理管理的重要任务,也是医院发展最为关键的问题之一。

● 案例7-1

某护士,女,副主任护师,1996年毕业于国内某名牌大学护理系。毕业后分配至一所三级甲等医院从事临床护理工作,曾在心胸外科、泌尿外科等工作3年有余,之后出国进修临床护理、护理管理2年。回医院后,分别在临床和医院感染控制办工作2年和3年。为继续深造,该护士考取了国内某名牌大学,攻读护理学硕士学位。毕业后因不满原医院对护士的管理和使用而辞职,并应聘到一家知名外资医院工作1年余。之后,以人才引进的方式进入某医学院校从事护理教育工作。

问题:1. 如果你是护士,你将如何规划自己的职业生涯?
2. 如果你是护理部主任,将采取什么措施留住这位护理硕士毕业生?并帮助其做好职业生涯规划?

第1节 护理人力资源管理概述

护理人力资源管理是卫生服务组织为提高服务质量、实现组织目标,对护理人力资源进行规划、招聘、培训、考核、开发和利用的管理活动。其目的是为组织寻求高素质护理人才,并使其在组织中得到支持和发展,实现医院目标,同时提升护士自身职业价值,达到组织和成员利益最大化。

护理人力资源管理的概念

人员管理也称人力资源管理,是对各种人员进行恰当而有效的选聘、培训和考评。目的是配备合适人员去充实组织机构中所规定的各项服务,以保证组织工作的正常进行,进而实现组织的既定目标。

二、护理人力资源管理的内容

人力资源管理贯穿组织人力资源运动的全过程，通过人及与其相关的事的管理活动来提高组织的绩效，确保组织战略的实现，其范围广泛、内容庞杂。护理人力资源管理包括护理人员预测规划、选择聘用、人员培训、考核、开发和发展、人员薪酬管理、护理人员健康及劳动保护，以及制定相关人事政策等。

三、护理人力资源管理的意义

人是最重要的财富和资源，任何组织的发展都离不开对人的管理。人员管理不仅可以发现、选聘、使用和培养最优秀的人才，还可充分调动人的积极性，达到人尽其才、提高工作效率、实现组织目标的目的，同时为组织的发展提供人力资源储备。

四、国外护理人力资源管理状况

为了对护士岗位进行科学管理，多数发达国家和地区均根据当地的情况，制定了不同的护士岗位管理模式，并逐渐趋于精细化。美国实施六级护士"临床阶梯模式"，澳大利亚实行"EN（录用护士）和RN（执业护士9级）模式"，中国台湾实行"N0~N4"护士，临床专业能力实行进阶制，我国香港特别行政区实行"注册护士、登记护士、助理护士、护工"分类管理模式。尽管这些模式各具特点，但都充分体现了各地对护理队伍实施岗位管理极为重视。

五、我国护理人力资源管理状况

为贯彻落实公立医院改革关于充分调动医务人员积极性、完善人事和收入分配制度的任务要求，在改革临床护理模式、落实责任制整体护理的基础上，于2012年5月颁布了《卫生部关于实施医院护士岗位管理的指导意见》。该意见以实施岗位管理为切入点，从护理岗位设置、护士配置、绩效考核、岗位培训等方面制订和完善制度框架，建立和完善能够调动护士积极性、激励护士服务临床一线、促进护士职业生涯发展的相关制度，努力为患者提供更加安全、优质、满意的护理服务。目前我国护理人力资源管理的现状和存在的问题是护理人力资源匮乏及护士配置结构不合理、职责界定不清、地位不高、再学习和发展的机会少，为此，提出以护士为中心的人力资源管理理念，采取了加强对护士的教育和培训、合理配置护理人力资源、给护士提供学习和发展的机会、完善绩效考核标准等措施。

第2节　医院护理人力资源管理

一、医院护理岗位设置与岗位说明书

（一）护士岗位设置

按照《卫生部关于实施医院护士岗位管理的指导意见》，医院护士岗位设置分为护理管理岗位、临床护理岗位和其他护理岗位三大类。其中，护理管理岗位是从事医院护理管理工作的岗位，临床护理岗位是护士为患者提供直接护理服务的岗位，其他护理岗位是护士为患者提供非直接护理服务的岗位。护理管理岗位和临床护理岗位的护士应当占全院护士总数的 95% 以上。根据岗位职责,结合工作性质、工作任务、责任轻重和技术难度等要素,明确岗位所需护士的任职条件。护士的经验能力、技术水平、学历、专业技术职称应当与岗位的任职条件相匹配,实现护士从身份管理向岗位管理的转变。

例如,某三级医院将护士岗位分为护理管理岗位、临床护理岗位和其他护理岗位三类。其中护理管理岗位包括护理部管理岗位和护士长岗位,临床护理岗位包括病区护理、重症护理、门急诊护理、手术室护理等岗位,其他护理岗位包括供应室、医院感染控制、健康体检和医技科室等护理岗位。

(二)护士岗位设置的原则

1. **按需设岗原则** 医院护士岗位的设置应根据医院的性质、规模功能任务和发展趋势等因素进行。从护理工作需求角度设置护理岗位类别和数量。注意岗位设置要坚持因事设岗,避免因人设岗,做到科学合理精简效能。既保障患者安全和临床护理质量,又保证组织的高效与灵活。病房护士的岗位设置应当遵循责任制整体护理工作模式,普通病房护床比不低于 0.4∶1,重症监护病房护患比为 (2.5~3)∶1,新生儿监护病房护患比为 (1.5~1.8)∶1,门急诊、手术室等部门应当根据部门急诊量、治疗量、手术量等综合因素合理配置护理岗位。注意护理管理岗位、临床护理岗位和其他护理岗位适宜。

2. **按岗聘用原则** 按照岗位职责要求合理配置护士,用人所长,竞职上岗,并进行动态调整,保证不同岗位护士的数量和能力素质能够满足工作需要,特别是临床护理岗位招聘护理时,应充分考虑到岗位工作量、技术难度、专业要求和工作风险等,以保障护理质量和患者安全。护理管理岗位的护士除具备一定的素质之外,还需具备一定的管理知识、理论和技能。

3. **能级对应原则** 护士配备应注意护士能级与岗位的对应,做到将每一位护士按其优势特长、能级高低分配到合适的岗位上,充分发挥不同护士的作用,优化人力资源配置。不同专科、不同岗位和职责对护士技术水平、专业能力要求不尽相同,如较高学历、职称及专科知识扎实且有临床经验的护士可以分配在重症监护病房、急诊科等业务技术部门。

4. **激励原则** 护士岗位管理是建立优质护理服务长效机制的切入点,通过实施岗位管理,实现同工同酬,多劳多得,优绩优酬,逐步建立激励性机制,充分调动护理积极性。

5. **公平、公正、公开的原则** 护士岗位管理制度(包括岗位设置、护士配置、人员培训、绩效评定、待遇保障、晋升、培训等制度)的实施,使护士得以健康发展。

> **链接**
>
> **新加坡医院护士岗位等级设置**
>
> 新加坡医院每个病区设有 3 个岗位不同的护士长,分别是病房管理区护士长、临床护理护士长、护理教育护士长。注册护士按护理资质评估标准分为 5 个等级,1 级为新护士,2 级为初学者,3 级为熟练者,4 级为能胜任者,5 级为专家。住院患者无家属陪护,患者的所有护理均由护士完成。注册护士与助理护士分工明确,注册护士以危重症患者的护理和治疗护理为主,助理护士则以生活护理为主。

(三)护士分层级管理

护士分级管理是指以能级对应为原则,根据护士的工作能力、技术水平、工作年限、职称和学历等,对护士进行分层、分级管理。护士分层级管理要求每一层级均有明确的划分标准、能力要求和工作职责。同时,护士培养和培训也应该按照层级要求进行阶梯式管理。

1. 科学设置岗位　根据实际工作需要，科学设置护理岗位，并明确各岗位的工作职责。在临床岗位的设置上，护士岗位管理改变了以往功能制护理的工作模式，以责任制护理为基础，以护士的能力及患者的护理需求为依托，将护士岗位进行层级划分。医院护士分级管理的层次一般有助理护士、责任护士、责任组长、护理专家和护士长。下面以三个具体案例来说明岗位设置的层级。

（1）有的三级医院将临床护士岗位划分 N1~N4 四个阶层，让能力不同的护士负责病情严重不同的患者，做到了能级对应，充分体现了及其工作价值。其中 N1 层为成长期护士，基本任职资格为工作 3 年及 3 年以下的护士和轮转护士；N2 层为熟练期护士，基本任职资格为工作 3 年以上的护士和低年资护师；N3 层为专业精通型护士，定位在高年资护师和主管护师；N4 级为最高层级护士，相当于护理专家，基本任职资格是具有高级职称的护士和医院聘任的专科护士。

（2）有的专科医院将护士岗位划分为 N0~N5 六级，聘任基本条件主要依据工作年限、职称及医院各年度考核情况。例如，N0 级为新毕业生；N1 级为具有护士职称的护士；N2 级为具有护师职称及 5 年工作经历的护士；N3 级为具有护师职称且有 7 年工作经历的护士；N4 级为具有主管护师职称的护士；N5 级为具有高级职称的护士。

（3）有的三级医院构建了 4 层 9 级护士专业技术岗位等体系，岗位等级设定将学历作为起始标准，大专学历从 1 级开始晋级，硕士研究生学历从 4 级开始晋级；将院内晋级考试与职称晋升结合，如通过院内 5 级考核后方可受聘主管护师，受聘主管护师后方可晋级 6 级护士，使护士能力与岗位要求相匹配，实现护士身份管理转变为岗位管理。

在进行岗位设置与岗位分析的同时，要明确护士的晋级办法，为护士职业发展提供清晰途径。

2. 将病房进行分类　以病房工作量、患者危重程度、专业要求和工作风险等为依据，将全院病房进行分类，如北京某医院将病房分为三类，每一类又分为 A、B 两层，并在此基础上制订了不同类别的病房和层次护士配备标准。

3. 建立多元化护士分层培训体系　针对不同岗位、不同层次护士需求确定与之相对应的培训内容、培训方式，形成培养与素质教育相结合、院内培训与院外交流相结合、专科培训与科室轮转相结合、专家讲授与主动学习相结合的科学的阶梯化培训模式。

4. 建立护士分层次绩效考核办法　科室绩效考核和个人绩效考核相结合，建立科学的量化考核办法。对科室绩效考核以护理质量、工作量、教学科研及团队执行力为依据。确定各指标权重；明确各岗位、各层次护士绩效考核内容及授权，有效发挥考核的激励作用。

护士分级管理能有效提高护士积极性和护理质量，提高患者对护理服务的满意度，拓宽护士职业发展空间，进一步体现了护士的价值。

（四）护士岗位说明书

1. 岗位说明书的内容　岗位说明书也称职务说明书或工作说明书，是岗位的详细介绍，其内容一般包括岗位基本资料、岗位职称、岗位关系、协作关系、任职条件和工作特征六大组成部分。通过一份岗位说明书，员工能够知道自己在何时何地以何种方式完成事情，向谁进行汇报，对谁给予指导，与相关岗位的关系，应当具备何种技能，工作环境如何，明确各岗位的责任和权利。

现以某医院责任护士与主管护师岗位说明书为例，说明护士岗位的内容与格式（表 7-1、表 7-2）。

表7-1　某病房责任护士说明书

部门|科室	普外科	岗位名称	责任护士
执行日期	2012/12/05	岗位编号	025
岗位职务	1. 参加晨会，进行护医书面及床头交谈。重点交接分管患者，对新入入院、危重患者全身情况及引流管应交接清楚。医嘱执行，病房安全管理交接。 2. 晨间护理，整理分管患者床单位及个人卫生，使病房达到规范化管理标准。 3. 分管患者的输液、输血、皮试、肌内注射、输液续瓶工作，执行时间性治疗。 4. 基础护理，如鼻饲、吸痰、吸氧、口腔护理、会阴护理、出入量记录等。 5. 安排各项辅助检查。要求科学、合理、适时、安全地安排各项辅助检查，协助分管医师完成各项有创检查及治疗。 6. 做好新入入院患者入院护理。2小时内完成入院评估，本班完成护理记录，及时完成急症以及常规手术患者的术前准备。 7. 病情观察及记录。定期巡视、观察分管患者的病情、医嘱执行情况等，发现异常迅速报告值班医师处理，并及时记录。 8. 与患者家属沟通，做好健康教育指导。 9. 书写护理记录及护理日夜交接本。 10. 指导下级护士业务及准备教学工作。
任职条件	资历要求：注册护士，学历专科以上。 工作经验：5年以上临床护理工作经验。 工作能力：熟练掌握各种护理技术操作。熟练掌握本科相关知识，熟练掌握抢救技能，对重患者能正确实施风险评估和安全防范措施。 工作态度：工作认真仔细，责任心强，服务态度好。
考核条件	1. 患者满意，保证患者安全，无差错事故。 2. 全面了解患者情况，做到及时观察并汇报处理。 3. 保证各项治疗护理及时、准确、到位。 4. 提供全程、全面健康教育。 5. 各种护理记录符合要求。 6. 规范收费。 7. 突发事件的应激能力。

表7-2　某病房主管护师岗位说明书

一、基本资料			
岗位名称	主管护师	内部关系	监督带教：护师、护士、见习护士、实习护士
所属部门	心内科	内部关系	请示汇报：护士长、副主任护师
岗位编号	015	外部关系	各业务科室及相关的职能科室

二、工作内容

（一）岗位目标

在护士长的领导下，负责心内科一定范围内的临床护理、教学、科研和防疫工作。

（二）岗位职责

1. 在护士长、主任护师、副主任护师的领导下工作。
2. 对病房护理工作质量负有责任，发现问题及时解决，把好护理质量关。
3. 解决本科室护理上的疑难题，指导危重、疑难患者护理计划的制订及实验。
4. 负责本科室护理查房和护理会诊。
5. 对本科室发生的护理差错、事故进行分析鉴定，并提出防范措施。
6. 配合护士长组织本科室护师、护士进行业务培训，拟定培训计划，编写教材，负责讲课。
7. 配合护士长组织护理学院学生和护校学生的临床实习，负责讲课考核和评定成绩。
8. 配合副主任护师和护士长制订本科室护理科研和技术革新计划，并组织实验。领导全科护师、护士开展科研工作。
9. 协助本科室护士长行政管理和队伍建设。

续表

三、任职资格	
（一）基本要求	性别：不限　年龄：男 55 岁/女 50 岁以下。 执业资格：执业护士，并获得主管护师职称。 工作经验：具备 5 年以上的护师工作经验和一定的管理经验。 学历要求：大专及以上学历。 专业要求：护理学专业。
（二）知识技能要求	1. 掌握：专科常见的疾病的临床表现、基础护理学、解剖学、病理生理学及临床药理学的相关知识、主要护理诊断和护理措施。 2. 熟悉：整体护理和护理程序，诊断学相关的知识，本专科常用诊疗技术原理及临床应用。
（三）其他要求	1. 掌握一定的管理知识与技能，有丰富的教学和科研经验。 2. 有敏锐的病情观察能力和较强的应急处理能力。 3. 工作认真负责，细心周到，有一定的创新性，具有较强的服务意识和奉献精神，具有良好的职业道德素质和团队合作精神。 4. 知晓医疗护理相关的法律法规。
四、绩效考核要点	
1. 医院各种医疗制度执行、检查与落实情况。 2. 本岗位护理工作量、护理质量与工作效率，护理差错与事故发生情况和任务目标完成情况，综合患者、医师和护士的讲评情况。 3. 对内科护理学专业知识和操作技能的掌握程度。 4. 对下级护士的带教情况。 5. 科研课题、著作、论文发表情况。 6. 具有良好的职业道德和敬业精神，严格遵守医德规范，认真履行岗位职责。	

2. 护士岗位说明书的作用　①便于招聘和选择护士，提供人力资源规划，识别内部劳动力，提供公平就业机会和真实工作概览；②便于发展和评估护士，明确护士晋升、培训和技能发展，有助于新进护士角色定位、职业生涯规划及业绩考核；③明确薪酬政策和岗位工资标准，提酬公平、公开；④明确了岗位的权利、责任和工作关系及工作流程；⑤护士教育和培训的依据。

例如，北京某医院从 2011 年 10 月开始试行护士岗位管理，对全院 49 个护理单元进行岗位管理和评价，共确定了 625 个护理岗位。依据护理岗位特点、特性，以教育水平、专业、知识、技能、风险为维度，建立了各护理岗位的说明书，包括 107 项岗位职责分类，1000 余项职业细则。经过 1 年的试行，护士明确了自己努力的方向、工作目标、权利和责任、待遇、职业发展路径等。这种管理方式极大地调动了广大护理人员的积极性和主动性，护理工作质量和工作效率均有大幅度提高。

 护理岗位评价及作用

（一）护理岗位评价的内容与作用

1. 护理岗位评价内容　岗位评价也称工作评价、岗位价值评估，是根据岗位分析结果按照一定标准，对工作的性质、强度、责任、复杂性及所需任职资格等因素的差异程度进行综合评估，从而得出岗位对组织相对价值的过程。岗位评估的对象是岗位，而不是该岗位上的工作人员。长期以来，我国医院人才主要通过行政级别和技术职称两条主线进行管理，人才所受待遇与岗位价值缺乏明确的相关性，岗位评价在医院人力资源管理中，特别是在与医务人员利益直接相关的薪酬分配体系中没有得到足够的重视。随着我国卫生事业单位人事制度改革的逐步深入，护理资源的合理使用和科学管理成为改革的重要内容，确认护理岗位价值成为人力资源管理的重要环节。

2. 护理岗位评价的作用　护理岗位评价通过系统分析各护理岗位的内涵价值，为各护理岗位人员的选拔、培训、使用和发展提供参考依据，最终实现岗位合理配置，人岗匹配程度高，薪酬分配公平，员工发展有序，岗位规范明确，员工责权分明，从而提高人力资源的利用效率。

（二）护理岗位评价过程与方法

1. 护理岗位评估过程

（1）组建岗位评价团队：开发或选用合适的岗位评价方法，请相关专家对评价方法的合理性和有序性进行评估和校正。组建由分管领导、人力资源管理部门和护理负责人及相关专家组成的岗位评价小组。

（2）取得参与评价者的合作：对参与评价的人员进行培训，使其充分理解评价岗位的信息。

（3）明确岗位结构与相关价值：依据医院护理工作描述或岗位说明书，岗位评价小组对每个岗位进行评估。根据岗位评价的量化结果确定医院护理岗位结构，并明确各护理岗位之间的相对价值。

2. 岗位评价方法　常用的岗位评价方法有序列法、分类法、因素比较法及因素计点法。

（1）序列法：评价人员根据自己的判断，依据岗位相对价值高低顺序进行排列。这是最原始的一种方法，通常是以职务说明与规格作基础，把组织内所有的职务进行比较，进一步按职务相对价值或重要性排出顺序并确定职务高低，如科护士长＞病房护士长＞责任组长＞总务护士＞责任护士＞辅助护士。

（2）分类法：又称套级法，此方法简便易行，与序列法同属定性分析法，即预先制订一套供参照用的等级标准，再将各等级的职务与之对照（即套级），从而确定该职务的相应级别。

（3）因素比较法：是一种通过划分维度进行定量比较的工作评价方法，首先对职务工资岗位价值进行因素分解，选定共同因素并明确定义，按照所选因素对最具代表性的关键岗位进行评价并直接赋值。其次将其余岗位与相应代表性岗位逐一比较并赋值。最后将各因素值相加，评出各工作岗位的总值。

（4）因素计点法：也称计分法，是目前应用最普遍的方法。他将所有岗位按工作性质不同分类并进行因素分解，选择共同因素并明确定义，根据权重将因素划分为若干等级。将待评岗位逐一对照最高等级，评出相应点数（分数），并将各因素所评分数汇总，从而得出各岗位的相对价值。

例如，在对护士长岗位进行评价时，首先综合考虑工作责任、知识与技能、自主性、工作环境四大要素，将全院所有护士长岗位进行对比后，可以将重症监护病房护士长确定为最高等级的护士长，赋予 100%的权重。然后将各科护士长岗位与其对比，分别赋予相应的权重；将评价要素的四个方面分别赋予 40%、30%、20%、10%的权重。再对四大要素分别进行定义和细分，如将责任要素细分为决策责任、风险控制的责任、成本控制的责任、指导监督的责任、内部协调的责任、外部协调的责任、工作结果的责任、组织人事责任和法律责任分别进行具体定义并赋予相应的权重；将各赋值相加，并转化为 100%值（点数）。对比各个护士长岗位的点数，即可得出对全院所有护士长岗位的评价结果。

三　医院护理人员编配

1. 护理人力资源规划　是护理人力资源管理的首要任务，是医院人力资源管理部门和护理职能部门根据护理业务范围评估和确认护理人力资源需求，并做出决策的过程。护理人力资源规划主要包括护理人力资源现状评估，依据组织发展战略、目标、任务，利用科学方法对未来人力资源供给和需求做出预测，制订人力资源开发工具与管理政策等。科学的护理人力资源规划也帮助医院明确护理部门哪些岗位需要护士、需要什么资格的护士及什么时间需要护士。

2. 护士编配　是护理人力资源管理的重要环节，是指根据医院服务目标，合理分配、科学组合护理人力的管理活动。护士编配需要遵循满足需求、高效合理、岗位对应等原则，同时考虑以下影响因素。

（1）任务轻重：工作数量和质量要求是影响护士编配的主要因素，工作量大、质量要求高、任务重，则需要更多数量、更高质量的护士。护理工作量主要与医院开放病床数、床位使用率、周转率、门急诊患者人次及危重患者、疑难患者、手术患者数量等因素有关。

（2）人员素质：护士素质体现在其业务、身体、心理、思想等各个方面。如果护士训练有素、技术操作熟练、理论水平高、身体素质好、专业思想稳固、具有奉献精神、工作积极主动，则护士数量可以适当减少；反之，护士数量则需要适当增加。

（3）工作环境：包括硬环境和软环境。硬环境主要指医院的基础设施、设备、仪器、空间布局等物理环境；软环境主要指医院的管理体制、规章制度、人际关系等文化环境因素。良好的环境可激发护士的工作积极性、主动性和创造性，可适当减少护士数量。否则，则需要增加护士数量。

（4）政策规定：国家相关法律、法规、政策，地方卫生管理部门的相关制度，医院资深的管理理念及制度，如产假、计划生育、探亲、培训、病事假等制度也可以影响护士编配。

四　医院护理人员选聘与培训

（一）医院护理人员选聘

1. 护士选聘的基本要求　护士招聘是指医院根据工作需要和应聘者条件采取科学有效的方法，选择并录用具备资格的护理专业人员活动。其基本要求有如下。

（1）成立选聘小组：招聘组成员由主管院长、护理部主任、科护士长及人事科科长组成，由人事部门负责具体实施招聘工作。

（2）拟定选聘计划：护理部评估护理人力需求情况，综合考虑护士自然减员、辞职、病房扩充、专科发展等因素，根据岗位、学历和资历需求制订护士招聘计划后，护理部与人事部门共同商议确定选聘人员的数量。

（3）选聘方式：包括个人直接申请、内部推荐、广告招聘、职业介绍机构推荐、院校推荐等方式。

2. 护士选聘及录用程序。

（1）初步筛选：选聘单位根据应聘者的简历资料进行资格审查，并初步筛选符合各要求的人员。

（2）选聘考试：根据岗位需要选择相应的考试内容，一般包括本专业基础理论、基础知识和技能，以及必需的人文社会类知识和理论。考试形式有笔试和操作。

（3）面试：考试合格者进入面试环节。通过面试招聘小组可以对应聘者的专业知识、沟通表达能力、判断能力、思维能力及相貌、性格、气质等条件进行全面的审核。

（4）入围确定：根据应聘者条件、考试成绩及面试情况综合确认入围者人选。

（5）体格检查：对入围人选进行体格检查，确认应聘者的健康状况，判断其能否胜任护理岗位工作。

（6）试用与录用：经上述程序，招聘小组与符合录用条件的护士在双方自愿的条件下签订聘用合同。合同期限和具体岗位、待遇均由双方协商确定。合同期限含试用期，但试用期最长不能超过6个月。试用期满经考核合格，即转为正式录用。目前我国多数医院将录用的护士分为"在编"与"非在编"两种身份，这是计划经济向市场经济转轨过程的特殊现象。

（二）护士培训

1. 护士培训原则　护士培训是护理人力资源管理的重要内容，对帮助护士在工作岗位上保持理想职业水平、高效率完成工作任务，促进个人职业全面发展和自我实现具有积极的意义。具体培训原则如下。

（1）分类培训与因材施教相结合的原则：根据护士工作岗位职责要求不同，对新招聘护士进行分类培训；同时基于培训对象自身素质条件，考虑未来发展方向和需要，合理安排培训内容，做到因材施教。

（2）基础素质培训与专科技术训练相结合的原则：基础素质培训内容包括专业思想、职业素质、医德医风和临床基础操作技能等；专科技术训练则要求护士结合岗位需求，不断学习新理论和新技术。

（3）一般培养与重点择优培养相结合的原则：在护士规范化培训的基础上，选拔优秀人才进行重点培养；在职护士培训可根据年资不同实施多层次培养教育，针对不同年资、学历、技术职称的培训设置不同标准和要求，可利用骨干人才成长。

（4）短期需要与长远需要相结合的原则：对护士的业余教育，不仅要考虑短期需要，还应根据专业发展趋势、结合医院长远规划，制订合理的培养计划，全面安排医院护理人力资源培训。

（5）循序渐进与紧跟医学发展先进水平相结合的原则：对于初、中级护士的培训应遵循由浅入深、循序渐进的原则安排学习内容。高级护士培训应注意国内外先进护理理论、先进技术的学习、研究和运用。

2. 护士培训内容　不同经历、岗位和等级护士的培训内容有所不同。

（1）职业道德：包括现代护理学的特征及对护士的要求、护士行为规范、护理道德和社会责任、医学伦理学等护士应遵循的基本道德教育内容。

（2）"三基"：包括基础理论、基本知识、基本技能。"三基"属于护士基本功训练，也是专科护理的基础和检查护理质量的重要标准。另外，还包括计算机基础知识和基本应用技能。

（3）专家护理技能和技术操作：随着医学的发展，各专科新业务、新技术的开展，专科护理在不断发展，应培养一批具备扎实理论和熟练技能的专科护理人才。

（4）护理新理论、新进展：随着现代护理的发展，护理技能及护理技术不断得以发展和创新，对护士实施护理新理论、新进展的培训，将有助于其开阔视野、拓展知识领域、促进教学与科研工作，不断推动护理事业发展。

（5）管理、教学、科研能力：护理管理、护理教育及护理科研是护理学科中的重要内容。对护理管理者、护理带教及护师职称以上人员应重点进行有关知识与能力的训练。

> **链接** **常见护士培训形式和方法**
>
> （一）培训形式
>
> 1. 脱产培训 是一种较正规的人员培训，是根据医院护理工作实际需要选派不同层次并有培养前途的护理骨干，集中时间离开工作岗位，到专门的学校、研究机构或其他培训机构进行学习或接受教育。
>
> 2. 在职培训 是指在日常护理工作中边工作边接受指导、教育的学习过程。在职培训可以是正式的，如新护士岗前培训、科室轮转等；也可以是非正式的，如高年资护士指导、读书报告会等。
>
> （二）护士培训方法
>
> 护士培训方法：①讲授法；②演示法；③谈论法；④远程教育法；⑤其他方法：影视培训、角色扮演、案例学习等。

（三）护士排班

1. 排班原则 护士排班因各单位及岗位不同而异，但需遵循以下原则。

（1）满足需要原则：各班次护士在数量和质量上要以患者需要为中心，能够完成所有当班护理活动，确保24小时连续护理。同时，排班时还需从人性化管理出发，尽量满足护士的实际需要。

（2）结构合理原则：根据护士不同层次结构，如学历、工作年限、职称及个人能力等进行合理搭配，做到各班次护士专业能力和专科护理水平基本均衡。

（3）效率原则：护士长应结合各时段护理工作量情况对护士进行合理组织和动态调整以提高工作效率。

（4）公平原则：护士长排班时应一视同仁，合理安排各班次和节假日值班护士。应尽量照顾特殊人员需求。

（5）弹性原则：护士排班时应配备机动人员供随机调整，既要保证护士有充分的休息和学习时间，又要在遇到突发事件或紧急情况时，可随时对人员进行调整。

2. 排班方法 根据医院类型和科室任务不同，排班也会有所不同。目前常用的排班方法有：

（1）周期排班法：又称循环式排班法，即每隔一定周期使各个班轮回，根据实际人力运行情况决定一个周期的时间长度。周期性排班的优点：①排班模式相对固定，护士熟悉排班规律，可以预先知道值班即休假时间；②护士可公平的获得休假机会；③上班人员固定；④节省排班所花费的时间，且排班省时省力。这种排班方法适用于病房护士结构合理稳定、患者数量和危重程度变化不大的护理单元。

（2）弹性排班法：根据病房单位时间工作量的不同合理安排人力，即增加工作高峰时段人力、减少工作低峰人力，提高人员利用率，避免人力浪费，如晨、晚间护理内容较多，可增添6:00~10:00、18:00~22:00的值班人员数量，以保证护理质量。

（3）每日两班或三班制排班法：①两班制，即将24小时分为2个时段（白班和夜班），便于护士集中工作时间，减少中途往返。一般适用于病种单一、患者病情较轻、护理工作量不重的病房。②三班制，即将24小时分为3个时段：日班、小夜班、大夜班三个班次。一般适用于病情复杂、护理工作量较重的病房。

（4）APN排班模式：近年来，我国许多医院借鉴国外排班经验，实行ANP排班模式，即将一天24小时分为连续不断的3个班次，如A班8:00~15:30、P班15:00~22:00或

15:00～22:30、N班22:00～8:00。各班时间可根据不同科室具体情况进行调整。

这种排班方式的优点:①保证护理工作的连续性,减少了交接班次数,降低了交接班环节中的安全隐患;②加强了P、N班薄弱环节中的人员力量;③由高年资护士担任A、P班责任组长,对疑难、危重患者护理工作进行把关,充分保障护理安全;④有利于护士更好地安排自己的工作和生活,尽量避开上下班高峰。

五 医院护理人员的考评与激励

(一)护士绩效评价

护士绩效评价是对各级护士工作中的成绩和不足进行系统调查、分析、描述的过程。护士绩效评价具有人事决策、诊断、激励、教育和管理等作用。护士绩效评价要遵循综合性、有效性、可靠性、激励性、客观性的基本原则,并注重反馈和调节。

1. 护士绩效评价方法　目前常用的护士绩效评价方法主要有以下几种。

(1)行为特征评定法:按照护士的行为特征对其进行评定。例如,根据护士自身的优缺点和能力表现等对护士进行评定。

(2)评分法:按照护士各种岗位职责要求和工作绩效,设计出不同的指标和权重进行评定。可采用百分制、十分制或五分制等不同评定方法。

(3)考核表法:根据护士个人行为特征与岗位职责的符合情况进行评价,评价结果一般分为五个等次,A、B、C、D、E或优、良、一般、合格、差,如对主班护士的考核,见表7-3。

表7-3　主班护士任务执行情况考核表

主要工作责任	优	良	一般	合格	差
处理医嘱					
交班报告书写质量					
交接班					
对仪器设备出现故障记录并及时维修					
患者病情变化时及时处理并报告医师					
办公室(护士站)管理					

(4)重要工作成效记录法:此法主要客观地记录护士的工作绩效、差错及事故事实,对行为特征的描述较小。

(5)强迫选择比较法:按规定的等级比例对护士绩效进行评定。例如"优秀"占20%,"良好"占30%,"一般"占40%,"低于一般"占10%。

(6)目标管理评价法:管理者与护士共同制订工作与行为目标,定时按目标考核。此法要求制订的目标要具体、可测量,以避免评价的主观性。例如,年内护理理论考核成绩达85%分以上,技术操作考核达95分以上。

2. 护士绩效评价形式　绩效评价不仅局限于管理者对下属的评价,还包括管理者与被管理者之间多种评价方式。

(1)按评价主体不同分类:护士绩效评价包括上级评价、同级评价、下级评价、自我评价和全方位评价。

(2)按评价时间不同分类:护士绩效评价包括日常考核和定期考核。日常考核主要是通过日常检查来进行,定期考核是针对不同考核项目、内容的考核,如月考核、季考核、年度考核等。

3. 护士绩效评价程序　护士绩效评价的程序一般分为制订绩效计划和绩效评价计划、实施绩效计划、绩效考核、绩效反馈四个阶段。

（二）护士薪酬管理

薪酬管理是护理人力资源管理的重要任务,其目的是为医院吸引、激励和留住有能力的护理人才。薪酬问题涉及护士的切身利益和医院的运行成本,因而成为医院和员工共同关注的焦点。

1. 薪酬管理原则　护士薪酬管理应遵循按劳付薪原则、公平原则、竞争原则、激励原则、经济原则和合法原则。

2. 影响护士薪酬的主要因素　可以分为外部因素和内部因素。其中外部因素包括护士劳动市场的供求状况、政府的酬薪政策、地区经济发展状况及劳动生产率等；内部因素包括医院运行状况与经济负担能力、护士岗位工作的类型及业绩、护士个人条件等。

3. 护士薪酬设计　薪酬设计的关键在于体现"对内具有公平性,对外具有竞争性"的特点。薪酬体系和制度的设计一般包括以下步骤。

（1）工作岗位分析：这是确定薪酬的基础。医院应结合其服务目标,对护理服务范围和项目进行分析,确定岗位职能、岗位数量和所需人员技能,在此基础上制订护理岗位说明书,为确定薪酬水平提供依据。

（2）岗位价值评价：以岗位说明书为依据,其目的：一是比较医院内护理岗位的相对重要性,即确定每一个岗位的价值,从而得出岗位等级；二是为下一步薪酬调查提供统一的岗位评价标准,为确保医院人员工资公平性奠定基础。

（3）薪酬调查：薪酬调查的对象是与医院有竞争关系或条件相似的医院及相关行业的薪酬状况。内容包括上年度薪酬状况、不同薪酬结构比例,不同岗位、不同级别的薪酬水平,员工奖金和福利情况、组织的长期激励和未来薪酬走势分析,有关保障、病假、休假等雇员福利方面的信息等。

（4）薪酬结构设计：薪酬结构又称为薪酬模式,是指在薪酬体系中工资、奖金、福利、保险等各个组成部分所占比例和份额。护士薪酬结构设计反映了医院的分配理念、分配原则和价值观,因此,不同医院的结构是不同的。

（5）确定薪酬水平：在确定薪酬水平时,医院既要考虑到影响薪酬水平的外部影响因素,主要是本地区、同行业的薪酬水平；又要考虑医院内部的相关因素,主要是本院的发展战略、经营状况、人力状况等因素。综合考虑多种因素,确定护士薪酬水平与制度。

（6）薪酬制度实施与控制：实施护士薪酬制度应进行试点,发现问题及时通过适当程序予以修正,如调整薪酬总额,在总额不变的前提下调整结构比例与收入差距等,以便使薪酬制度更加趋于公平合理。试行或试点成功后再进行推广。

医院护理人力资源管理除以上内容之外,还包括福利与劳保管理、护士档案管理等。

 医院护理人员的心理健康管理

（一）医院护士心理健康状况

护士作为一个特殊的职业群体,常年工作在医疗卫生第一线,承受着各种各样的压力。有研究表明，护士的心理健康状况并不乐观，其潜在危害普遍存在。美国学者克里斯缇娜·马斯拉奇提出"心身耗竭综合征"的概念，认为"心身耗竭综合征是一种因心理能量在长期奉献给别人的过程中被索取过多而产生以极度心身疲惫和感情枯竭为主的综合征，并表现为自卑、厌恶工作、失去同情心等"。美国卫生届人士普遍认为："尽管护士有体谅患者、进行周到护理的满腔热血，但这种热情因某种原因被长期禁锢，以致丧失热情，护理变得表面化、机械化，出现不能为提高患者的生活质量给予帮助的现象"。

（二）影响护士心理健康的原因

1. 工作环境　医院是一个多种疾病患者聚集、充满痛苦的场所。护士在这种环境中工作，每天接触文化经济背景不同、性格特点各异的患者与家属，既要处理各种治疗护理等常规工作，又要处理各种应发事件，这样的工作环境使护士的心理处于应激状态中。

2. 职业风险　随着人们法制观念及自我保护意识的不断提高，患者及家属对就医正当权益有了深刻的认识，对护理质量安全提出了更高的要求。护士稍有不慎就可能引发护患纠纷。且患者病情变化复杂，不确定因素较多，护士必须时刻保持警惕。同时，疾病对护士本人及家属的身体也可能造成危害，这些原因容易使护士心理经常处于高度紧张状态与不安的状态。

3. 工作强度　目前医院普遍存在护理人力资源配置不足，但工作量却日益增加的情况。护士常处于超负荷的工作状态，频繁的倒班时使护士生活无规律、生物钟被打乱，造成机体生理功能失调，出现焦虑、失眠等诸多不适。长期无序的高强度工作会给护士带来持久的压力，严重影响其身心健康。

4. 社会心理支持　社会支持状况对一个人身心健康有着显著的影响。随着经济水平和个人观念的改变，护理工作已经逐步受到社会的广泛关注。但由于社会上依然存在着重医轻护的观点，不少护士的职业认同感较低，且护士的收入与其工作繁重程度不成正比。护士在职称晋升、职位晋升、进修深造等方面的机会较少，这些因素都可能使护士产生自卑、失望等不良情绪。

5. 人际关系　工作相关的人际关系是造成护士情绪紧张的最主要原因。临床工作中，护士承担着多种角色，当角色转换不当时会发生心理冲突，并以躯体化、焦虑、抑郁、敌对等负性情绪表现出来。

6. 自身知识及能力　目前护理队伍普遍存在学历偏低、年资老的护士知识结构陈旧、年轻护士业务不熟练、医院对护士教育培训不足等现象。从而使护士产生自身专业成长的压力。容易出现自卑、焦虑和抑郁等负性情绪。

7.应对方式　自我情绪调节是一种重要的应对方式。良好的调节有利于个体的身心健康。但大多数护士由于各种原因，并不善于运用心理学知识科学地进行自我心理调适。

（三）护士心理健康的维护与管理

护士心理健康维护和促进是一个社会化工程。需要全社会和医院的大力支持，更需要护士自身的努力，是一个综合干预和管理的过程。

1. 贯彻落实《护士条例》　通过落实《护士条例》，维护护士合法权益。增强护士依法执业的法律意识。强化卫生行政部门和医疗卫生机构法定职责的有效落实，完善医疗卫生机构护士执业相关规范、护士配备标准，建立并实施护士培训和定期考核制度使护士管理更加规范化和法律化。

2. 实施人性化管理　护理管理者一方面要求护士对患者实施人性化服务；另一方面也应对护士实施人性化管理。在充分理解和尊重护士的基础上，对护士实施人性化管理关怀，提高护士的职业认同感，减轻护士的心理负担。

3. 开展专业心理辅导　为指导护士有效应对各种压力，护理管理者应邀请专业心理咨询师对护士群体实施团体心理辅导，提供不良情绪宣泄渠道，鼓励其体验良好情绪，并给予情感支持，增加护士归属感。

4. 重视自身心理调节　护士要学会重视自身心理调节，尤其是在繁重的工作过后，要尽可能调解情绪，悦纳自我、放松心情、保持平衡、乐于交往、融洽关系等。

5. 加强社会支持　充分利用报刊、广播、电视等途径加强宣传，让社会更多的理解和尊重护士，了解护士工作价值。同时，科室可通过组织家庭聚会等形式，增加家庭温馨感，使护士得到更多的家庭支持。

第3节　护士职业生涯规划与职业发展路径

  护士职业生涯规划及其作用

（一）护士职业生涯规划的概念

职业生涯规划是指组织和员工对员工个人的职业生涯进行设计、规划、执行、评价、反馈和修正的一系列过程。护士执业生涯规划是为护士设计专业发展计划，是组织结合自身的发展和需要，对护士个人的专业发展予以指导和鼓励，并采取相应的保证措施，既能不断提升医院整体护理质量，又能满足护士个人职业发展愿望，进而促进组织发展目标与个人发展目标相互协调和相互适应，实现组织与护士共同成长和共同受益。

（二）护士职业生涯规划的作用

1. 护士层面　科学、合理的职业生涯规划能有效促进护士自我价值的实现，一份有效的职业生涯规划可引导护士充分认识自身的个性特质及潜在优势，重新评估自身价值并使其继续增值；引导护士对比分析自身综合优势与劣势，使护士明确职业发展目标与职业理想；引导护士评估个人目标与现实间的距离，使护士学会如何运用科学方法，采取切实可行的步骤和措施，不断增强自身职业竞争力，实现自己的职业目标与理想。米歇尔罗兹（Michelozzi）认为，职业生涯规划有突破障碍、开发潜能和自我实现三个积极性目的。

2. 医院层面　护士职业生涯规划对医院也有极为重要的意义。科学合理的护士职业生涯规划能使医院发展目标与护士个人发展目标相结合，使两者的发展处于同一轨道，建立医院与护士之间的双赢关系，进而结成紧密的利益共同体。同时，护士职业生涯规划也是医院留住人才、吸引人才，增强组织竞争力，实现医院目标的有效手段。因此，加强护士职业生涯规划管理已成为护理人力资源管理的重要组成部分。

  护士职业生涯规划的内容

护士职业生涯规划包括自我评估、内外环境分析、选择职业发展途径、设置个人职业生涯目标、行动计划与措施、评估与调整共六项主要活动。

1. 自我评估　是护士对自己在职业发展方面的相关因素进行全面、深入、客观认识和分析的过程，内容包括个人的职业价值观、做人做事的基本原则和追求的价值目标、专业知识与技能、人格特点、兴趣等相关因素。通过自我评估，护士可以了解自己职业发展的优势和局限，在此基础上形成自己的职业发展定位，如专科护士、护理教师、护理管理人员等。

2. 内外环境分析　护士发展的内外环境分析包括对自己工作的环境特点、环境发展变化、个人职业与环境的关系、个人在环境中的地位、环境对个人提出的要求、环境对自己职业发展有利和不利的因素、组织发展策略、护理人力资源要求、护理队伍群体结构、护士升迁政策等。通过对上述因素的评估，确认适合自己职业发展的机遇与空间环境，才能准确把握自己的奋斗目标和方向。

3. 选择职业发展途径　护士职业发展途径的选择是以个人评估和环境评估为依据。发展方向不同，其发展要求和路径也就不同。如果选择的路径与自己和环境条件不相适合，就难以达到理想的职业高峰。例如，优秀的护士不一定会成为成功的护理管理者；有效的管理者和领导者，不一定就是一名合格的护理教师。另外，护士个人的职业发展意愿还受到外在条件、组织需求等因素的影响，这时就需要个人对自己的职业定位进行调整。

4. 设置个人职业生涯目标　目标设置的基本要求是适合个人的自身特点、符合组织和社会要求，目标的高低幅度要适当、具体，同一时期不要设定过多的目标。护士制订的个人事业发展目标要以实际环境和条件为基础，每个人的背景不同，设置的目标也应有所区别。就护士职业生涯而言，目标的设定应该是多层次、分阶段的，且应结合长期目标与短期目标来设定。

5. 行动计划和措施　职业目标的实现依赖于个人各种积极行为与有效策略和措施。护士实现目标的行为不仅包括个人在护理工作中的表现与业绩，还包括超越实现护理工作以外的个人发展的前瞻性准备，如业余时间的学习能力提高等。护士实现目标的策略还包括有效平衡职业发展目标与个人生活目标、家庭目标等其他目标之间的相互关系，在组织中建立良好的人际关系、岗位轮转、实现个人学历、参与社会公益活动等。

6. 评估与调查　在实现职业生涯发展目标过程中，由于内外环境等诸多因素的变化，可能会对目标的实现带来不同程度的影响，这就需要个人根据实际情况，针对面临的机遇或困难进行分析和总结，及时调整自我认知和职业目标，包括职业的重新选择、职业生涯路径的选择、人生目标的修正、实施措施与计划的变更等。

三、护士职业生涯规划制订的方法与原则

（一）护士职业生涯规划制订的方法

1. SWOT 分析法　又称态势分析法。SWOT 四个英文字母分别代表优势（Strength）、劣势（Weakness）、机会（Opportunity）、威胁（Threat）。SWOT 分析法主要是通过分析组织或个人内部的优势与劣势、外部环境的机会与威胁来制订组织或个人未来发展战略的（表 7-4）。SWOT 分析法是一种功能

表 7-4　SWOT 分析法

优势/优点（Strength）	弱势/缺点（Weakness）
·什么是我最优秀的品质？	·我的性格有什么弱点？
·我曾经学习了什么？	·经验或者经历上还有哪些缺陷
·我曾做过什么？	
·最成功的是什么？	·最失败的是什么？
……	……
机会/机遇（Opportunity）	阻碍/威胁（Threat）

强大的分析工具，可以充分检查个人技能、能力、职业、喜好和职业机会。护士在利用该方法对自己进行职业发展分析时，应遵循以下五个步骤。

（1）评估自身长处和短处：每位护士都有自己独特的技能、天赋和能力。采用表格形式列出自己喜欢的事情和长处所在。同时找出自己不喜欢做的事情和弱势。

（2）找出职业机会和威胁：所有行业都面临着不同的外部机会和威胁，护理行业同样如此。护士分别找出这些外界因素，将有利于自己充分把握、利用机会，规避威胁，以便干好自己的工作，这对于护士职业发展来说是非常重要的。

（3）列出未来3~5年自己的职业目标：列出未来3~5年最想实现的4~5个职业目标，包括想从事哪一种护理岗位，想在多少年之内晋升上一级岗位，希望自己拿到的薪水属于哪一级别，希望自己几年之内拿到高一级学位等。在列出职业目标时应注意，必须能尽量发挥出自己的优势，使之与行业提供的工作机会尽可能匹配。

（4）列出一份未来3~5年的职业行动计划：针对上述第三步列出的每一目标，拟定具体行动计划，并详细说明为了实现每一目标需要做的每一件事，及时完成时间。例如，为了实现自己理想的职业目标，你需要进一步提高学历或学位，那么该职业行动计划应说明什么时候考试、如何复习等。

（5）寻求专业帮助：分析自身职业发展及行为习惯中的缺点并不难，但如何选择合适方法改变它们却是困难的事。因此，寻求自己的指导教师、上级主管、职业咨询专家的帮助，借助专业的咨询力量，可促进护士职业顺利发展。

2. 五W归零思考法　是一种简单易行的职业生涯规划方法。该方法通过问自己5个问题，解决自己的职业生涯规划与设计。这5个问题分别是：

（1）"我是谁"（Who am I）：对自己进行一次深刻的反思和比较清醒的认识，将自身的优缺点一一列出来。

（2）"我想干什么"（What will I do）：对自己职业发展心理趋向的一个检查。每个人不同阶段的兴趣和目标并不完全一致，有时甚至是完全对立的，但随着年龄和经历的增长而逐渐固定，并最终锁定自己的终身理想。

（3）"我能干什么"（What can I do）：对自己的能力与潜力做一个全面总结。一个人的职业定位最终归结于能力水平，其职业发展空间的大小则取决于自身的潜力。对自己潜力的了解应该从多个方面去认识，如兴趣、韧力、判断力及知识结构等。

（4）"环境支持或允许我干什么"（What does the situation allow me to do）：这种环境支持体现在客观方面，如经济发展、人事政策、企业制度、职业空间等；体现在人为主观方面，如同事关系、领导态度、亲戚关系等，应综合考虑两方面的因素。有些人在做职业选择时常常会忽视主管方面的因素，没有将一切有利于自己发展的因素调动起来，从而影响了自己的职业切入点。

（5）"自己最终的职业目标是什么"（What is the plan of my career and life）：明晰了前面四个问题，就会从各个问题中找到对实现职业目标的有利和不利条件，列出不利条件最少、自己想做且又能够做到的职业目标，那么自己最终的职业目标自然就有了一个明晰的框架。

3. PPDF法　个人职业表现发展档案（personal performance development file，PPDF）又称为个人职业生涯发展道路。他的设计者是员工及其主管领导，两者对该员工所取得的成就及员工将来想做什么有一个十分系统的了解，既能指出员工现时的工作目标，也可指出员工的长远目标及可能达到的目标。在 PPDF 中还应标示出，如果要达到这些工作目标，一个人在某一阶段应具备哪些能力、技术及其他条件等。同时，它还能帮助员工在实施行动时进行认真思考，判断自身是否十分明确这些目标及自身应具备的能力和条件等。

（1）PPDF 的主要内容：PPDF 包括个人情况、现在的行为及未来的发展。其中个人情况包括基本信息、学历情况、曾接受过的培训、工作经历；现在的行为包括现时工作情况、行为管理文档、目标行为计划、目标，并为每一个目标设定具体期限；未来的发展包括职业目标、所需能力与知识、发展行动计划、发展行动日志等。

（2）PPDF 法的使用：PPDF 是两本完整的手册，当一个人希望达到某个目标时，它为你提供了一个非常灵活的档案。将 PPDF 的所有项目都填好后，交给直接领导（如护士长）一本，自己留下一本。护士长可以同护士一起研究、共同探讨护士该如何发展与奋斗。

（二）护士职业生涯规划的原则

1. 个人特长和组织需要相结合原则　个人的职业生涯发展离不开组织环境，有效的职业生涯设计就应该使个人优势在组织和社会需要的岗位上得到充分的发挥。认识个人特征及优势是职业生涯发展的前提，在此基础上分析所处环境、具备的客观条件和组织需要，从而找到恰当的职业定位。只有找准个人和组织需要的最佳结合点，才能保证个人和组织共同发展，从而达到双方利益的最大化。

2. 长期目标和短期目标相结合原则　目标的选择是职业发展的关键，明确的目标可以成为个人追求成功的行动力。目标越简明具体越容易实现，并促进个人发展。长期目标是职业生涯发展的方向，是个人对自己所要成就职业的整体设计。短期目标是实现长期目标的保证，长短期目标的结合更有利于个人职业生涯目标的实现。

3. 稳定性与动态性相结合原则　人才的成长需要经验的积累和知识的沉淀，职业生涯发展需要一定的稳定性。但人的发展目标并不是一成不变的，当内外环境条件发生改变时，护士应该审时度势，结合外界条件不断调整自己的发展规划。

4. 动机与方法相结合原则　除明确发展目标和职业发展动机外，护士还必须结合所处环境和自身条件选择适合自己的发展途径与方法，设计和选择科学合理的发展方案，使动机与方法相结合，这是避免职业发展障碍、保证职业发展计划落实、个人职业素质不断提高的关键。

四 护士职业生涯分期与发展路径

（一）护士职业生涯分期

护士职业生涯一般分为 4 期：探索期、创立期、维持期、衰退期。

1. 探索期　该期的护士大多刚走出校门或参加工作不久，对护理工作抱有满腔热情，希望尽快熟悉工作环境和医院的规章制度，在组织内部逐步"组织化"，为组织所接纳，渴望得到管理者的支持，得到高年资护士的帮助和指导。

2. 创立期　该期的护士多具有 2~5 年的临床工作经验，能独立负责部分护理工作并可以对相关事宜做出决定。开始考虑如何接受相关专业培训，如何通过提高工作业绩以得到更多发展机会。此阶段护士对护理工作有强烈的自尊感，对工作中的挑战抱有积极的态度。

3. 维持期　该期的护士大多进入结婚生子的阶段，同时承担家庭负担，扮演多种社会角色。尽管护士同时承担工作和家庭的义务，在平衡工作与家庭生活的过程中，往往以牺牲职业发展为代价。在护理工作中，随着新进护士的加入，他们更注重在原有岗位上保持稳定的工作环境和待遇。

4. 衰退期　该期的护士一般已有15年以上的工作经历，具备丰富的经验和技能，可以指导他人完成工作，并成为一名良师益友。但同时他们也会考虑到自己的年龄，希望退出临床一线，更加关注自身生活质量的提高。

> **链接**
>
> **职业生涯规划理论**
>
> 1. 格森豪斯（Greenhouse）的职业生涯理论　格林豪斯研究人生不同年龄段职业发展的主要任务，并以此将职业生涯划分为5个阶段。
>
> 职业准备阶段：典型年龄段为0~18岁。
> 职业探索阶段：典型年龄段为18~25岁。
> 职业生涯初期：典型年龄为25~40岁。
> 职业生涯中期：典型年龄为0~55岁。
> 职业生涯后期：典型年龄为从55岁直至退休。
>
> 2. 坎德加·H. 施恩（Edgar H. Schein）的职业锚理论　职业锚是指人们通过实际工作经验达到自我满足和补偿的一种长期的职业定位。职业锚有技术/功能型职业锚、管理型职业锚、创造型职业锚、安全稳定型职业锚四种类型。

（二）护理职业发展

1. 我国内地医院护士职业发展路径　在我国内地，医院护士一般有两条职业发展路径，一是专业技术发展路径，二是管理路径。前者是从注册护士、护师、主管护师、副主任护师发展到主任护师，从新护士到临床护理专家；后者是从护士到护士长、科护士长、护理部主任，甚至护理院长。管理者发现，提供护士双重职业发展通道对提高护士积极性及工作能力非常重要，双重职业阶梯的建立能鼓励护士留在临床一线，从而更好地提高护理质量。

例如，北京某医院护士专业发展路径。医院将护理岗位分级（N0~N5）护士专业能力（责任护士、责任组长、专科护士、护理专家）、护理管理能力（责任护士、责任组展、护士长、护理部主任）、护士技术职称（护士、护师、主管护师、副主任护师、主任护师）四者进行有机整合，构成了护士专业发展路径（图7-1）。

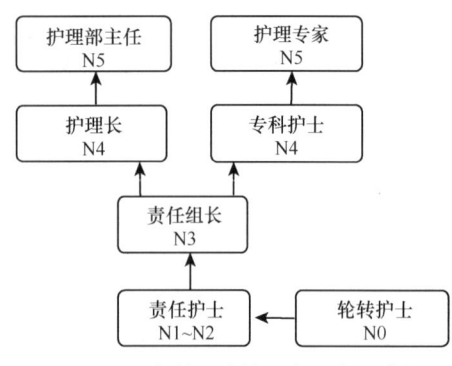

图7-1　北京某医院护士专业发展路径

2. 我国香港特别行政区医院护士晋升体系及职业发展路径　我国香港特别行政区护士根据受教育情况分为两种：登记护士（中专学历）和注册护士（大专学历/大学本科）。医院临床护士职业发展路径基本可分为两个分支：临床分支和管理分支。其中临床分支包括登记护士、注册护士、病房经理和部门运作经理（图7-2、图7-3）。

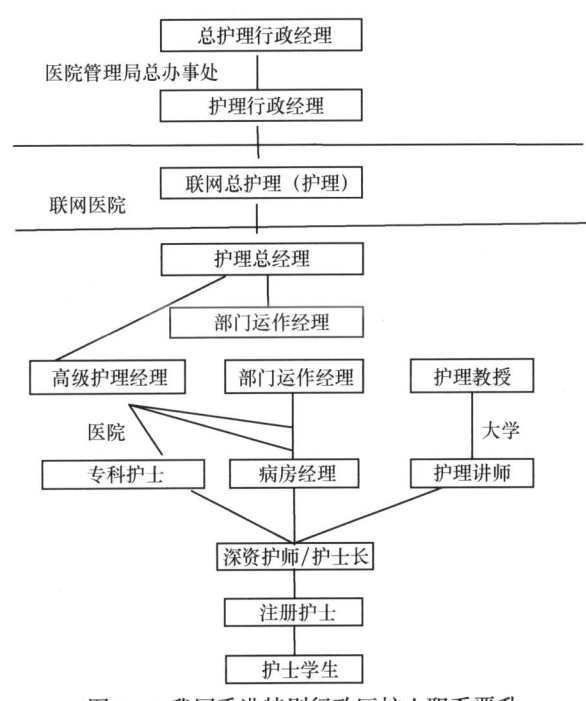

图 7-2 我国香港特别行政区护士职系晋升

图 7-3 我国香港特别行政区医院护士职业发展路径

思考题

1. 护理人力资源管理的内容有哪些？
2. 简述护理岗位设置的原则。
3. 护士岗位说明的主要内容有哪些？
4. 护士职业生涯规划的内容或步骤有哪些？
5. 简述护士职业发展的基本路径。

（林　慧）

第8章 护理法律法规与制度

随着公民法律观念和法律意识的增强,体现在医疗护理工作中的法律问题日益增多,这些问题不仅受到医疗机构的高度重视,同时也受到社会各界部门的高度关注。护理职业活动与人的健康和生命直接相关,认真贯彻执行与护理有关的法律法规,是护理人员从业的首要条件,按照法律法规进行护理服务的规范管理,是护理管理者必须遵守的基本原则。护理工作制度是医院内部用来约束和协调全体护理工作者的行为规定、活动程序和方法规范,建立完整、系统、有效的规章制度是保证护理质量、提高管理效果不可缺少的前提和基础。

第1节 护理法律法规概述

一、卫生法体系

（一）卫生法的概述

卫生法是由国家制定或认可,有关食品安全、医疗卫生、医疗事故处理、卫生防疫、药品器械管理、从业资格、突发性公共卫生事件的应急处理等方面的法律规范的总称。卫生法通过对公民在医疗卫生和医疗实践中各种权利与义务的规定,确认、调整、保护、发展良好的医疗卫生秩序和医疗法律关系。它反映医疗卫生领域中人与自然、人与人之间的关系。

目前,我国卫生法还没有一部统一、完整的法典,只有以公共卫生与医政管理为主的单个法律法规构成的一个相对完整的卫生法体系,卫生法体系主要由公共卫生与疾病防治法、医政法、药政法、妇幼卫生法与计划生育法等组成。

（二）医政法的概念及特点

医政法是指国家制定的用以规定国家医政活动和社会医事活动,调整因医政活动而产生的各种社会关系的法律法规的总称。医政法具有四个特点：①以保护公民的生命健康权为根本宗旨；②跨越卫生法和行政法两大法律体系；③社会管理功能显著；④技术规范多。目前,我国还没有一部医政管理法,而是由有关医政药理的法律、法规、规章等法规性文件和有关规范性文件,以及相关法律制度共同组成了医政法体系。护理法属于医政法体系的一部分。

二 护理法律法规

（一）护理法概念

护理法是由国家制定的，用于规范护理活动（如护理教育、护士注册和护理服务）及调整这些活动而产生的各种社会关系的法律规范的总称。

（二）护理立法概况

护理立法源于20世纪初。1919年英国率先颁布第一部本国护理法，1921年荷兰颁布护理法；随后，芬兰、意大利、美国、加拿大、波兰等国也相继颁布了护理法。1947年国际护士委员会发表了一系列有关护理立法的专著。在亚洲，日本于1948年颁布了《护士、助产士、保健士法》；1953年世界卫生组织（WHO）发表了第一份有关护理立法的研究报告；1968年国际护士学会成立了护理立法委员会，制定了世界护理立法史上具有划时代意义的纲领文件《系统制定护理法规的参考性指导大纲》，为各国制定护理法所涉及的内容提供了权威性的指导；至1984年，WHO调查报告，欧洲18国、西太平洋地区12国、中东地区20国、东亚地区10国及非洲16国，均已制定了护理法规。泰国于1985年颁布实施《护理与助产法》，1997年修订了《护士法》；印度、印度尼西亚、菲律宾等国家也都以法律的形式建立护士准入和注册管理制度；我国香港特别行政区制定有《香港护士注册条例》，我国台湾在1991年5月之前护士执业的法律依据是《护士管理规则》，1991年5月我国台湾制定了《护士法》相关法规，1992年4月制定了《护士法实施细则》。我国的护理法规《中华人民共和国护士管理条例》也在执行的情况下进一步完善。

（三）护理立法的意义

1. 有利于维护护理对象的正当权益　护理立法向全社会公开各项服务法规，并接受社会监督，有利于约束护士的行为。《护士条例》对护士在执业活动中的行为有明确的规定，对违反护理法规的行为，要依法追究其法律责任，从而最大限度地保护了患者及所有护理对象的合法权益。

2. 使护士的执业权益受到法律保护和支持　护理立法中明确了护士的权利、义务和责任，规定了护士的地位、作用和职责范围，使护士在从事正常护理工作时，行使工作的权利、履行自己的法定职责等方面都受到法律的保护和支持，任何人都不可侵犯和剥夺，从而增强了护士对护理专业崇高的使命感和安全感。

3. 使护理管理法制化并确保护理安全　护理立法为护理管理提供了有力支持,使护理管理和护理工作符合专业化、科学化、标准化的要求，防止护理差错事故的发生，促使一切护理行为符合法律规范，保证护理工作的安全，提高护理管理和护理工作质量。

4. 促使护理教育及护理学科规范化、标准化　护理立法汇聚了最先进的法律思想及护理观念，为护理专业人才的培养和护理活动的开展制定了法制化的规范及标准，使护理工作在法律的规范下得到统一，促进了护理专业向现代化、专业化、科学化、标准化的方向发展。

5. 促进护士不断学习和接受培训　护理立法规定了护士的教育、执业资格、注册、执业范围等。《护士条例》中对申请护士执业注册的条件有具体要求，明确规定护士执业注册有效期为5年，以法律的手段促使护士必须不断学习知识、提高技能、更新观念，才能依法从业，从而保证护理质量，促进护理专业的快速发展。

三 与护理管理相关的法律、法规和政策

(一)《护士条例》

《护士条例》,2008年1月23日国务院第206次常务会议通过,并于2008年5月12日起施行(以下简称《条例》)。

《条例》共六章三十五条,总则、执业注册、权利和义务、医疗卫生机构的职责、法律责任和附则六个部分。此条例的制定旨在维护护士的合法权益,规范护理行为,促进护理事业发展,保障医疗安全和人体健康。《条例》在总体思路上把握了以下三点。

1. 充分保障护士的合法权益　通过明确护士应当享有的权利,规定对优秀护士的表彰、奖励措施,来激发护士的工作积极性;鼓励社会符合条件的人员学习护理知识,从事护理工作。在全社会形成尊重护士、关爱护士的良好氛围。

2. 严格规范护士的执业行为　通过细化护士的法定义务和执业规范,明确护士不履行法定义务、不遵守执业规范的法律责任,促使广大护士尽职尽责,全心全意为人民群众的健康服务。

3. 强化医疗卫生机构的职责　通过规定医疗卫生机构在配备护士、保障护士合法权益和加强在本机构执业护士的管理等方面的职责,促使医疗卫生机构加强护士队伍建设,保障护士的合法权益,规范护士护理行为,为促进护理事业发展发挥应有的积极作用。

(二)《中华人民共和国护士管理办法》

《中华人民共和国护士管理办法》,中华人民共和国卫生部令第31号,1993年3月26日颁布,1994年1月1日起实施。

《中华人民共和国护士管理办法》明确提出:要发展护理事业,促进护理学科的发展,护士的劳动受全社会的尊重,护士的执业权利受法律保护,任何单位和个人不得侵犯。各省、自治区、直辖市人民政府卫生行政部门结合本行政区域的实际情况,制定并发布了细则。《中华人民共和国护士管理办法》规定的法律制度包括护士执业资格考试制度、护士注册制度、护士执业管理制度和护士执业监督处罚制度。护士执业违反医疗护理规章制度及技术规范的,或拒不履行护士义务者,由卫生行政部门视情节予以警告、责令改正、中止注册直至取消其注册。非法阻挠护士依法执业或侵犯护士人身权利的,由护士所在单位提请公安机关予以治安行政处罚;情节严重,触犯刑律的,提交司法机关依法追究刑事责任。这些规章和地方性规章及有关法律制度,共同构成了我国的护士管理法律体系。

(三)《医疗机构管理条例》

《医疗机构管理条例》,中华人民共和国国务院令第149号,1994年9月1日起施行。

《医疗机构管理条例》是我国医疗机构管理法律体系的主干,是纲领性法规。它明确规定了我国医疗机构管理的基本内容,医疗机构必须遵守的规范,以及违反有关规定的法律责任。与之相配套的规章和规范性文件:《医疗机构管理条例实施细则》《医疗机构设置规划指导原则》《医疗机构基本标准》《医疗机构监督管理行政处罚程序》《医疗机构评审办法》《医疗机构评审标准》《医疗机构评审委员会章程》和《医疗机构诊疗科目》《医疗机构评价指南(试行)》《中外合资、合作医疗机构管理办法》等。

(四)《医疗事故处理条例》

《医疗事故处理条例》,中华人民共和国国务院令第351号,2002年9月1日起施行。

1. 医疗事故定义及分级标准　医疗事故是指医疗机构及其医务人员在医疗活动中,违反医疗卫生管理法律、行政法规、部门规章和诊疗护理规范、常规,过失造成患者人身损害的事故。

根据对患者人身造成的损害程度，将医疗事故分为四级：一级医疗事故是指造成患者死亡、重度残疾的；二级医疗事故是指造成患者中度残疾、器官组织损伤导致严重功能障碍的；三级医疗事故是指造成患者轻度残疾、器官组织损伤导致一般功能障碍的；四级医疗事故是指造成患者明显人身损害的其他后果的。

2. 医疗事故预防及处置　　该条例对于医疗事故的预防与处置也做了明确的规定，因抢救急危患者，未能及时书写病历的，有关医务人员应当在抢救结束后6小时内据实补记，并加以注明。严禁涂改、伪造、隐匿、销毁或者抢夺病历资料。疑似输液、输血、注射、药物等引起不良后果的，医患双方应当共同对现场实物进行封存和启封，封存的现场实物由医疗机构保管；需要检验的，应当由双方共同指定的、依法具有检验资格的检验机构进行检验；双方无法共同指定时，由卫生行政部门指定。疑似输血引起不良后果，需要对血液进行封存保留的，医疗机构应当通知提供该血液的采供血机构派员到场。患者死亡，医患双方当事人不能确定死因或者对死因有异议的，应当在患者死亡后48小时内进行尸检；具备尸体冻存条件的，可以延长至7日。尸检应当经死者近亲属同意并签字。尸检应当由按照国家有关规定取得相应资格的机构和病理解剖专业技术人员进行。

（五）《医疗废物管理条例》

《医疗废物管理条例》，中华人民共和国国务院令第380号，2003年6月16日起施行。

医疗废物，是指医疗卫生机构在医疗、预防、保健及其他相关活动中产生的具有直接或者间接感染性、毒性及其他危害性的废物。

《医疗废物管理条例》是为了加强医疗废物的安全管理，防止疾病传播，保护环境，保障人体健康，根据《中华人民共和国传染病防治法》和《中华人民共和国固体废物污染环境防治法》而制定的。内容主要有医疗废物的概念、医疗废物的存放、转移和集中处置要求；医疗机构对医疗废物的管理要求；卫生行政主管部门的监督管理职责；以及未执行本条例的法律责任。相关法规包括《医疗废物分类目录》《医疗废物管理行政处罚办法》《医疗卫生机构医疗废物管理办法》等。

（六）《医院感染管理办法》

《医院感染管理办法》，经原卫生部部务会议讨论通过，2006年9月1日起施行。

《医院感染管理办法》是为了加强医院感染管理，有效预防和控制医院感染，提高医疗质量，保障医疗安全，根据《传染病防治法》《医疗机构管理条例》和《突发公共卫生事件应急条例》等法律、行政法规的规定而制定的。

《医院感染管理办法》明确了医院感染管理组织与职责；确定了医院感染的预防与控制、医院感染知识培训的具体要求、监督管理；说明了未按照规定执行控制医院感染造成医院感染暴发等不良后果的相关罚则，明确了医院感染、医源性感染、医院感染暴发、消毒、灭菌等的相关概念。

有关文件包括《医院消毒卫生标准》《医院消毒供应室验收标准》《传染性非典型肺炎医院感染控制指导原则（试行）》《抗菌药物临床应用指导原则》《医院感染管理办法》。

其他相关的法律法规有《中华人民共和国母婴保健法》《中华人民共和国传染病防治法》《中华人民共和国固体废物污染环境防治法》《医疗器械管理条例》《中华人民共和国环保法》等。

第2节 护理管理中的法律问题

● 案例 8-1

某产妇于某日上午9：00，在某市中心医院妇产科产房顺产一足月男婴，经该院医生检查新生儿一切正常，按新生儿的临床评分标准被定为满分。产妇连续2天见到新生儿并以母乳喂养，但产后第3天早上5：30突然发现该男婴死于新生儿室，产妇及家属向院方控告当班护士失职致其婴儿死亡，护士矢口否认自己有责任，双方遂引发医疗纠纷。新生儿室在婴儿死亡前后的护士记录情况：前日22：00至次日22：00，巡视新生儿一切正常；1：15，排便后喂牛奶30ml后，右侧卧位，未见异常；3：30，更换尿布，新生儿正常；4：30，巡视新生儿一切正常；5：00，更换尿布，仍右侧卧位，一切正常；5：30，巡视时发现该新生儿面部、口唇青紫色，右半身青紫，呼吸心跳已停止，经值班医生检查确认其已死亡。检查发现，尸斑已形成，以头面部、右侧半身头胸部为主。该护士主张此男婴系"新生儿猝死综合征"死亡。

问题：1. 请分析当班护士在本案中的责任。
   2. 请认定该护士在事故发生前后的行为。

一、依法执业问题

（一）侵权行为与犯罪

侵权行为是指医护人员对患者的权利进行侵害导致患者利益受损的行为。患者的权益受宪法保护，侵权行为是违反法律的行为，主要涉及侵犯患者的自由权、生命健康权、隐私权，情节严重者要承担刑事责任。护士执业时，应重视患者的自由权，保证患者自由权，如护士以治理护理的名义，限制和剥夺患者的自由，是违反宪法的；《民法通则》第九十八条，公民享有生命健康权，护士执业时，医疗器械使用不当、操作规程错误而造成患者身体受损或是操作过程中使用恶性语言、出现不良行为损害患者利益，都侵犯了公民的生命健康权；《中华人民共和国护士管理办法》第四章第四十二条规定，护士执业时，得悉患者的隐私，应遵守职业道德，不得泄露，如护士执业时，在为卧床患者护理取得患者高度信任的基础上，被授权查阅其信件，但对信件的内容应该为之保密，若随意谈论，造成扩散，则视为侵犯了患者的隐私权。

犯罪是指一切触犯国家刑法的行为，会依法受到惩处。犯罪分为故意犯罪和过失犯罪。故意犯罪是明知自己的行为会发生危害社会的结果，并希望或放任这种结果发生，因而构成犯罪；过失犯罪是应当预见自己的行为可能发生危害社会的结果，但因疏忽大意而没有预见或已经预见而以为能够避免，以致发生不良后果而构成犯罪。护理人员与患者的接触最多、最密切，护理工作中容易出现最为严重的过失犯罪。而医护人员由于严重不负责任造成就诊人员死亡或者严重损害就诊人员身体健康处三年有期徒刑或拘役。护理管理应做到正确执行护理各项规章制度，为患者提供优质服务。

（二）失职行为与渎职罪

主观上的不良行为或明显的疏忽大意，造成严重后果者属于失职行为。例如，对急危重症患者不采取任何急救措施或转院治疗，不遵守首诊负责制原则，不请示医生进行转诊，以致贻误治疗或丧失抢救时机，造成严重后果的行为；擅离职守，不履行职责，以致贻误诊疗或抢救时机的行为；在护理活动中，由于查对不严格或查对错误，不遵守操作规程，以致打错针、发错药的行为；不认真执行消毒、隔离制度和无菌操作规程，使患者发生交叉感染的行为；不认真履行护理基本职责，护理文书书写不实事求是等，这些都属于失职行为。

渎职罪是因失职导致患者残疾或死亡的行为。违反护士职业道德要求，为戒酒、戒毒者提供酒或毒品是严重的渎职行为；窃取病区毒麻限制药品，如哌替啶、吗啡等，自己使用成瘾或贩卖捞取钱财构成吸毒或贩毒罪的行为，都将受到法律严惩。

失职行为与渎职罪只是造成患者后果的不同。例如，护士因疏忽大意而错给一位未做过青霉素皮试的患者注射了青霉素，若该患者幸好对青霉素不过敏，那么该护士只是犯了失职行为，只构成一般护理差错；假若该患者恰恰对青霉素过敏，引起过敏性休克致死，则需追究法律责任，她可能被判渎职罪。护理管理应从小处抓起，严防失职行为，杜绝渎职罪。

（三）临床护理记录不规范

临床护理记录，不仅是检查衡量护理质量的重要资料，也是医生观察诊疗效果、调整治疗方案的重要依据。在法律上，也有不容忽视的重要性，不认真记录、漏记、错记等均可能导致误诊、误治，引起医疗纠纷。临床护理记录还表现在法律上的重要性，记录本身也能成为法庭上的证据，若与患者发生了医疗纠纷或与某刑事犯罪有关，此时护理记录则成为判断医疗纠纷性质的重要依据，或成为侦破某刑事案件的重要线索。因此，在诉讼之前对原始记录进行添删或随意篡改，都是非法的。

（四）执行医嘱的问题

医嘱通常是护理人员对患者实施诊断和治疗措施的依据，一般情况下，护理人员要一丝不苟地执行，随意篡改或无故不执行医嘱都属于违规行为。如果发现医嘱有明显的错误，护理人员有权拒绝执行，并向医生提出质疑和申辩；反之，若明知该医嘱可能给患者造成损害，酿成严重后果，仍照旧执行，护理人员将与医生共同承担所引起的法律责任。

（五）麻醉药品与物品管理问题

麻醉药品通常是指阿片、哌替啶、吗啡类药物。这类药品在临床上仅限于手术后、晚期癌症的镇痛。护士若利用自己的职务之便将这些药品提供给吸毒者或一些不法分子倒卖，这些行为事实上就已构成了参与贩毒、吸毒罪。护士还负责保管、使用各种贵重药品、医疗器械、办公用品等，护理人员绝不能利用职务之便，将这些物品占为己有。如占为己有，情节严重者，可被起诉犯盗窃公共财产罪。因此，护理管理者应严格贯彻执行麻醉药与物品管理制度，并经常向有条件接触这类药品的护理人员进行法律教育。

（六）护生法律身份的管理问题

护生进入临床实习时，首先必须要明确自己法定的工作职责范围，要知道作为护生没有独立进行护理和操作的权利，只有在专业教师和执业护士的指导和监督下，才能对患者实施护理和基本护理技术操作。若在执业护士的指导下，护生因护理或操作不当给患者造成损害，那么可以不负法律责任，但如果未经带教护士批准，擅自独立护理或操作造成了患者的损害，那么要承担法律责任。所以，护生进入临床实习前，应该明确自己法定的职责范围，避免触及法律责任。带教老师要严格带教，护士长在排班时，不可只考虑人员的一时短缺而将护生当作执业护士使用。

二 执业安全问题

（一）无证上岗的问题

《护士条例》第二十一条明确规定，医疗卫生机构不得允许下列人员在本机构从事诊疗技术规范规定的护理活动：①未取得护士执业证书的人员；②未按规定办理执业地点变更手续的护士；③执业注册有效期届满未延续注册的护士；④虽取得执业证书但未经注册的护士。护理管理者应安排她们在注册护士的指导下做一些护理辅助工作，不能以任何理由安排他们独立上岗，否则被视为无证上岗、非法执业。

（二）职业安全的问题

职业安全是以防止职工在职业活动过程中发生各种伤亡事故为目的的工作领域及在法律、技术、设备、组织制度和教育等方面所采取的相应措施。由于工作环境、服务对象的特殊性，护理人员面临着多种职业危害，如生物性危害、化学性危害、物理性危害、心理社会性危害等，其中生物性危害是最主要的，如艾滋病、乙肝/丙肝感染等。美国职业劳动局（OSHA）1991年制定了专门法规要求对暴露于经血传播性微生物的医务人员进行职业保护。2004年我国卫生部也制定了《医务人员艾滋病病毒职业暴露防护工作指导原则（试行）》等职业防护的文件，以保护医务人员的职业安全。人身伤害也是护士职业伤害之一。《中华人民共和国护士管理办法》第四章第二十六条规定，护士依法履行职责的权利受法律保护，任何单位和个人不得侵犯；《护士条例》第三十三条也明确规定，扰乱医疗秩序，阻碍护士依法开展执业活动，侮辱、威胁、殴打护士，或者有其他侵犯护士合法权益行为的，由公安机关依照治安管理处罚法的规定给予处罚；构成犯罪的，依法追究刑事责任。因此，护理管理者要重视护理人员职业安全，加强教育，提高护士的防范意识，增强护士的防范知识，为护士提供必要的防护用具、药品和设备，对发生意外伤害的情况采取及时有效的措施，最大程度地保障护士的职业安全。

（三）职业保险的问题

职业保险是指从业者通过定期向保险公司交纳保险费，使其一旦在职业保险范围内突然发生责任事故时，由保险公司承担对受损害者的赔偿。目前世界上大多数国家的护士几乎都参加这种职业责任保险。这种职业保险的好处：①保险公司可在政策范围内为其提供法定代理人，以避免其受法庭审判的影响或减轻法庭的判决；②保险公司可在败诉以后为其支付巨额赔偿金，使其不致因此而造成经济上的损失；③因受损害者能得到及时合适的经济补偿，而减轻自己在道义上的负罪感，较快达到心理平衡。因此，参加职业保险可被认为是对护士自身利益的一种保护，它虽然并不摆脱护士在护理纠纷或事故中的法律责任，但实际上却可在一定程度上抵消其为该责任所要付出的代价。同时，在职业范围内，护士对患者负有道义上的责任，决不能因护理的错误而造成患者经济损失。参加职业保险也可以为患者提供这样一种保护。医院作为护士的法人代表，对护士所发生的任何护理损害行为，也应负有赔偿责任。当患者控告护士，法庭做出判决时，若医院出面承受这个判决，则对护士的判决常常可以减轻，甚至可以免除。因此，医院也应参加保险，可使护士的职业责任保险效能大为增强。

第3节　护理管理制度

 护理管理制度的概念及作用

护理管理制度是指护理行政管理部门与各科室护理人员需共同执行的有关制度。它是保证护理质量，提高管理效果不可少的前提和基础。护理质量是医疗质量的重要组成部分，树立医院品牌形象，提高市场竞争能力，必须要规范护理管理制度，从而提高护理管理制度的质量和执行力度。

护理管理制度的制定原则与分类

（一）护理管理制度的制定原则

1. 科学性、实用性原则　规章制度的制定既要符合国家政策、法令和现代化医院科学管理的要求，也要符合护理工作实际，经过充分论证，具有科学性，切实可行。规章制度必须先经过试用，方可正式实行。

2. 精简原则　规章制度文字应简明、易懂，用语准确，条目不宜过多，便于记忆，易于实施。

3. 群众参与原则　制定规章制度应吸收不同层次的护理人员参与讨论，广泛征求群众意见，使制定的规章制度具有群众基础，易被群众接受。

4. 相对稳定原则　任何一项制度，只有被群众熟悉，成为习惯和养成作风之后，才能充分发挥作用。如果朝令夕改，修改频繁，纵使是合理的制度也不可能取得理想的效果。因此，制定规章制度必须考虑各种情况，涵盖面要广，既要满足当前的要求，也要考虑未来发展的需要，以保持规章制度的相对稳定。要坚持先立后破的原则。重要制度的修订要报请上级批准。

（二）护理管理制度的分类

1. 护理部会议制度

（1）全院护士大会：由护理部组织，每年1次，总结年度护理工作完成情况，布置下一步工作计划。

（2）护士长会议：由护理部组织，每月1次，分析总结护理质量达标情况及存在的问题，提出改进措施，布置下个月工作重点。

（3）质量管理委员会工作会议：由护理部组织，每月1次，分析护理质量存在问题，质量持续改进。

（4）护理部工作会议：每周1次，小结本周工作，制订下一周工作重点。

2. 护理质量管理委员会工作制度

（1）护理质量管理委员会在主管院长和护理部主任直接领导下进行工作。

（2）及时传达上级有关文件或通知。

（3）护理质量管理委员会每月召开一次工作会议，分析护理质量现状，提出改进措施，确保护理质量持续改进。总结一个月的工作，并对下一月工作进行安排。

（4）护理质量管理委员会以定期、不定期的方式对各科室护理质量进行督查。

（5）每个月在护士长会议上，通报质控结果，部署下一月质控工作重点。

3. 护理查房、会诊、病例讨论制度

（1）护理查房制度

1）护理部查房：由护理部组织，每月1次，检查各病区护理工作完成情况及规章制度的执行情况，实际解决病区护理管理问题。

2）科室查房：科护士长每月组织1次护理业务查房，实行各科依次组织；科室每月组织2次护理业务查房。专人负责，积极准备资料，有记录。

3）教学查房：每月1次，针对典型病例的护理问题进行讨论分析，并记录。

4）一般情况下除值班人员外，护理人员均参加。

（2）会诊制度

1）科内会诊，凡遇复杂护理问题，由负责护士或护士长提出，科内组织护理会诊，有记录。

2）科间会诊，遇疑难重危病症，立即申请相应科室会诊，由护士长或主管护士及以上职称者写会诊申请单。被请科室，必须随叫随到。派有经验的主管护师及以上职称者会诊，填写会诊记录。

3）院内会诊，由科护士长或护士长提出并主持，邀请有关人员会诊时，护理部有人参加。

4）会诊要充分讨论，发生异议时，主持人决定会诊意见和护理方案。最后主持人进行总结。

（3）病例讨论制度

1）凡遇疑难重危病例、新开展项目、新技术时，要进行病例讨论。

2）专人负责，资料齐全，详细记录讨论结果。

3）主持人要进行最后总结。

4）护士长要参加医疗病例讨论。

4. 护士长行政夜查房制度

（1）由科、病区护士长组成夜查人员，值班时间由护理部统一安排。在夜查房期间，行使护理部的职权，协助处理护理工作中重大、突发事件，及时向相关科室和护理部请示、报告，保证全院各项护理工作的正常运作。

（2）按护理部的要求巡视病区，对规定检查的病区进行护理质量评价。

（3）做好夜间护理质量控制工作，如有大型抢救，要亲临现场协助院领导组织、指挥，并参加抢救。

（4）值班护士长于当日下午5时前到护理部取查房相关资料，次日上班时向护理部提交值班记录，并做口头汇报。

（5）将护士长夜间行政查房结果作为年终考核、评优参考。

5. 护理安全管理制度

（1）严格遵守医院卫生管理法律、行政法规、部门规章和诊疗护理规范，恪守医疗服务职业道德。

（2）严格遵守医院的各项规章制度，认真落实各项护理工作制度和技术操作规程及无菌技术操作原则，进行各项护理工作应有科学、严谨的态度，做到精力集中、一丝不苟，不谈论与工作无关的事情。

（3）认真执行值班、交接班制度，遵守劳动纪律，坚守工作岗位，不脱岗、不空岗，认真履行工作职责，按分级护理标准，及时巡视病房，严密观察患者病情变化。交接班做到口头、书面、患者床旁三交接，做到交得清、接得明，对工作未完成或工作质量未达标准者做到六不交接。

（4）认真做好查对制度的执行和落实，进行各项护理操作必须严格遵守三查八对原则，如输液、输血、注射、服药。医嘱每班查对，每周1次大查对，每次查对后均要及时记录。

（5）严格执行医嘱制度，除抢救患者不执行口头医嘱。抢救患者及术中医生下达的口头医嘱，护士必须复诵，并经医师查对药物后方可执行，并保留安瓿，督促医师及时补开医嘱。

（6）进行药物过敏试验前，要交代注意事项，患者或家属签字后再执行，如遇有家族过敏史或呈假阳性者应用该药需由医生签字后方可执行，用药后要注意严密观察。

（7）使用氧气严格执行操作规程，做好用氧"四防"，氧气桶空、满分别放置，中心吸氧管道及吸氧装置要注意有无漏气，发现异常及时汇报处理。

（8）认真执行药品管理制度，抢救药品每班交接，账、物、卡相符，使用后及时补充，专管人员及护士长每周必须检查1次，保证种类齐全、不过期、不变质，毒麻精神药品必须加强保管，每班交接专人管理，治疗室内药物分类放置，严禁混放、乱放。

（9）抢救仪器物品应专人管理，做到定位放置、定人管理、定期检查及时维护、定期消毒，保持常备状态，不得任意挪用或外借。

（10）手术患者做到术前到病房接患者并认真查对，进手术室再次查对，并注明患者已查对无误。术前及手术结束前均必须认真清点查对手术所用物品，并双人签名，术后护送回病房，认真交代病情及治疗和注意事项。

（11）消毒供应中心按医院感染管理及消毒技术规范，严格科室管理，应常规进行各种监测，不得将不符合无菌要求的物品及过期包、物品不齐全的包发放到临床，对一次性医疗用品必须规范化管理，严格把关、抽样监测，合格后方可发放临床使用。

（12）凡住院患者必须向其讲明住院须知内容并请患者在住院须知上签名。

6. 重点科室护理监管制度

（1）重点科室包括重症监护病房、急诊科、手术室、消毒供应中心。

（2）根据国家医院管理的有关要求，分别制订各重点科室的护理质量管理标准。

（3）科室护士长严格按照质量标准的各项要求管理、监督护理工作。

（4）护理质控组对上述科室的护理工作进行重点检查，每月1次，并将结果上报护理部。

（5）护理部加强对上述科室的重点监控，每月不定期检查1次，发现问题限期整改。

（6）科室根据质控组及护理部的检查结果，制订改进措施，并组织实施落实。

7. 重点环节护理管理制度

（1）重点环节护理管理包括以下内容。

1）重点环节：患者交接、患者信息的正确标识、药品管理、围术期、患者管道管理、压疮预防、有创护理操作、医护衔接。

2）重点时段：午间、夜班、连班、节假日、工作繁忙时。

3）重点患者：疑难危重患者、新入院患者、手术患者、老年患者、接受特殊检查和治疗的患者、有自杀倾向的患者。

4）重点员工：护理骨干、实习护士、新护士、进修护士、近期遭遇生活事件的护士。

（2）严格执行医院各项医疗核心制度、护理操作规程及岗位职责。

（3）病房针对重点环节，结合本病房的工作特点，提出并落实具体、有效的护理管理措施，以保证患者的护理安全。

（4）护士长应组织有关人员加强重点时段的交接班管理和人员管理，根据病房的具体情况，科学合理安排人力，对重点时段的工作、人员、工作衔接有明确具体的要求，并在排班中体现。

（5）根据护士的能力和经验，有针对性地安排重点患者的护理工作，及时检查和评价护理效果，加强对重点患者的交接、查对和病情观察，并体现在护理记录中。

8. 护理质量缺陷管理制度　护理质量缺陷是指由于各种原因导致的一切不符合护理质量标准的现象和结果。

（1）各病房建立护理质量缺陷登记本，及时对护理质量缺陷进行分析并记录。

（2）发生护理质量缺陷后，要本着患者安全第一的原则，迅速采取补救措施，避免或减轻对患者本身健康的损害或将损害降到最低的程度。

（3）当事人要立即向护士长汇报，护士长要逐级上报护理质量缺陷的经过、原因、后果，并填写护理质量缺陷分析记录，24~48小时内上报护理部，护理部根据缺陷的情节及对患者的影响，提出处理意见。

（4）发生缺陷的各种有关记录、检验报告及造成事故的药品、器械等均应妥善保管，不得擅自涂改、销毁，以备鉴定。

（5）缺陷发生后，病房要组织护理人员进行讨论，分析原因，提高认识、吸取教训、改进工作。

（6）发生护理质量缺陷的病房或个人，有意隐瞒不报，事后经领导或他人发现，按情节轻重给予严肃处理。

（7）护理部定期组织有关人员进行各种护理质量缺陷分析，不断提高护理质量。

9. 护理投诉管理制度

（1）凡是医疗护理工作中，因服务态度、服务质量或技术原因，以及患者自身原因，引起对护理工作的不满，并以书面或口头方式反映到护理部或有关部门转回护理部的意见，均为护理投诉。

（2）护理部设专人接待护理投诉，认真倾听投诉者意见，耐心安抚，做好投诉记录。

（3）接待人员要做好解释说明工作，避免引发新的冲突。

（4）护理部设有护理投诉专项登记本，记录投诉事件的发生原因、分析和处理经过及整改措施。

（5）护理部接到护理投诉后，及时反馈，并调查核实，告知相关部门的护士长。科内应认真分析事发原因，总结经验，接受教训，提出科室处理意见及整改措施。

（6）投诉核实后，护理部与相关部门根据事件情节严重程度，给予当事人相应的处理。

10. 护理异常信息的报告及处理制度

（1）护理异常信息

1）患者/家属异常信息：患者住院期间出现的输液反应、输血反应、空气栓塞、化疗药外渗、执行医嘱错误、导管脱落、跌倒、坠床、烫伤、误吸、难免性压疮、院内压疮、自杀倾向、猝死、外出不归、精神症状、重患无陪护、患者家属院内意外伤害、各种原因导致的护理纠纷等。

2）病房管理异常信息：重大抢救活动及特殊病例的抢救治疗、严重影响患者身心健康的环境、人员及工作问题、突然停水、泛水、停电、失窃、遭遇暴徒、火灾、地震、病房化学药剂/有毒气体泄漏、其他突发事件等。

（2）发现患者/家属出现上述异常情况时，应立即组织相关人员，对出现的问题给予积极有效的处理，同时报告主管领导，填写护理异常信息报告单，上报护理部。

（3）护理部组织相关人员进行讨论，根据异常信息的性质及对患者的影响程度，综合分析，提出处理意见，并指导、督促、评价科室的落实情况，达到护理质量的持续改进。

（4）发现病房管理异常信息时，将问题的发生及解决情况及时向院内有关部门提交书面报告。

11. 护理工作请示报告制度

（1）需要报告的事例：收治（批量、特殊患者、甲类传染病或卫生行政部门指定上报的传染病、发生群伤如重大交通事故、中毒、严重工伤、自杀迹象、犯人等，需要紧急调动护理人员抢救患者时），环境安全，患者安全，职业安全，新业务、新技术，复杂疑难问题，发生医疗纠纷、护理意外事件、严重的护理缺陷、输液输血反应、院内发生压疮、暴发院内感染、威胁伤害患者及工作人员、其他潜在的严重影响患者及工作人员安全的问题，贵重器材或毒、麻、精一类药品损坏、丢失，以及发现成批药品、医疗用品质量问题等；科室接受非常规来院进修、参观的护理人员等。

（2）部门发生以上情况 2~6 小时电话报告上级护士长和护理部、相关职能部门或护理管理委员会，24 小时内填写相关表格在医院公文系统发公文上报，注明急报情况：时间、方式（电话、书面、面谈等）、接报部门及人员；报告部门应简要描述事项内容，重点表达护理内容及工作要求；上级护士长在现场调查后确认报告事项并提出本部门及院内协调的建议和意见，必要时联系专科小组进行现场指导；专科小组按报告部门要求及时给予技术指导，并记录备案；上级护士长追溯事项进展及完成情况并报护理管理委员相关小组。护理管理委员会相关小组定期向护士长或全院护士点评分析护理安全事项，指导相关部门人员进行整改；护理部及时掌握护理安全事项处理情况，协助报告部门完成工作任务及整改护理不良事件等。本报告由护理部统计汇总，每月护士长例会通报反馈，护理管理委员会各分组存档备查。

12. 护理人员排班制度

（1）排班要体现公平、效率、结构合理、满足需求的原则。

（2）排班要遵循一定的规律，根据护理工作的实际情况实行弹性排班方式，以满足患者需求，保证护理工作的正常进行。

（3）各病房实行二班制，有条件的病房应实行"三八"班轮流制。

（4）明确各班次工作职责，保证各项工作有序交接，无纰漏。

（5）排班应均衡各班工作量，适当搭配不同层次护理人员，最大限度地发挥不同年资、不同职称护理人员的作用。

（6）遇有紧急情况，护士长可根据需要进行调配。

13. 护理人员培训、考核制度

（1）培训对象为全体护理人员。护理部、科、病区共同组织，以自学为主，集体授课为辅。科室制订学习计划，根据护理人员特点进行分层培训。

（2）护理部每 2 个月对全院护理人员进行新知识、新业务及新方法的培训。

（3）病房护理人员的培训由护士长根据不同职称的护理人员结合三基三严的有关内容进行培训。

（4）要求培训的护理人员按时参加并做好记录。

（5）定期组织护理人员进行三基三严考核，成绩登记入档，原始资料保存、备查。①护理部每年组织护理基础理论考核，参加考核人员占全院护理人员的 50%~100%，每月考核护理技能一项，参加考核人员占全院护理人员的 25%~50%。②科护士长每半年组织基础理论考核一次，成绩上报护理部。③科室护士长每个月组织考核护理基础理论或基本技能一次。

（6）护理部有目的地选派护士外出进修、学习及参加培训，并向全院护士汇报或讲座。

14. 护理新进人员管理制度

（1）护理新进人员范围：新护士（工作一年以内）；护理专业实习生（中专、大专、本科、研究生）；进修护士。

（2）工作要求：①对于护理新进人员的管理，病房必须由专门人员负责，并指定专人带教。②带教人员应加强对新进人员专科业务的指导和培训，带领他们完成各项护理工作。③护理新进人员不得独立从事临床护理工作,不得执行医嘱、签字及独立值班。④新进人员应严格遵守医院及科室的各项工作制度和操作规程,尊重和服从带教老师及护士长。⑤因新进人员擅自进行护理操作,或违反各项工作制度及操作规程而造成的后果,由本人承担主要责任。

15. 新护士培训制度

(1)护理部对新士的护理人员进行基本课程的岗前培训,时间为一周。内容:护理规章制度、操作规程、护理人员的素质要求、护理安全、医院感染控制、护理文件书写规范、护理法律法规等。

(2)岗前培训后写出个人心得体会。

(3)新护士见习期间(时间为一年),护理部及病房护士长对新护士给予延续性培训。内容:基础护理及专科护理技术操作、护理程序的应用、专科护理常规及病情观察、标本送检方法、药物的保管及应用、病房各项工作程序及要求、核对医嘱的方法、急救流程的示范、急救仪器的使用等。

(4)见习期满,护理部组织理论考试,科护士长及病房护士长对新护士进行综合评估,合格并获取执业证书后方能转为执业护士。

(5)对培训后仍不能承担临床护理工作的新毕业护士,按院内有关规定执行。

三 护理管理制度的实施要求

1. 目标导向　目标的实现是制度管理协调的方向,任何管理措施都离不开既定的目标,只有围绕统一的目标,把各方面力量组织起来,制度才能落到实处,否则就会分散注意力,管理目标难以实现。

2. 勤于沟通　通过经常性的各种有效的信息传递,使管理成员之间彼此建立起密切的关系,有利于解决矛盾、消除误会。护理管理者为了使各个部门和个人之间的关系保持协调一致,就必须不断进行有效沟通,通过部门与部门、人与人之间的直接接触,达到彼此交换意见、共同思想、协同合作的效果。

3. 整体优化　通过管理可使整个组织系统的运行达到整体优化状态,这就需要管理者对各种因素的质量和数量及结合效应进行科学的分析,进而通过个体优化的组合,形成整体优势,取得理想的整体效益。

4. 原则性与灵活性相结合　制度管理工作的实施应有原则性,这是制度管理准则,灵活性是在不违背原则的前提下,为了实现组织目标而做出的变通。

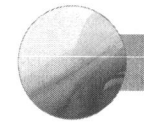

目标检测

单项选择题

A₁型题

1. 《护士条例》在全国施行的日期为
   A. 2003 年 5 月 12 日
   B. 2005 年 5 月 12 日
   C. 2007 年 5 月 12 日
   D. 2008 年 5 月 12 日
   E. 2010 年 5 月 12 日

2. 张某今年从护校毕业了,要进行护士执业注册。她向有关部门提交下列材料哪个是错误的
   A. 护士执业注册申请审核表及申请人身份证明
   B. 申请人学历证书

C. 专业学习中的临床实习证明

D. 护士执业资格考试成绩合格证明及医疗卫生机构拟聘用的相关材料

E. 省、自治区、直辖市人民政府卫生行政部门指定的医疗机构出具的申请人3个月内健康体检证明

3. 每周一次召开的会议是

   A. 护士长会议

   B. 护理部工作会议

   C. 护理质量管理委员会会议

   D. 全院护士大会

   E. 护理部查房

A₂型题

4. 小李护士的护士执业证书已经5年了，其有效期已届满，需要继续执业。她应当在有效期届满前几日，向原注册部门申请延续注册。

   A. 20日   B. 30日   C. 40日

   D. 50日   E. 60日

5. 李护士协助王医生摘取刚去世的一位患者的肾脏进行移植，并从中获取报酬。后经查实，该公民并没有同意捐献器官的协定。李护士应受到的处罚是

   A. 所得报酬6倍的罚款

   B. 吊销护士执业证书

   C. 依法追究刑事责任

   D. 开除公职

   E. 降级处理

6. 某病房在护士交班过程中，发现病房内原有的10支盐酸哌替啶只剩下了5支，出现这种情况，以下的处理方法不妥的是

   A. 发现后3小时电话报告了上级护士长

   B. 护理管理委员会，48小时内发公文上报

   C. 上级护士长在现场调查后确认报告事项

   D. 上级护士长提出本部门及院内协调的建议和意见

   E. 上级护士长追溯事项进展及完成情况

7. 张某，2006年通过护士执业资格考试，2010年拟申请护士执业注册。她必须在符合规定的医疗卫生机构接受多长时间的临床护理培训并考核合格

   A. 1个月   B. 3个月

   C. 6个月   D. 8个月

   E. 10个月

8. 患者，男性，72岁。因急性左心衰竭、心房颤动急诊入住县医院。输液过程中突然出现肺栓塞经抢救无效死亡。但患者家属不认同，提出医疗事故鉴定申请。请问当地卫生行政部门应在当事人提出申请几日内移送上一级主管部门处理。

   A. 3天   B. 7天

   C. 10天   D. 14天

   E. 21天

9. 小张，护士，21岁。取得护士执业证书后到某医院应聘，在与医院签订的劳务合同中，下列哪项是小张应享有的权利

   A. 遵守法律、法规和诊疗技术规范的规定

   B. 参与公共卫生和疾病预防控制工作

   C. 尊重、保护患者的隐私

   D. 在病情危急情况下，应当先行实施必要的紧急救护

   E. 参加学术团体，从事学术研究交流，接受专业培训

A₃型题

（10、11题共用题干）

患者，男性，30岁。因发热、咽痛、呕吐、腹泻2天急诊入院。问诊患者既往有不洁性生活史，HIV抗体初筛试验阳性，初步诊断为艾滋病。

10. 护士得知后，在护理站悄悄议论，此行为侵犯了患者的哪项权利

    A. 知情权   B. 选择权

    C. 隐私权   D. 参与权

    E. 公平权

11. 为了防止医护人员及其他住院患者被传染，科室拒绝为该患者进行进一步检查治疗。此行为侵犯了患者的哪项权利

    A. 知情权   B. 隐私权

    C. 选择权   D. 参与权

    E. 公平权

（周春美）

第9章 护理质量管理

质量是医院生存与发展的基础,是医院管理工作的核心内容。护理质量是直接反映医院医疗护理技术水平、服务水平和整体管理水平的聚焦点,关系到医院在社会公众中的形象。护理质量管理是护理管理的主体,是运用科学、有效、严谨、完善的质量管理原理与方法,为患者提供优质、安全服务的重要保证,是提高医院核心竞争力的重要举措。护理质量管理工作是一个不断完善、持续改进的过程。加强护理质量管理,不断提高护理服务质量,使患者满意,是护理管理者的中心任务,也是医院护理工作的主要目标。因此,每一位护理工作人员都应该懂得护理质量管理的相关概念、护理质量管理的标准、护理质量缺陷管理,学会应用护理质量管理与质量控制来进行护理工作。

第1节 质量管理与护理质量管理

● 案例 9-1

某医院护士在晨间护理时只管病床,不注意病房大小环境的管理,患者的衣物乱堆,病房的床上、床下及床头柜物品多,护士没有及时引导患者放入橱柜中;查房时还发现陪护睡在病床上。该病区在全年共 60 次质量管理中,抽查了病区不同场所(病室、配药室、护士站等)共 190 次,其中高危药品合格率 100%,急救药品、设备、器械完好率 100%,消毒隔离 100%,床单位合格率 80%,病区清洁卫生合格率 78%。

问题:请同学们根据护理质量管理分析该案例中质量管理合格吗?

一、质量与质量管理

护理质量的优劣有赖于管理层的"质量"意识和"服务"意识,有了质量意识才能提高护理质量,增强质量意识是实施护理质量管理方案的关键。追求质量是医院生存发展的必然。

(一)质量

1. 质量的概念　质量产生于人们的社会生产和社会服务中,国际标准化组织(International Organization for Standardization,ISO)对质量的定义为:"反映实体满足明确或隐含需要的能力的特性总和。"这个定义既包含产品质量,也包括服务质量;既包括满足明确规定的标准,也包括用户潜在的需要;既包括产品或服务的内在特性,也包括产品或服务的外在特征。简而言之,质量即是指产品、工作或服务过程满足规定要求的优劣程度。如肌内注射技术操作质量,取决于是否完成了"按规定量的药液安全、准确注入患者体内,达到疗效"。其质量的优劣程度受护理技术、药液、患者配合等多方面因素的影响。

2. 质量的特性　有客观规律性和可比较性。

(1)客观规律性:首先,任何产品和服务质量都有其客观规律性,即质量形成的过程有其自身规律,不随人们的主观意志而改变。同时,质量水平的高低又受客观因素的制约。

(2)可比较性:质量具有可比较性,即可以分析、区别、比较、鉴定。质量可以进行定量分析,如产品的长度、重量等;质量可以进行计数分析,如个数、次数、频数等。但部分质量如转归、分型、可达范围、分级护理、压疮的临床分期等只能定性分析。

另外,质量需要不断完善、改进和创新。质量具有鲜明的行业性,如医疗护理质量标准的要求与其他服务行业的标准差异较大,必须被服务对象认可和满意才行。

(二)质量管理

1. 质量管理的概念　质量管理是对确定和达到质量所必需的全部职能和活动的管理,其中包括制订质量方针和质量目标及职责,并在质量体系中通过质量策划、质量控制、质量保证和质量改进,使其实施全部管理职能的所有活动。

2. 质量管理发生的四个阶段　质量管理是随着管理学的发展而逐渐形成、发展和完善起来的。随着质量管理的发展,也促进产品质量的提高。目前,质量管理已发展成为一门新兴的学科,有一整套质量管理的理论和方法。按照质量管理所依据的手段、方式及管理范围的不同,质量管理的发展先后经历了质量检验、统计质量控制、全面质量管理和质量管理国际规范化四个阶段(图9-1)。

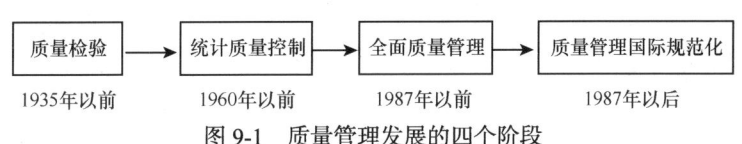

图 9-1　质量管理发展的四个阶段

(1)质量检验阶段:20世纪初至40年代,科学管理学派的创始人泰勒提出了科学管理原理及车间管理,建立了专职质量检验。这是质量管理的初级阶段,特别是以事后检验为主。医疗评价就是一种事后的质量检验,用质量信息反馈的方法提高医疗质量。

(2)统计质量控制阶段:20世纪40年代至50年代末是质量管理发展史上的一个重要阶段。主要特点是将数理统计方法应用于质量管理,突出了质量预防性控制与事后检验相结合的管理方法。在医院标准化活动中,将统计方法用于医疗指标的统计分析,逐渐建立了查房制度、医嘱制度、医疗护理常规等。

(3)全面质量管理阶段:1961年,美国的费根堡姆(Feigenbaum)和朱兰(Julian)提出了全面管理的理论和方法,把质量管理推进到了一个新的阶段。主要特点是集中于一个"全"字,对质量形成的全部门、全员和全过程进行有效的系统管理。

(4)质量管理国际规范化阶段:此阶段的主要标志是ISO9000《质量管理和质量保证》系列标准的发布和推广,为寻求解决国际上产品质量争端和产品质量责任问题奠定了基础。1987年以后,随着系列标准的发布、实施和推广,质量管理进入了规范化、国际化的发展阶段。计划为管理工作提供了基础,是管理者行动的依据。

3. 质量管理过程　质量管理是指导和控制与质量有关的活动,其主要形式是质量策划、质量控制、质量保证、质量改进与持续改进。它是全面管理的一个中心环节。

（1）质量策划：是确定质量目标和要求，以及采用质量体系、要素，并规定必要运行过程和相关资源的活动。其是针对特定的产品、服务、项目或合同而进行的，要从人员、设备、材料、工艺、检验和试验技术、生产进度等全面考虑，结果要以质量计划这一文件表现形式表达。质量策划：包括服务策划；管理和作业策划；编制质量计划和做出质量改进规定。质量控制、质量保证和质量改进只有经过质量策划，才可能有明确的对象和目标，才可能有切实的措施和方法。

（2）质量控制：是为达到质量要求所采取的贯穿于整个活动过程中的操作技术和监视活动。目的在于以预防为主，通过采取预防措施来排除质量形成的各环节、各阶段产生问题的原因，以控制偏差和提高质量。强调满足质量要求，着眼消除可能发生的偶发性问题，使产品和体系保持在既定的质量水平。

（3）质量保证：是按照一定的标准生产产品，使之能够满足服务对象的要求，而在质量体系中实施并根据需要进行证实信任度的全部有计划和有系统的活动。它是一种特殊的管理形式，其实质是组织机构通过提供足够的产品和服务信任度，阐明其为满足顾客和服务对象的期望而做出的某种承诺。质量保证分第一、二、三方保证，强调得到顾客的信任，着眼于体系、过程及产品的有效性，即确保体系运行有效、过程稳定可靠、产品质量合格。

（4）质量改进与持续改进：质量改进是消除系统性的问题，对现有的质量水平在控制的基础上加以提高，使质量达到一个新水平、新高度。质量持续改进是增强满足要求的能力的循环活动，是长期的、不间断的改进过程和活动。这类形式不仅强调提高体系、过程及产品的有效性，同时还着眼于提高体系、过程及产品的效率，涉及以下几个主要方面：①产品质量改进；②过程质量改进；③体系质量改进；④增强顾客满意；⑤提高质量经济效益。

（三）护理质量管理

1. 护理质量的概念　护理质量是指护理的工作表现及服务效果优劣程度，是护理工作为患者提供护理技术服务和生活服务的效果及满足患者对护理服务一切合理需要特性的总和，即患者对护理效果满意程度的高低。护理质量直接反映了护理工作的职业特色和工作内涵，体现在护士的理论知识、护理技能、工作效率、服务态度和护理效果的综合水平上，是护理工作表现及服务效果的总和。它是通过护理服务的设计和工作实施过程中的作用和效果取得的，经信息反馈形成的，是衡量护士素质、护理管理水平、护理业务技术和工作效率的重要标志。护理质量包括护理各项技术操作质量和服务质量。

2. 护理质量管理的概念　护理质量是医院质量的重要组成部分，是护理管理的核心和关键。护理质量管理是指按照护理质量形成的过程和规律，对构成护理质量的各要素进行计划、组织、指挥协调和控制，以保证护理服务达到规定的标准和满足服务对象需要的活动过程。这个概念表达了以下三层意思：首先，开展护理质量管理必须建立护理质量管理体系并有效运行，护理质量才有保证；其次，应制订护理质量标准，有了标准，管理才有依据；最后，要对护理过程构成护理质量的各要素，按标准进行质量控制，才能达到满足服务对象需要的目的。

3. 护理质量管理的特点

（1）特殊性：护理质量管理的特殊性是由护理工作的性质决定的。护理服务的对象大多数是患者，护理质量的好坏直接关系到患者的康复和生命。提供护理服务的护士，都是具有不同背景、不同价值观、不同性格特点、不同能力的人。他们除了具有生物学特点外，还具有心理和社会特点。护理服务对象决定了护理工作的重要性,护理质量的优劣在一定程度上关系着患者生命的安危,一切要从患者的角度思考,发现问题及时纠正,患者的安全才是护理质量的重要指标。

(2)广泛性:护理质量管理涉及的范围广泛,除了医院各个部门,如病房、门诊、急诊、手术室、供应室等,还涉及各部门的具体工作流程,如人员培训和管理、规章制度管理、医院感染管理、设备设施的安全管理等。这些部门的任何环节出现质量问题,均会影响整个医院的质量。为了给患者提供更加方便、快捷、优质的护理服务,从生理、心理、精神、社会、文化等各个层面帮助人们提高健康水平和生命质量。如何加强社区护理的质量管理已成为护理质量管理中新的课题。

(3)群体性:护士在医院中数量多、分布广,护理工作的程序性、时间性、连续性、集体性、协调性特点突出,既需要每个护士发挥自己的能力,又需要注意整体的协调配合,包括与医院内其他专业人员和工作的协调配合。要从细节处着眼,发挥团队精神,提高工作的精确程度,保持良好的形象,做到态度和蔼、服务热情周到、礼貌待人。

(4)复杂性:护理质量管理涉及的工作内容多、工作环节多、人员多、流程多,技术性和服务性均较强,构成了护理质量管理的复杂性。

(5)预见性:护理管理者要有创新思维,打破常规的思维定势,管理要有的放矢,重点监控,事先防范。护理管理者要注重管理的前瞻性,做好策划。要充分预计和评价重点患者、重点科室、重点操作、重点护士,实施重点管理,制订一些突发事件应急预案,建立护理风险预警机制,增强反应和处理能力,保证护理质量和患者安全。

护理质量管理的基本任务

护理质量管理的基本任务主要有以下五个方面。

(一)建立质量管理体系

完善的质量体系,是进行质量活动,实现质量方针、质量目标的重要保证。护理质量是在护理服务活动过程中逐步形成的,要使护理服务过程中影响质量的因素都处于受控状态,必须建立完善的护理质量管理体系,有效地把各部门、各级护理人员、各种质量要素、各项工作和活动及物资组织起来,形成一个目的明确、职权明确、协调一致的质量管理体系,以实现质量方针和目标。只有这样,才能有效地实施护理管理活动,保证服务质量的不断提高。

(二)进行质量教育

护理质量管理"始于教育,终于教育"。质量教育是质量管理一项重要的基础工作。质量教育的第一任务是灌输质量意识,以唤起全体成员对质量的重视,树立质量第一、一切以患者为中心的思想。其次要进行质量管理方法的训练与导入。护理管理者应加强质量教育,提高管理水平和技术水平,不断地提高护理工作质量。

(三)制定和更新护理质量标准

护理质量标准是护理质量管理的基础,也是规范护理行为的依据。护理管理者的一个重要任务就是建立护理质量标准,只有建立科学的护理质量标准体系,才能达到规范之目的。因此,制定质量标准是护理质量管理的基本任务和基础工作。

(四)进行全面质量控制

全面质量管理是护理质量管理的核心,也是使护理质量不断改善和保持在高水平的有效保证。对影响质量的各要素、各个过程进行全面的质量控制。建立质量可追溯机制,在出现问题时能追查原因。

(五)评价与持续改进护理质量

质量持续改进是质量管理的灵魂,也是质量管理的重要组成部分,其本质是持续的、渐变的变革。树立第一次就把工作做好、不断改进、追求卓越的意识,力争对护理质量进行持续改进。

> **链接**
>
> **医院质量管理组织体系**
>
> 医院质量管理组织体系一般分为三层。
> 1. 医院质量自主管理　强调质量管理的自觉性,可设立兼职的质量管理医生或护士,负责相关医疗护理质量管理工作。
> 2. 分级质量管理组织　医院设立质量监督委员会,由技术专家和院、部门领导组成,下设质量管理处(科)。
> 3. 部门和科室质量管理小组　由科室和部门主管领导专人负责质量管理。国内综合型三级医院依照护理部—科护士长—护士长全员参与的三级管理模式,形成护理部质控组—专科质控组—病区质控组三级监控网络。
>
> 国外一些医院有专设的质量评价组织,如护理质量保证委员会,由护理行政管理人员、专职护理监督指导者、护士长、护理教育人员、一般护理人员代表组成,下设办公室和工作人员,常年或定期对护理质量进行评审。

三、护理质量管理的基本原则

(一)以患者为中心的原则

患者是医疗护理服务的中心,患者是否满意是护理质量管理的最终目的。临床护理工作必须以患者为中心,为其提供基础护理服务和护理专业技术服务,密切观察病情变化,正确实施各项治疗、护理措施,提供康复和健康指导,保障患者安全。护理人员在护理过程中,每项工作、每个环节都直接关系到患者的安危,因此必须坚持患者第一的原则,时时处处都要为满足患者的需要和安危着想。

(二)领导作用的原则

领导作用一是确定组织宗旨和方向,二是善于协调。护理部主任和护士长是医院护理工作的领导者,首先,要让全体护理人员清楚地认识到为患者提供优质、高效、低耗、满意、放心的护理服务是我们的根本目标。其次,是通过其领导作用及所采取的各项措施,创造一个能使全体护士充分参与的良好的内部环境,因为只有在这种环境下,才能确保护理质量管理体系得以有效运行。

(三)预防为主的原则

护理质量有其自身形成规律,是在护理过程中设计和加工制造出来的,而不是检查出来的,所以应重视基础质量,树立以预防为主的思想,把护理管理工作的重点由终末质量管理转移到过程管理。实行以预防为主、防检结合、重点提高的方针,管理层要树立"三级预防"的观点:一级预防,即争取不发生质量问题;二级预防,即总是把质量消灭在萌芽状态;三级预防,即减少质量问题的不良影响和损害。

（四）全员参与的原则

重视人的作用，发动全员参与是实施护理质量管理的根本。因此，护理管理者必须重视人的作用，调动人的主观能动性和创造性，增强护理人员的质量意识，引导护理人员自觉参与护理质量管理工作，形成一个人人注重质量的局面，充分发挥全体护理人员的主观能动性和创造性，不断提高护理质量。

（五）系统管理的原则

用系统观点去认识和组织质控活动，对护理质量形成的整体过程、相互联系的各种要素之间的关系及整体与要素之间都要予以控制，追求整体功能的提高。在实施控制时也要遵循信息反馈原则，及时进行质量反馈，使护理管理活动更具有科学性和实用性。要用系统的方法去做好质量控制工作，把护理质量看作一个整体，识别整体内各要素之间的关系，对护理工作中存在的问题不能只就事论事，要纵观全局、系统管理，避免体系上存在漏洞。

（六）质量标准化的原则

质量标准化是质量管理的基础和法规，使护士在服务过程中有章可循、有据可依，包括制定各类护理工作质量标准、各项规章制度、各岗位责任制度、各种操作规程及质量检查标准等。一切按制度办事，并通过建立标准、贯彻标准、发现问题、修订标准，使护士及各级管理人员有章可循、有据可依。使护理行为逐步规范化、科学化，使护理质量持续上升。

（七）数据化管理的原则

质量管理强调"用数据说话"，要求对收集的资料、数据进行分析和统计处理，讲究科学方法，要用客观事实说话，不可凭主观下结论，才能使结果准确可信，体现质量管理的科学性。所以，一些标准应是定量标准，一些定性标准也尽可能把它数据化，便于统计处理。用数据说话比感觉、印象和经验来分析、比较更可靠、更准确、更清晰。同时，只有依靠数据，才能对现象的本质进行科学的统计分析、判断和预测。在护理活动中有许多现象是不能用数据表达的，只能用事实做定性描述。因此，护理质量管理在强调数据化的同时，不能忽略非定量因素，把定量与定性结合起来，才能准确反映护理质量水平。

（八）持续改进的原则

持续改进是指在现有水平上不断提高服务质量、过程及管理体系有效性和效率的循环活动。质量改进是质量管理的灵魂。要满足护理服务对象日益增长和不断变化的需求，必须遵循质量持续改进的原则，广大护理人员和护理管理者应对影响质量的因素具有敏锐的洞察能力、分析能力和反省能力，不断地发现问题、提出问题、解决问题，以达到质量持续改进的目的。

（九）分级管理的原则

质量管理组织网络是由不同层次人员所组成，各层次职责均有所侧重。护理部的管理重点是，设定护理质量目标，拟定质量标准，制订质量控制计划、管理制度，实施质量素质教育和实施质量检测评定。各科室护士长侧重质量标准的落实，贯彻实施各项规章制度和操作常规。在护理活动中督促下属人员实施自我控制、同级控制及逐级控制，调动所有护士实施护理目标的积极性。

（十）动态管理的原则

护理对象存在个体差异，而护理活动本身又是复杂多变的，所以质量也是变化的。动态管理要求必须根据不同情况、不同背景、不同项目，有针对性地变通管理方法，实施有效的质量控制手段，达到提高质量的目的。

 护理质量缺陷管理

（一）护理质量缺陷相关概念

1. 护理质量缺陷的概念　护理质量缺陷是指由于各种原因导致的一切不符合护理质量标准的现象和结果。这种现象或结果使患者产生不满意或给患者造成损害，护理质量缺陷常见的形式：护理纠纷、护理差错、医疗事故。

2. 护理纠纷的概念　广义地说，护理纠纷是因护理问题引起的医患双方的争议。按此说法，护理纠纷并非只能由医方引起，也可由患方引起。狭义地说，护理纠纷是指发生在护患之间的，因患方对医方的护理服务不满与医方发生的争议。

3. 护理差错的概念　护理差错是指凡在护理工作中责任心不强、粗心大意、不按规章制度办事或技术水平低而发生护理过失，对患者产生直接或间接影响，但未给患者造成死亡、残疾、组织器官损伤等严重不良后果。护理差错是临床常见的护理质量缺陷。

4. 医疗事故的概念及分级　医疗事故是指医疗机构及其医务人员在医疗活动中，违反医疗卫生管理法律、行政法规、部门规章和诊疗护理规范、常规，过失造成患者人身损害的事故。《医疗事故处理条例》中规定，根据医疗事故对患者人身造成的损害程度，医疗事故分为四级。

（1）一级医疗事故：造成患者死亡、重度残疾的。

（2）二级医疗事故：造成患者中度残疾、器官组织损伤导致严重功能障碍的。

（3）三级医疗事故：造成患者轻度残疾、器官组织损伤导致一般功能障碍的。

（4）四级医疗事故：造成患者明显人身损害的其他后果。

（二）护理差错分类

根据对患者造成的不良后果的轻重，将护理差错分为一般差错和严重差错。一般差错是指在护理工作中由于责任和技术原因发生的错误，造成患者轻度身心痛苦或无不良后果。严重差错是指在护理工作中由于责任和技术原因发生的错误，虽给患者造成了身心痛苦或影响了治疗工作、延长了治疗时间，但未造成严重后果或构成事故。

（三）护理差错评定标准

1. 一般护理差错评定标准

（1）各项护理工作（基础护理、重症护理、专科护理）违反操作规程，质量未达到标准要求，增加患者痛苦，尚未造成不良后果如监护失误；静脉注射外渗，外漏面积未达到 3cm×3cm 者；无菌技术操作不熟练或物品灭菌不彻底造成患者轻度感染者等。

（2）各种护理记录不准确，医学术语使用不当，项目填写不全，不签全名，尚无不良影响。

（3）标本留置不及时，尚未影响诊断治疗。

（4）执行查对制度不认真，打错针、发错药（一般药物），未发生任何反应，无不良后果。

（5）各种检查前准备未达要求，尚未影响诊断。

（6）未构成严重差错的其他护理方面的错误。

2. 严重差错评定标准

（1）各项护理工作（基础护理、重症护理、专科护理）违反操作规程，尚未造成不良后果如监护失误；静脉注射外渗、外漏面积达 3cm×3cm 者以上，局部坏死者；违反无菌技术操作，造成患者严重感染者。

（2）各种记录有遗漏或不准确影响诊断治疗者。

（3）执行查对制度不认真，打错针、发错药，给患者增加痛苦，如易过敏药物，错注入或未按规定做过敏试验，未产生严重后果者；输液输错患者、药物、剂量或输入发霉、变质、过期液体，未发生严重后果者；错发患者的治疗饮食或禁食患者误给饮食造成不良后果者。

（4）手术中常见严重护理差错：如术前未做准备或术前准备不合格而推迟手术，尚未造成严重后果，致使手术停顿时间达30分钟以上者；为寻找敷料、器械，致延误关胸、关腹、关颅时间达20分钟以上者（体外找到为护士差错，体内找到为医生差错）。

（5）执行医嘱不及时，影响治疗但未造成严重不良后果。

（6）构成严重差错的其他护理方面的错误：如护理不当发生坠床、窒息、昏倒造成不良后果者；未遵守值班、交接班制度或擅离职守，患者病情发生重要变化没有及时发现和处理者。

（四）护理质量缺陷的常见原因和管理

1. 护理质量缺陷的常见原因

（1）环境因素：医院的环境与患者的生理、心理的舒适及整个就医过程的安全有着密切的关系。

（2）护理人员因素：部分护理人员缺乏法律知识；护士安全意识不够，不能有效地自觉维护护理安全；护士缺乏责任心，工作粗心大意，容易忽视操作中的细节问题，导致护理工作不到位、不及时，影响了护理效果；护士缺乏"慎独"精神、职业道德，对违反护理技术操作规程抱有侥幸心理；护士的专业知识薄弱，临床经验不丰富，操作不熟练，危重患者病情变化未能及时发现或对病情发展缺乏预见性。

（3）患者因素：部分患者因受教育水平限制，素质不高，对护士不尊重；患者及家属对医院期望值过高，对患者病情的恶化不理解及所承受的经济压力，容易引发护患冲突，导致护患纠纷；随着信息咨询网络的发展，患者的维权意识不断增强。

（4）护理管理者因素：护理管理者是护理质量控制的实施者，如果在日常管理工作中疏于管理、管理重心偏移、质量标准落实不到位、人员配备不合格、缺乏人性化管理的激励机制等均会导致护理缺陷的发生。

2. 护理质量缺陷管理

（1）给患者提供舒适、安全、安静、整洁的就医环境。

（2）提高护士的法律意识。

（3）加强护士的素质教育。

（4）增加护患交流和沟通。

（5）加强管理、落实质量缺陷管理制度。

> **链接**
>
> **护理质量缺陷管理制度**
>
> 1. 各病房建立护理质量缺陷登记本，及时对护理质量缺陷进行分析并记录。
> 2. 发生护理质量缺陷后，要本着患者安全第一的原则，及时采取补救措施，避免或减轻对患者本身健康的损害或将损害降到最低的程度。
> 3. 当事人要立即向护士长报告，护士长要逐级上报护理质量缺陷的经过、原因、后果，并填写护理质量缺陷分析记录，24～48小时内上报护理部，护理部根据缺陷的情节及对患者的影响，提出处理意见。

4. 发生缺陷的各种有关记录、检验报告及造成事故的药品、器械等均应妥善保管，不得擅自涂改、销毁，以备鉴定。

5. 缺陷发生后，病房要组织护理人员进行讨论、分析原因，提高认识，吸取教训，改进工作。

6. 发生护理质量缺陷的病房或个人，有意隐瞒不报，事后经领导或他人发现，按情节轻重给予严肃处理。

7. 护理部定期组织有关人员进行各种护理质量缺陷分析，不断提高护理质量。

第2节 控制与护理质量控制

控制是一项重要的管理职能，在护理系统中，控制职能是从院长、护理部主任到护士长，甚至包括普通护士在内的每一位管理人员的职能。如提高护理服务水平、合理分配组织资源、改进服务流程、提高护理人员素质、时间管理效率等，所有的管理活动都与控制职能有关。控制是管理的职能之一，同其他管理职能相比，它具有不同的性质、内容和方法。

案例 9-2

某三级甲等医院骨外科的患者满意度最高，在医院护理部质量检查中多次受到表扬，并被护理部授予护理标兵科室。这与该科室刘护士长的科学管理和控制是分不开的。刘护士长将医院和护理部发出的各项规章制度、质量控制标准、专科护理常规等集中归类放置，便于护士们学习查阅；定期组织安排科室护士业务学习和操作演示，使之掌握专科护理新知识和新技术。刘护士长严格限制加床，注重医患沟通；规范物品的放置；虚心听取每位护士对护理质量管理的意见和建议，充分发挥她们各自的特长，使每人都参与护理质量控制，并努力为护士们营造一个团结、平等、和谐的工作氛围。

问题：1. 理解控制的概念及控制的功能。
2. 进一步学习控制的过程和护理质量控制。
3. 请同学们指出刘护士长在护理质量管理方面主要运用了哪一种控制方法。

一、控制概述

（一）控制的基本含义

控制是监督、核查任务完成情况的一系列活动，其范围十分广泛，贯穿于实现预期目标过程中的方方面面，是提高管理效率和工作质量的保证。

控制是管理者监督和规范组织行为，使其与组织计划、目标和预期的绩效标准一致的系统行动过程，可以从这个概念中看到三点：

1. 控制有很强的目的性 即控制是为了保证组织中的各项活动按计划进行。
2. 控制是通过"衡量、监督、检查和评价"和"纠正偏差"来实现的。
3. 控制是一个过程 这一过程中，几乎包括了管理人员为保证实际工作与计划和目标一致所采取的一切活动。

控制是管理者的重要职能之一，它与计划、组织等职能有着密不可分的联系。控制工作通过纠正偏差的行动与其他几个职能紧密结合在一起，是管理过程形成一个相对封闭的系统。为了保证计划的目的能够实现,就必须在计划实施的不同阶段,根据由计划产生执行标准来验查计划的执行情况,即控制工作存在于管理活动的全过程中。它不仅可以维持其他职能的正常活动,而且在必要时还可以通过采取纠正偏差的行动来改变其他管理职能的活动。五项管理职能之间从逻辑关系来看,通常是按发生先后顺序,即先计划,继而组织,然后领导、决策,最后控制;从管理过程来看,在控制的同时,往往要编制计划,或对原计划进行修改,并开始新一轮管理活动;从作用来看,计划是前提,组织是保证,领导、决策是关键,控制是手段;五个职能之间是一个密切相关的整体。

> **链接**
>
> **控制理论的发展史**
>
> 控制理论经历了三个阶段:第一阶段,认为控制就是监督,强调实行自上而下的、消极的、带有惩罚性的监督;第二阶段,由于行为科学等理论的发展,由单纯的惩罚性监督变为对人的关心,强调上下共同多接触;第三阶段,由于系统论、信息论、控制论等原理及计算机的应用,使控制职能进一步科学化。
>
> 控制的理论基础是系统论、信息论、控制论。它们是从不同侧面处理同一个问题:系统中的信息问题。信息论主要处理信息的传输和变换问题;控制论则研究用信息进行控制,涉及信息产生、存储、显示和利用等问题。

(二)控制的功能

美国北德克萨斯大学组织管理学教授亨利·西斯克指出:"如果计划从来不需要修改,而且是在一个全能的领导人的指导之下,有一个完全均衡的组织完美无缺地来执行,那就没有控制的必要了。"然而,这种理想的状态是不可能成为组织管理的现实的。无论计划制订得如何周密,由于各种各样的原因,人们在执行计划的活动中总会或多或少地出现与计划不一致的现象。

在现代管理系统中,人力、物力、财力等要素的组合关系是多种多样的,时空变化和环境影响很大,内部运行和结构有时变化也很大,加上组织关系错综复杂,随机因素很多,在这样一个十分复杂的系统中,要想实现既定的目标,执行为此而拟定的计划,求得组织在竞争中的生存和发展,不进行控制工作是不可想象的。

任何组织都需要控制,它的主要功能是限制偏差的累积和使组织适应环境变化。

1. **限制偏差累积** 一只蝴蝶在巴西扇动翅膀,有可能会在美国引起一场龙卷风,这就是人们常说的"蝴蝶效应"。一般而言,小的偏差和失误不会立即给组织带来严重的损害,然而随着时间的延长,小的偏差就会得以累积、放大,最终变得非常严重。

在护理管理活动中,控制就是指护理管理者检查下属的工作是否按照既定的计划、标准进行,如发生偏差就要分析其原因,发出指示,并进行改进,以保证组织目标的实现,这就要求有效的控制系统予以保证。

2. **适应环境变化** 控制职能作为管理的基本职能之一,在管理职能体系中有着独特的功能。主要表现在任何组织、任何活动都需要进行控制。在管理实践中,制订目标之后到目标实现之前,总有一段时间,即使制订计划时进行了全面、细致的预测,考虑到了实现目标的各种有利条件和影响因素,但由于环境条件的不断变化,主管人员的自身素质、知识、经验、技能的限制,预测不可能完全准确,在执行计划时可能会出现偏差,甚至发生未曾预料到的情况,这些变化都会对组织实现目标产生影响。因此,为了保证计划的正常执行,必须适应外环境的变化,而此时控制系统的检测越有效,组织在激烈变化的环境中生存和发展的可能性就越大。

（三）控制的类型

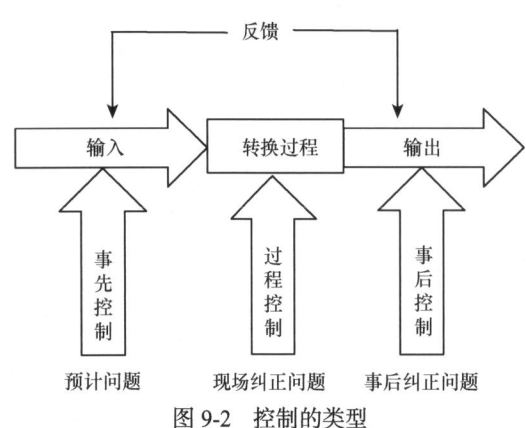

图 9-2 控制的类型

控制的类型按照不同的划分依据可分为许多种。例如，根据控制采用的手段可以分为直接控制和间接控制；根据控制点位于整个活动过程中的位置可以分为前馈控制、过程控制和反馈控制（图 9-2）。根据实施控制的来源可以分内部控制和外部控制；根据控制的时间分为日常控制、定期控制等。以上分类并不是绝对的，有时一种控制可能同时属于几种类型，如医院实施对护理人员的资格准入制度既是内部控制，又是前馈控制。

由于任何系统的运行过程均表现为输入—转换—输出的过程，管理中的控制手段可以在行动开始之前、进行之中或结束之后进行，即关注生产的"输入环节—操作过程—终末结果"三个环节。下面重点介绍根据控制点位于整个活动过程中的位置不同而划分的前馈、过程和反馈三种控制类型（又称控制的三级结构理论）。

1. 前馈控制　又称事先控制或预防控制，是在系统运行的输入阶段进行的控制。由于这类控制早于行动，属于面向未来的控制，所以是最为经济的一种方法，它能防止由于与绩效标准不符而产生的偏差。例如，医院制订重大医疗过失行为、医疗事故防范预案或各护理单元建立各种突发事件应急预案，以保障医院安全管理工作；医院执行手卫生制度防止院内感染等均属于前馈控制。

2. 过程控制　也称同期控制或环节质量控制，是在计划执行中进行的同步控制。这种控制就是持续监督员工的行为和活动，使其与绩效标准保持一致，是对计划执行中的环节质量控制，又分现场控制和遥控控制。现场控制需要给基层管理人员充分授权，适用于需要做出快速反应的工作，如患者投诉、突发事件的处理等。这类问题预先控制防不胜防，只有随机应变，做好现场控制，才能达到目标。又如，每日的医嘱查对工作，护士长在病区护士进行具体工作的过程中给予纠错并指导；护理部组织的午间、夜间及节假日等特殊时段的查房均属于现场控制。现场控制同样适用于护理人员的自我控制。

3. 反馈控制　又称事后控制或结果质量控制，是在计划完成后进行的评价性控制。通过指出过去的错误来对历史做出评价，分析原因，以此来指导和改进今后的工作，防止错误的再发生。但由于损失已经发生，只能起到"亡羊补牢"的作用；反馈控制滞后性的弱点，也使控制的难度增加。在护理管理中，护理部每月的护理质量检查结果反馈、护理差错及事故的分析均属于反馈控制（表 9-1）。

表 9-1　三种控制类型的比较

	优点	缺点
前馈控制	最经济，"防患于未然"，在问题出现之前就采取一些措施来防止问题的发生	需要及时、准确的信息和对未来的合理估计
过程控制	适用于突发事件在活动进行中的控制，及时纠正问题，避免重大损失	受管理者的时间、精神、业务水平的制约；应用范围较窄；容易损害被控制者的工作积极性
反馈控制	可以衡量计划是否合理，增强员工的积极性（达到的绩效—反馈—给予认可或提醒）	问题出现以后，损失已经造成了，"亡羊补牢"型，但最常用

以上三种控制虽然各有特点，但在实际工作中往往又是交叉使用的。前馈控制虽然可以防患于未然，但对于突发事件必须辅以现场控制，同样，无论是前馈控制还是现场控制，都需要反馈控制来检验。另外，在系统发展过程中，对前一个阶段来说是反馈控制，但对后一阶段往往是前馈控制。

> **链接**
>
> **医院护理管理控制系统**
>
> 护理管理控制系统与一般控制管理系统一样，也是由受控和施控两个子系统组成。目前，医院内部护理管理的施控系统有两种常见的类型：三级医院大多采取院、科、病区三级（护理部—科护士长—护士长）护理管理组织形式；二级医院一般采用院、病区二级（护理部或总护士长—护士长）管理组织形式。其实各级护理人员既是受控客体，既要接受上级护理人员的控制，同时也是控制主体，又要对下一级护理人员和自身进行控制。

二、控制的基本原则

（一）目的性原则

现代管理中的控制是系统的控制，必须具有全局性的观念。在确定整体目标的前提下再从整体出发考虑与其下层组织的关系，最终要体现在实现整体目标这一点上。因此，控制工作应紧紧围绕上述目的展开，在进行控制工作时，必须具有全局观念，从组织的整体利益出发来实施控制，才能确保目标的实现。

（二）经济性原则

组织的一切经济活动都应以较少的费用支出来取得较多的收益，即应注意其经济性，控制工作也不例外。控制工作的经济性，可通过费用收益分析方法来确定。要实现控制的经济性，首先应根据组织规模的大小、所要控制问题的重要程度及控制费用和所能带来的收益等几个方面，来涉及详略程度不同的控制系统。其次，所选用的控制技术和控制方法，应该能够以最小的费用就可以检查和阐明工作偏差及其发生的原因。

（三）重点性原则

因为各部分、各环节、各种因素在实现控制目标中的地位和所起的作用不同，因此有效控制要求组织在建立控制系统时，从影响组织经营成果的众多因素中选择若干关键环节作为重点控制对象，并据此在相关环节上建立预警系统化控制点。坚持控制的重点性原则，可以适当扩大管理幅度，从而达到既降低成本，又改善信息沟通的效果，使控制工作更加卓有成效。护理工作项目繁多且要求准确细致，管理层不可能面面俱到，且也是没必要的，而应控制那些对组织行为有重要影响的关键因素。例如，准确执行医嘱，规范地执行护理技术操作，认真细致地观察病情，加强危重患者的护理，预防护理缺陷等。

（四）客观性原则

客观性就是坚持实事求是的原则。在控制工作中，控制活动是通过人来实现的，就是再好的管理者也难免受到主观、客观因素的影响。为了能客观地、准确地评价工作成果，控制过程中所采用的技术手法和手段必须能正确地反映组织运行在时空上的变化程度与分布状况，准确地判断和评价组织各部门、各环节的工作与计划要求相符或背离的程度，只有这样，才能避免主观因素的干扰。

（五）及时性原则

控制过程是一个动态过程，要根据组织内部因素和外部环境的变化来进行，迅速发现偏差和及时纠正，避免偏差的进一步扩大，以防止偏差对组织产生的不利影响的扩散。及时发现偏差需及时收集信息和传递信息，这样才能提高控制时效，发现偏差后只有通过适当的方法来纠正差错，才能保证组织的目标实现。要克服偏差所带来的问题，最好的办法就是采用前馈控制，采取预防性的措施，以减少或杜绝偏差的发生。

（六）灵活性原则

控制的灵活性是指控制系统本身能适应主客观条件的变化，持续地发挥其作用。在某种特殊情况下，管理计划可能失常，控制就应当报告这种失常的情况。它还应当含有足够灵活的要素，以便出现在任何失常的情况。否则，实现设计的控制系统仍如期运转的话，会造成更大的损失和严重的后果。此外，组织的计划要根据组织内部因素和外部环境的变化来调整。当组织活动出现未曾预料到的情况变化时，就更利于灵活地控制。

（七）适应性原则

控制的目的是保证组织目标的顺利实现。适当的控制应能同时体现两个方面的要求：一方面，过多的控制会扼杀组织成员的积极性、主动性和创造性，从而影响他们的工作热情和个人能力的发展，最终会影响组织的效率；另一方面，过少的控制，将不能使组织活动有序地进行，不能保证组织中各部门活动进度和比例的协调，这将造成资源的浪费。

三、控制过程

控制过程是通过信息流将控制主体与控制对象联系起来，即控制主体将外部作用转换为可直接作用控制对象的形式，以校正控制对象脱离标准状态的偏差，从而实现维持系统稳定状态的控制过程。这一过程是通过前馈控制、过程控制和反馈控制等完成的。控制过程包括三个关键步骤：确立标准、根据标准衡量工作绩效和评价并纠正偏差。

（一）确立标准

确立标准是控制的首要环节，是衡量主要工作绩效的依据和准绳。标准是人们检查工作及其结果的规范。确定标准就是确定控制对象、对工作结果进行规范、确定工作和结果衡量的关键点和分解计划目标的过程。

1. 确定控制对象　美国管理学家斯蒂芬·罗宾将控制的对象归纳为人员、物资设备、财务、业务技术、信息和组织绩效六个方面。

（1）人员控制：组织的目标是要由人来实现的，人员应该按照管理者制订的计划进行工作，为了做到这一点，就必须对人员进行控制。对于护理人员的控制，管理者最常用的方法是直接巡视，发现问题马上进行纠正。另一种有效的方法是对人员进行系统化的评估考核。通过对护理人员的行为进行评估，对绩效好的予以奖励，以维持或加强其良好表现；对绩效差的，管理者就要采取相应的措施，纠正出现的行为偏差。

护理管理者的控制对象主要包括：①各级护理管理员，包括护士长、总护士长、护理部主任及护理副院长等；②各级各类护理人员，包括护理员、护士、护师、主管护师、副主任护师和主任护师；③护理专业的学生，包括见习、实习及进修生。

（2）物资设备控制：即对单位或组织内的设备、设施等的控制。例如，护理人员通过制订计划和管理制度，对病房内的医疗仪器、设施、药品、被服等进行控制，并经常检查监督，及时发现问题，予以纠正。

（3）财务控制：主要包括审核各期的财务报表，以保证降低成本，是各项资产都得到有效的利用等。这部分职能主要由财务部门完成，对护理管理者来说，主要的工作是进行护理预算和护理成本控制。预算是最常用的财务控制衡量标准，因此，也是一种有效的控制工具。例如，医院各科室根据数据进行比较并计算出百分比或比率作为内部的控制手段。

（4）业务技术控制：所谓业务，就是指从劳动力、原材料等资源到最终产品和服务的转换过程。组织中的业务质量很大程度上决定了组织中提供的产品或服务的质量，而业务控制就是通过对业务过程的控制，来评价并提高业务的效率和效果，从而提高组织提供的产品或服务的质量。对护理工作而言，作业是指护士为患者提供各项护理服务的过程。业务技术控制包括制订各项业务技术操作规程和管理制度，并遵照此标准对护理人员进行培训；对各种护理业务活动进行监督和评价，以确保其按计划和标准进行；对护理服务效果的质量进行监督、评价，以保证达到预定的标准等。

（5）信息控制：随着人类步入信息社会，信息在组织运行中的地位越来越高，不精确的、不完整的、不及时的信息化大大降低了组织效率。因此，在现代组织中对信息的控制显得尤为重要。计算机技术的广泛应用已经为管理人员提供了良好的信息支持。它能及时地为管理者提供充分、可靠的信息，护理信息包括护理业务信息、护理管理信息、护理教育信息及护理科技信息。

（6）组织绩效控制：组织绩效是组织上层管理者的控制对象，组织目标的达成与否都从这里反映出来。要有效实施对组织绩效的控制，关键在于科学地衡量、评价组织绩效。一个组织的整体效果很难用一个指标来衡量，医院内部对绩效的控制包括一组衡量整体绩效的重要指标，关键看组织的目标取向。例如，一段时间内门诊、急诊人次和各病区病床使用率，反映医院经济情况的指标，反映医疗质量的治愈率、好转率、医院病死率、病床周转次数等。

2. 选择控制的关键点　重点控制对象确定后，还需具体选择控制的关键点，才能制订控制标准。一般来说，并不是计划实施过程中的每一步都要制定控制标准，而是要选择一些关键点作为主要的控制对象。只要对这些主要的关键点进行控制，就可以控制组织活动的整体状况。确定控制关键点的过程是一个分析决策的过程，它需要对计划内容做全面深入地分析，同时还要充分考虑组织实施过程中的具体情况，以及外部环境带来的干扰影响。确定关键点需要有丰富的经验和敏锐的观察力。

在选择控制的关键点时，通常考虑以下三个方面的因素。

（1）选择若干能反映组织主要绩效水平及时间和空间分布均衡的控制点，以便管理者有比较全面的了解。

（2）选择影响整个工作运行过程的重要操作与事项。

（3）选择能在重大损失出现之前显示出差异的事项。

例如，护理管理控制的关键点有如下几个。①关键制度：查对制度、消毒隔离制度、交接班制度及危重患者抢救制度等；②器材设备和药品：特殊耗材、急救器械和药品、重症监护仪器和设备、剧毒药品、麻醉药品等；③护士：新上岗护士、实习护士、进修护士及近期遭受重大生活事件的护士等；④重点患者：疑难重症患者、新入院患者、术后患者、有特殊检查和治疗的患者等；⑤重点科室：急诊科、手术室、供应室、监护室、新生儿病房、血液透析室、产房等；⑥特殊时间：交接班、节假日、夜班、午班等时间。具体如图9-3所示。

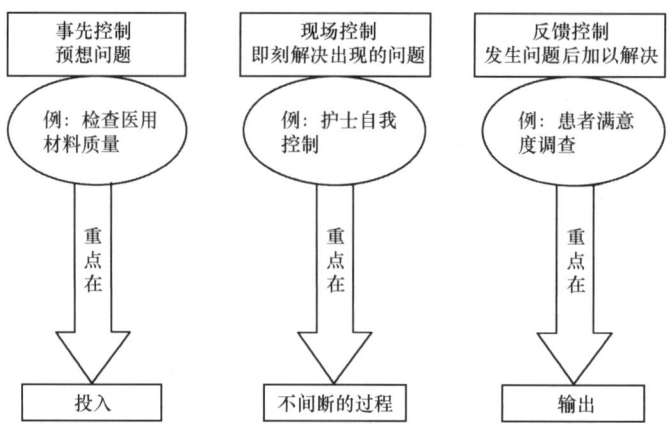

图 9-3 组织中控制的关键点

3. 分解目标并确立控制标准 将计划中的目标分解为一系列具体可操作的控制目标,是确立标准的重要环节。控制标准分定性和定量两类。定量标准分为实物标准(如产品、产品消耗定额)、价值标准(产品的成本、收入、利润)、时间标准(生产周期、交货期、维修间隔)、综合标准(生产率、投资回报率)。定性标准具有非定量性质,只适用于定性描述,有一定的特性,如医院的信誉、患者满意度、护理人员工作能力等。

(二) 衡量工作绩效

对照标准衡量实际工作绩效,是控制过程的第二步。衡量实绩的目的是取得控制对象的有关信息。衡量工作绩效的前提是建立有效的信息反馈系统。管理者首先要收集实用性强的信息,并将实际绩效与标准进行比较,确定计划执行的进度和出现的偏差。

1. 确定适宜的衡量方式 管理者进行实际工作绩效衡量之前,应确定衡量什么、如何衡量、间隔时间和由谁来衡量等方面并做出合理的安排。

(1) 衡量项目:即衡量中需要获取什么信息。也就是明确采用何种信息与所定的标准相对照。例如,衡量护理程序执行情况,可以从护理病历中按照护理程序几个步骤要求的标准查找记录;衡量护士行为,可通过观察护士执行岗位职责的要求和标准获得信息。一般在衡量前建立相应评价表格,表格内确定需要衡量的项目和具体要求等内容。衡量项目将在很大程度上影响护理人员的追求方向。

(2) 衡量方法:衡量工作绩效的方法较多,如个人观察、统计数字报表、书面报告、口头汇报、审核文件等方法。如对护理人员技术操作的考评、对临床危重患者护理效果的评价等,就可通过个人观察法获得表情、语调、精神状态这些常被忽略的信息。通过计算机的使用可以越来越多地获得文字、图表、统计数字报表等信息。在实际工作绩效的衡量中,应将多种收集信息的形式综合使用。

(3) 衡量频度:即衡量的次数或频率。有效控制要求确定适宜的衡量频度。不同的衡量项目,衡量的频度也不一样。衡量频度过高,不仅会增加控制费用,还会引起相关人员的不满与抵触情绪,从而对组织目标产生负面影响;衡量频度过低,则有可能造成许多重大的偏差不能及时被发现,不能及时采取纠正措施,从而影响组织目标和计划的实施。适宜的衡量频次取决于被控制活动的性质和要求。

(4) 衡量主体:包括工作者本人、同事、下级、上级或者职能部门的人员等。衡量的主体不同,控制的类型就不同,对控制效果和控制方法产生的影响也不同。

2. 建立有效的信息反馈系统　对实际工作绩效进行衡量是为控制提供有用的信息，为纠正偏差提供依据。然而，实际上衡量绩效、制订纠正偏差的措施和执行纠正偏差措施是由不同的人员完成的。因此，必须建立有效的信息反馈系统，使反映实际工作情况的信息能迅速地收集上来，实时地传递给管理者，并且能够及时地将纠正偏差措施的指令迅速地传达到有关操作人员，以便对问题做出及时的处理。信息有效性应体现在信息的及时性、可靠性、实用性三个方面。

3. 通过衡量成绩，检验标准的客观性和有效性　衡量工作绩效是以预定的标准为依据来进行的，出现偏差有两种可能：一是执行中出现问题，二是标准本身存在问题，对于前者，需要进行监督和纠正；对于后者，则要修正或更新标准。这样利用预定的标准检查各部门、各阶段和各人的工作过程就同时成为检验标准客观性和有效性的过程。通过这个过程，及时辨别并剔除那些不能为控制提供有效信息和容易产生误导作用的不适宜的标准。

（三）评价并纠正偏差

这是控制的关键步骤，其重要性就在于体现了控制职能的目的，并且通过采取管理行动来纠正偏差，可以把控制和其他管理职能相结合，实现全面控制。

1. 评价偏差及其严重程度　偏差是在控制系统中绩效标准与实际结果的差距。在建立标准与实际测量后，须进行绩效与标准的比较并得出偏差及其相关信息，判断偏差的严重程度，是否足以构成对组织活动效率的威胁，是否需立即采取纠正措施。管理者应结合偏差可能对组织构成危险的程度，判断偏差的严重程度，不能将统计概率作为单一标准来判断。例如，将急救药品与器材的完好率 99% 与健康教育知晓率 90% 比较，这时 1% 的偏差会比 10% 的偏差对医院造成的安全隐患更大。

2. 采取管理行为纠正偏差或修订不适当的标准　如果偏差是由于绩效不足所产生，就应该采取纠正行动。例如，在整体护理中，心理护理、健康教育等工作绩效如果不足，就应该改进和纠正，加强心理护理与健康教育。修订标准指的是对照护理标准衡量业绩，通过对收集到的偏差信息进行分析，寻找偏差出现的原因、责任机构和人员，及时对标准进行修订，进入下一个管理循环。例如，通过改善和指导领导方法、增加护理人员、培训护理人员等方法来减少问题的产生，达到纠正偏差的目的。

四 护理质量控制

（一）护理质量控制的概念

1. 控制工作是管理的重要职能之一　它是确保组织目标实现，及时纠正护理工作偏差，预防偏差发生的手段之一。

2. 护理质量控制是有目的的管理行为　有效控制取决于两方面的因素。

（1）有明确的目的：也就是必须有明确的护理质量标准。

（2）有实现目的的相应的手段：如人力、物力、财力、信息及组织机构，是实现质量保证的前提和基础。

3. 护理质量控制工作贯穿护理质量管理的全过程

（1）控制是质量计划实施的保证，质量计划是控制的标准和依据。

（2）质量目标决定控制的内容，控制工作为实现目标服务。

（3）护理工作成效评价的有效性与控制工作为实现目标服务。

（二）护理质量控制的内容

1. 基础护理管理

（1）基础护理管理的内容

1）一般护理技术管理：包括患者出、入院处置；各种床单位的准备；患者的清洁与卫生护理；生命体征测量；各种注射的穿刺技术；无菌技术；给药法；护理文件书写等管理。

2）常用抢救技术管理：主要包括给氧、吸痰、洗胃、止血包扎法、骨折固定、心电监护、心内注射、胸外心脏按压、人工呼吸机的使用等管理。

（2）基础护理管理的主要措施

1）加强教育，提高认识：由于基础护理技术在护理工作中应用最多、最广泛，个别护理人员对此不够重视，要求不高。因此，应加强对护理人员的教育，不断提高对基础护理技术重要性的认识。

2）规范基础护理工作

第一，制订基础护理操作规程：在制订操作规程时应遵循以下原则。①根据每项技术操作的目的、要求、性质和应该取得的效果来制订；②技术操作必须符合人体生理解剖特点，避免增加患者的痛苦；③严格遵守无菌的原则；④必须有利于保证患者的安全；⑤必须有利于节省人力、物力、时间，使患者舒适，符合科学性原则；⑥文字应简单明了，便于护士掌握并在临床上推广。

第二，加强培训、考核：通过训练和考核使护士熟练掌握每项技术的操作规程，实现操作规范化，提高效率和质量。

第三，加强检查、监督：建立健全质量监控制度，并认真组织落实。发现问题及时采取纠正措施，提高基础护理效果。

2. 专科护理管理　专科护理是指临床各专科特有的基础护理知识和技术。

（1）专科护理的内容

1）疾病护理：包括各种专科疾病护理，如心肌梗死、脑血管疾病、糖尿病等的护理，以及各种手术患者的护理技术。

2）专科一般诊疗技术：包括各种功能试验、专项治疗护理技术，如机械通气气道护理技术、泪道冲洗技术等。

（2）专科护理管理原则

1）科学性和先进性：制订的疾病护理常规应既具有科学性，又能反映当代临床护理的先进技术。

2）适应性和可行性：制订疾病护理常规既要切合实际，实用可行，又能满足技术发展的要求，具有一定的适应性。

3）以患者为中心：疾病护理常规的制订应以患者为中心。

4）专科诊疗技术管理：重点抓好技术培训和技术规程建设。

5）专科护理技术培训：是专科护理管理的重点。护理部应切合实际制订专科护理技术培训计划，并保证计划的落实，提高专科护理技术水平。

6）制订各项专科诊疗技术规程：专科护理技术的专业性强，护理技术规程可由各科室根据专科特点、组织技术骨干制订。

3. 新业务、新技术管理

（1）新业务、新技术的论证：对拟引进和开展的新业务、新技术，开展前应进行查新和系统的论证，详细了解原理、使用范围、效果等，以保证其先进性。

（2）建立审批制度：护理新业务、新技术的开展必须建立一整套严格的审批制度，以利于培训学习和推广应用。

（3）选择应用对象：选择应用的对象应具备开展新业务、新技术的基本条件。

（4）建立资料档案：开展新业务、新技术的资料应及时进行整理并分类存档。

（5）总结经验不断改进：在开展新业务、新技术的过程中，要不断总结经验，反复实践，在实践中创新。

4. 护理信息管理　详见第11章。

5. 预防护理缺陷的管理　详见本章第1节。

（三）护理质量标准的控制管理

标准化工作是明确质量评价尺度和提高质量的依据。通过标准化工作可以积累质量管理的经验，提高护理工作技术水平，促进医学科学技术的发展。随着护理学科的发展和医院分级管理评审的要求，护理质量标准体系在不断完善，特别是自20世纪90年代以来，ISO9000系列标准被越来越多的医院贯彻和实施，加快了我国和国际医院管理接轨的进程。目前我国护理质量标准的形式有：

1. 通过ISO9000国际标准认证的护理标准　ISO9000系列标准总结和吸收了世界先进发达国家质量管理的实践经验和理论精华，阐述了质量管理的原理、方法和程序，是一套对各行各业包括护理专业的质量管理都有指导作用的管理标准。

2. 根据管理结构进行分类　可将护理质量标准分为要素质量标准、过程（环节）质量标准和终末质量标准。

（1）要素质量标准：要素质量是指构成护理工作质量的基本要素，是以组织结构为取向，针对医院环境中的系统、设备、人事、器材、资源订立的标准，又称为结构面指标。其包括护理管理体制、设备设施、护理人员配备、规章制度等。

（2）过程（环节）质量标准：过程质量是各种要素通过组织管理所形成的各项工作能力、服务项目及其工作程序或工序质量，是以护理人员为取向，针对护理工作过程制订的标准，又称为过程面指标，如整体护理质量标准、护理技术操作标准等。

（3）终末质量标准：终末质量是患者所得到的护理效果的综合反映，是以患者为取向，对患者最终的护理结果的评价，又称为结果面指标，如住院患者压疮发生率、住院患者满意度、出院患者健康教育覆盖率等。

为了全面反映护理服务的质量要求，一般采用三者相结合的评价标准。三者的关系应是：着眼于要素质量；具体抓环节质量以有效实施护理措施；以终末质量评价进行反馈控制。

3. 依据使用范围进行分类　可将护理质量标准分为护理管理质量标准、护理技术操作质量标准、临床护理质量标准、护理文件书写质量标准。

（1）护理管理质量标准：为了进行质量管理，需要对有关的计划、决策、控制、指挥等管理职能制订相应的标准，即护理管理质量标准，是护理管理部门进行管理活动的依据。医院实行护理部主任—科护士长—护士长三级管理或总护士长—护士长二级管理制度。病房、门诊、急诊、手术室、供应室等科室是护理的基本单位。这些部门的质量直接关系到全院护理质量。因此只有制订各级护理人员岗位责任及各护理单元的质量标准，才能达到组织管理科学化、工作制度化、操作规范化、陈设规格化的要求。

（2）护理技术操作质量标准：包括基础护理技术操作质量标准和专科护理技术操作质量标

准。总标准：严格三查七对；正确、及时、确保安全、省时、省力、省物；严格执行无菌操作原则及操作程序，操作熟练。每一项护理技术操作的质量标准可以分为三个部分，即准备质量标准（包括患者和工作人员的准备，物品和环境的准备）、过程质量标准（包括操作过程中的各个环节）、终末质量标准（即操作完毕时所达到的效果评价）等。

计算公式：

$$护理技术操作合格率 = \frac{护理技术操作考核合格护士人数}{考核护士总人数} \times 100\%$$

（3）临床护理质量标准：临床护理工作体现优质护理服务，其质量标准包括有整体护理质量标准、特级护理质量标准、一级护理质量标准、基础护理质量标准、急救物品管理质量标准。

计算公式：

$$基础护理合格率 = \frac{基础考核合格患者总数}{基础考核患者总数} \times 100\%$$

（4）护理文件书写质量标准：护理文件包括体温单、长期医嘱单、临时医嘱单、入院患者评估表、病重（病危）护理记录单、手术护理记录单及患者健康教育评估表。

计算公式：

$$护理文件书写合格率 = \frac{护理文件书写合格份数}{护理文件抽查总份数} \times 100\%$$

第3节 医院评审标准与护理质量管理

案例9-3

患者，男性，65岁。因2型糖尿病在当地一家二级医院住院，治疗过程中病情变化，后转入另一家三级甲等医院继续治疗，在此治疗期间患者不仅病情恢复较好且对该医院的服务非常满意。

问题：1. 请问医院是按照什么评审标准来划分等级的？
2. 请同学们思考医院评审标准是如何促进护理质量管理的？

一、《综合医院评审标准》简介

我国从1989年开始实行医院分级管理制度。医院分级管理是按照医院的功能、规模、技术力量、服务地域、管理机关及服务质量等综合水平，将其划分为一定级别和等次的标准化管理。

为全面推进深化医药卫生体制改革，积极稳妥推进公立医院改革，逐步建立我国医院评审评价体系，促进医疗机构加强自身建设和管理，不断提高医疗质量，保证医疗安全，改善医疗服务，更好地履行社会职责和义务，提高医疗行业整体服务水平与服务能力，满足人民群众多层次的医疗服务需求，在总结我国第一周期医院评审和医院管理年活动等工作经验的基础上，原卫生部印发了各级《综合医院评审标准》为增强评审标准的操作性，指导医院加强日常管理与质量持续改进，各级卫生行政部门加强行业监管与评审工作提供了依据。

二、《综合医院评审标准》与护理质量管理

(一)《综合医院评审标准》的内容

以原卫生部三级综合医院评审标准(2011年版)为例,其余各级各类医院可参考使用。它的主题是"质量、安全、服务、管理、绩效",该标准共设置共7章72节391条标准与监测指标。第1~6章共66节354条标准,用于对三级综合医院实地评审,并作为医院自我评价与改进之用。第7章共6节37条监测指标,用于对三级综合医院的运行、医疗质量与安全指标的监测与追踪评价。

1. 坚持医院公益性 强调医院应明确自身定位,充分体现公立医院的公益性,充分发挥在医教研等方面的带动作用。

2. 医院服务 围绕医疗质量与安全,坚持以人为本,突出服务理念的贯彻与服务流程的科学设计。

3. 患者安全 提出十大患者安全目标,确保患者安全。

4. 医疗质量安全管理与持续改进 以医疗质量与安全为核心,全面构架医疗质量与安全管理框架,梳理医院内部管理职责,对重点科室、重点人员、重点流程给予明确要求,确保医疗质量安全。

5. 护理管理与质量持续改进 理顺护理管理体系,明确护理重点、工作任务,落实优质护理。

6. 医院管理 多维度覆盖医院内部管理,加强自我管理与约束。

7. 日常统计学评价指标 共6节36条监测指标,通过对三级综合医院的医院运行、医疗质量与安全指标的监测与追踪评价,以促进医疗质量与安全的持续改进。

(二)《综合医院评审标准》与护理质量管理

以原卫生部三级综合医院评审标准(2011年版)包含护理管理与质量持续改进(5节53条,整体护理与护理管理组织、护理人力资源管理、临床护理管理、护理质量与安全管理、特殊护理单元质量管理与监测)。

1. 评审标准中第1~6章的评审结果判定如表9-2。

表9-2 评审标准中第1~6章的评审结果判定

项目类别	各条标准达到			48条核心标准各条达到		
	C级	B级	A级	C级	B级	A级
甲等	≥90%	≥60%	≥20%	100%	≥70%	≥20%
乙等	≥80%	≥50%	≥10%	100%	≥60%	≥10%

2. 评分标准遵循PDCA循环原理(详见第十章"护理质量管理实践")作评价,P即计划(Plan),D即执行(Do),C即检查(Check),A即处理(Action);通过质量管理计划的制订及组织实现的过程,实现医疗质量和安全的持续改进。标准条款的性质结果如表9-3。

表9-3 标准条款的性质结果

A	B	C	D
优秀	良好	合格	不合格
完全达到	一般水平以上	一般水平	一般水平以下

续表

A	B	C	D
持续改进成效良好	有监管有结果	有制度且能有效执行	仅有制度或规章或流程，未执行
PDCA	PDC	PD	P 或全无

3. 医疗机构按功能、任务不同划分为一、二、三级，每个级别内分别设立"甲等""乙等""合格"三个等次。在进行医疗机构评价工作时，应严格掌握标准，控制评价质量，各级甲等医院数量更要从严掌握。

4. 综合医院评审标准有以质量与安全管理核心制度、岗位职责，操作规程与质量安全指标为基础的护理质量评价标准，定期与不定期按护理质量标准进行质量评价，并体现在持续改进的过程中。主要是：质控人员-质量标准-质量检查-质量分析，有质量可追溯机制，质量反馈有形式与内容，可更好地提高护理质量管理。

三、JCI 认证与护理质量管理

（一）JCI 简介

JCI 创建于 1998 年，是国际医疗卫生机构认证联合委员会（Joint Commission on Accreditation of Healthcare Organizations，JCAHO）用于对美国以外的医疗机构进行认证的附属机构。JCI 由医疗、护理、行政管理和公共政策等方面的国际专家组成，他们分别来自西欧、中东地区、拉丁美洲及中美洲、亚太地区、北美、中欧、东欧及非洲。目前 JCI 已经给世界 40 多个国家的公立、私立医疗卫生机构和政府部门进行了指导和评审，13 个国家（包括中国）的 78 个医疗机构通过了国际 JCI 认证。JCI 标准是全世界公认的医疗服务标准，在一定程度上代表了医院服务和医院管理的最高水平，也是世界卫生组织认可的认证模式。

（二）JCI 认证与护理质量管理

1. JCI 能提高护理质量管理理念　JCI 认证认为质量问题是由于危险因素作用于系统的薄弱环节而产生，质量管理的任务不仅是发现问题，消除员工差错的各种隐患，更重要的是通过质量持续改进建立更为安全的系统。护理人员从意识到行为发生转变，护理管理者不再单纯关注个人绩效，而更多的是关注系统和流程的绩效；护士对质量检查不再有抵制情绪，而是对质量问题更乐于交流和沟通，并积极参与改进项目。

2. JCI 评审体系能改进护理质量管理　JCI 评审标准使临床风险持续降低，患者和员工的安全得到更为有效的保障。研究结果表明 JCI 评审标准的运用，护理质量实现了改进工作系统化、改进过程标准化、改进内容数据化和改进成果科学化。

3. JCI 通过主动收集数据　JCI 能使服务不断超越患者期望，努力实现感动服务，并在资料收集中发现问题、评价质量。改进活动不仅仅是从患者抱怨投诉中找空间，更是主动收集意外事件、近似错误、监控指标、质量检查等资料中寻找并建立质量管理数据库，通过科学分析数据显示其变化趋势及其与基准做比较，结果能准确地提示改进工作的切入点。由于此类数据来源于风险最大、执行频率最高、最容易出现问题的流程，因此这些项目的解决或改进往往是系统中关键的质量问题。

> **链接**
>
> **JCI认证的核心**
>
> JCI认证的核心是医疗质量与医疗安全，50%的JCI标准直接与患者的安全有关。要求在医院内形成了促进医疗质量与患者安全持续改进的氛围，在全院范围内，绝不放过任何细小的、可能影响患者和员工安全的隐患。医院强调全员参与医疗质量与安全管理，在医院质量改进委员会体系中，医院管理者、医生、医技和护理人员各尽其责，群策群力，使医院管理质量得到持续性改进。如以往门诊、病房护士配制液体存在安全隐患，医院就成立输液配置中心；过去一个住院患者的多种口服药混在一起发，现在配药中心把每一种都装入一个小袋子，方便医生随时调整用药；为使患者在医院内得到同质服务，医院严格规定医生的权限，明确什么样的外科医生只能做一类手术，若要做二类手术，必须经过考核达到相应的标准。所以，在医院，患者找同一级的任何一位医生看病，都能得到同样水平和质量的服务。

目标检测

单项选择题

A₁型题

1. 护理质量管理的关键是
   A. 督促检查　　B. 组织领导
   C. 制订计划　　D. 确立护理质量标准
   E. 指导督促

2. 护理质量管理的特点不包括
   A. 广泛性　　B. 群体性　　C. 专一性
   D. 预见性　　E. 复杂性

3. 质量管理的发展历程依次为
   A. 质量检验阶段—全面质量管理阶段—统计质量控制阶段—质量管理国际规范化阶段
   B. 质量检验阶段—全面质量管理阶段—质量管理国际规范化阶段—统计质量控制阶段
   C. 质量管理国际规范化阶段—全面质量管理阶段—统计质量控制阶段—质量检验阶段
   D. 质量检验阶段—统计质量控制阶段—全面质量管理阶段—质量管理国际规范化阶段
   E. 全面质量管理阶段—质量检验阶段—统计质量控制阶段—质量管理国际规范化阶段

4. 下列不属于控制护理质量缺陷方法的是
   A. 增强各级护理人员护理质量安全意识
   B. 增强护理人员的法制观念
   C. 提高护理人员的专业技能和业务水平
   D. 制止护理投诉等
   E. 严格执行和落实差错事故上报处理制度

5. 护理质量控制以预防为主，鼓励上报分析的是
   A. 护理事故　　B. 不良事件
   C. 医疗事故　　D. 护理缺陷
   E. 医疗纠纷

6. 控制是完成计划的
   A. 标准　　B. 依据　　C. 保证
   D. 前提　　E. 关键

7. 下列哪项不是控制的基本原则
   A. 目的性原则　　B. 客观性原则
   C. 全面性原则　　D. 灵活性原则
   E. 及时性原则

8. 病房护士发生护理差错后，护士长应在多长时间内上报护理部
   A. 6小时　　B. 12小时　　C. 24小时
   D. 36小时　　E. 48小时

9. JCI认证的核心是
   A. 医疗质量与医疗安全　　B. 患者
   C. 医院　　D. 医生
   E. 护理人员

10. 进行质量活动，实现质量方针、质量目标的重要保证是
    A. 建立质量管理体系
    B. 进行质量教育

C. 更新护理质量标准
D. 进行全面质量控制
E. 评价与持续改进护理质量
11. 护理质量管理的基本任务和基础工作是
    A. 建立质量管理体系
    B. 进行质量教育
    C. 制订质量标准
    D. 进行全面质量控制
    E. 评价与持续改进护理质量
12. 临床上常见的护理质量缺陷是
    A. 护理纠纷　　　B. 护理诊断
    C. 医护纠纷　　　D. 医患纠纷
    E. 护理差错
13. 护理人员在护理过程中,每项工作、每个环节都直接关系到患者的安危。因此必须要遵循的原则是
    A. 领导作用的原则
    B. 系统管理的原则
    C. 预防为主的原则
    D. 以患者为中心的原则
    E. 全员参与的原则
14. 现场控制又称为
    A. 直接控制　　　B. 间接控制
    C. 事前控制　　　D. 过程控制
    E. 事后控制
15. 护理管理者的控制对象,其中各级护理管理员不包括
    A. 护士长　　　　B. 总护士长
    C. 护理部主任　　D. 护理副院长
    E. 主任护师
16. 护理质量控制是有目的的
    A. 控制行为　　　B. 管理行为
    C. 有效行为　　　D. 反馈行为
    E. 目标行为
17. 在制定基础护理操作规程时应遵循以下原则,不包括
    A. 根据每项技术操作的目的、要求、性质和应该取得的效果来制订
    B. 技术操作必须符合人体生理解剖特点,避免增加患者的痛苦
    C. 严格遵守无菌的原则
    D. 文字应简单明了
    E. 查对制可有可无
18. 根据控制采用的手段的不同,可将控制分为
    A. 前馈控制、过程控制和反馈控制
    B. 日常控制、定期控制
    C. 内部控制和外部控制
    D. 直接控制和间接控制
    E. 局部控制和全面控制

A_2型题

19. 属于一级医疗事故的是
    A. 造成患者死亡、重度残疾的
    B. 造成患者中度残疾、器官组织损伤导致严重功能障碍的
    C. 造成患者轻度残疾、器官组织损伤导致一般功能障碍的
    D. 造成患者明显人身损害的其他后果的
    E. 在紧急情况下为抢救垂危患者生命而采取紧急医学措施造成不良后果的
20. 属于二级医疗事故的是
    A. 造成患者死亡、重度残疾的
    B. 造成患者中度残疾、器官组织损伤导致严重功能障碍的
    C. 造成患者轻度残疾、器官组织损伤导致一般功能障碍的
    D. 造成患者明显人身损害的其他后果的
    E. 紧急情况下为抢救垂危患者生命而采取紧急医学措施造成不良后果的
21. 属于三级医疗事故的是
    A. 造成患者死亡、重度残疾的
    B. 造成患者中度残疾、器官组织损伤导致严重功能障碍的
    C. 造成患者轻度残疾、器官组织损伤导致一般功能障碍的
    D. 造成患者明显人身损害的其他后果的
    E. 在紧急情况下为抢救垂危患者生命而采取紧急医学措施造成不良后果的
22. 属于四级医疗事故的是
    A. 造成患者死亡、重度残疾的
    B. 造成患者中度残疾、器官组织损伤导致严重功能障碍的
    C. 造成患者轻度残疾、器官组织损伤导致一般功能障碍的
    D. 造成患者明显人身损害的其他后果的
    E. 在紧急情况下为抢救垂危患者生命而

采取紧急医学措施造成不良后果的
23. 医院执行手卫生制度防止院内感染属于
    A. 过程控制   B. 前馈控制
    C. 反馈控制   D. 直接控制
    E. 日常控制
24. 护理部不管是午间、夜间及节假日等特殊时段，均都需要查房，这些属于
    A. 现场控制   B. 遥控控制
    C. 预防控制   D. 结果质量控制
    E. 前馈控制
25. 下列不属于控制护理质量缺陷方法的是
    A. 增强各级护理人员的护理质量安全意识
    B. 增强护理人员的法制观念
    C. 提高护理人员的专业技能和业务水平
    D. 制止护理投诉等
    E. 严格执行和落实差错事故上报处理制度

A₃型题

26. 患者无青霉素过敏史，护士为其做青霉素皮试。刚注射完，患者即出现休克，导致死亡。这种状况应判定为
    A. 护理差错   B. 意外事件
    C. 医疗事故   D. 护理纠纷
    E. 护理事故
27. 护士小李在给患者调节氧流量时，忘记分离连接管，没控制好调节器，很大气流冲入患者鼻腔，造成患者当时的不适，这属于
    A. 一般护理差错   B. 严重护理差错
    C. 医疗纠纷   D. 意外事件
    E. 医疗事故
28. 小肖是心内科护士，在检查抢救室用物时，发现除颤仪不能工作，血压计气囊漏气，立即送修。这符合了急救物品合格率应保持在
    A. 100%   B. 99%以上
    C. 98%以上   D. 95%以上
    E. 90%以上

29. 科室护士长每个月都要将护理质量检查结果反馈给护士，并且针对护理差错及护理投诉进行分析和讨论，促进护士们认识和改进。这种做法属于
    A. 前馈控制   B. 过程控制
    C. 反馈控制   D. 直接控制
    E. 间接控制
30. 在招收护士的过程中，某三甲医院只招收有护士执业证书并且身体健康的护士作为新员工，以预防在岗护士因无资质或疾病导致的生产力低下和不必要的损失。这种控制手段属于
    A. 前馈控制   B. 过程控制
    C. 结果控制   D. 成本控制
    E. 直接控制
31. 某医院心内科病房，相邻床位内出现了3例不明原因的腹泻患者，临床科室医务人员怀疑出现医院感染，应首先
    A. 等暴发感染的诊断明确后及时报告
    B. 报告卫生行政部门
    C. 报告科室主任和医院感染管理部门
    D. 密切观察暴发病例是否继续增加
    E. 报告院长

A₄型题

32. 患者，女性，68岁。心力衰竭。在住院期间，护士为其输液时滴速过快，导致急性肺水肿，抢救后患者成植物人状态。这属于
    A. 护理差错   B. 四级医疗事故
    C. 三级医疗事故   D. 二级医疗事故
    E. 一级医疗事故
33. 护士发药时不慎将2床患者的维生素C 0.2g发给了1床患者。发现错误后，护士应该直接向谁汇报
    A. 值班医生   B. 科护士长
    C. 主班护士   D. 护理部主任
    E. 病房护士长

（张礼宾）

第10章 护理质量管理实践

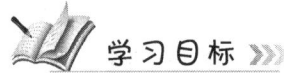

1. 掌握 PDCA 循环、临床路径的应用。
2. 掌握护理质量持续改进的方法,优质护理服务的行为。
3. 掌握护理工作中感染的预防与控制。
4. 熟悉护理质量持续改进的内容和形式。
5. 熟悉护理工作中影响感染的因素。
6. 了解因果分析图、排列图、六西格玛法,了解投诉处理。

● 案例 10-1

某医院护理工作质量指标要求,服务态度满意率≥95%。护理部在一次质量检查中发现,某科室患者对护士工作的满意率为 85%。经过分析,发现满意率下降的原因为:病房加床,护士超负荷工作;个别护士不乐意做生活护理,致使患者的基本生活需要未得到解决;个别护士服务态度差,对生活护理不重视,与患者说话不注意语言技巧。护理部根据存在的问题,确定管理目标,制订切实可行的计划提高满意率。具体计划:进行护士素质教育及沟通技巧培训;开展"假如我是患者"的讨论;提高护士做好基础护理的自觉性;编制患者基本需要落实卡,进行监督检查。落实措施后,将检查结果进行总结分析:患者的满意率从 85%上升到 90%,护士服务态度明显改善。但由于加床多,护士人力不够,基础护理未能完全落实。

问题: 1. 护理部用的是哪种方法来提高护理质量的?请列出具体步骤。
2. 护理质量改善后,对于新的问题应如何处理?

护理工作是医院整体医疗工作的重要组成部分,护理质量反映医院护理工作水平的高低和医院管理质量的优劣,直接关系到患者的生命与健康,影响患者对护理工作的满意度,甚至对医院的发展起着重要作用。

第1节 护理质量管理常用方法

抓好质量管理,除了要有正确的指导思想,还要依靠科学的质量管理方法。熟练掌握和灵活运用这些方法，对于提高质量管理体系运行的效果及效率十分重要。

一、PDCA 循环

PDCA 循环即管理循环，由美国著名的质量管理专家戴明（W. E. Deming）博士于 20 世纪 50 年代初提出，故又称 "戴明环"。PDCA 循环，是英文计划（Plan）、执行（Do）、检查（Check）和处理（Action）的缩写。PDCA 循环理论是在全面质量管理中反映质量管理客观规律和运用反馈原理的系统工程方法。

PDCA 循环是一个成功的理论，同时也是一个有效的管理方法，它渗透于现代管理之中，适用所有领域，同样适用于医院医疗工作乃至护理工作。

（一）PDCA 循环基本工作程序

每一次 PDCA 循环都要经过 4 个阶段、8 个步骤，如图 10-1 所示。

1. 计划阶段　第一步，分析质量现状，找出存在的质量问题；第二步，分析产生质量问题的原因或影响因素；第三步，找出影响质量的主要因素；第四步，针对影响质量的主要原因研究对策，制订相应的管理或技术措施，提出改进行动计划，并预测实际效果。措施应具体而明确，回答 5W1H 内容：为什么要这样做(Why)?做什么(What)?谁来做(Who)?什么时间做(When)?在什么地方做(Where)?怎样做(How)?

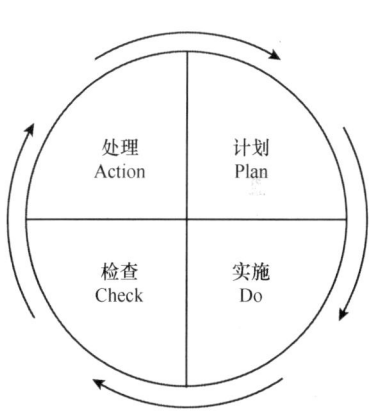

图 10-1　PDCA 循环八个步骤

2. 执行阶段　按照预定的质量计划、目标、措施及分工要求付诸实际行动。此为 PDCA 循环第五步。

3. 检查阶段　根据计划要求，对实际执行情况进行检查，将实际效果与预计目标作对比分析，寻找和发现计划执行中的问题并进行改进。此为 PDCA 循环第六步。

4. 处理阶段　对检查结果进行分析、评价和总结。具体分为两个步骤进行。第七步，把成果和经验纳入有关标准和规范之中，巩固已取得的成绩，防止不良结果再次发生。第八步，把没有解决的质量问题或新发现的质量问题转入下一个 PDCA 循环，为制订下一轮循环计划提供资料。

（二）PDCA 循环的特点

1. 完整性、统一性、连续性　PDCA 循环作为科学的工作程序，其四个阶段的工作具有完整性、统一性和连续性的特点。在实际应用中，缺少任何一个环节都不可能取得预期效果，只能在低水平上重复。例如，计划不周，给实施造成困难；有布置无检查，结果不了了之；不注意将未解决的问题转入下一个 PDCA 循环，工作质量就难以提高。

2. 大环套小环，小环保大环，相互联系，相互促进　作为一种科学的管理方法，PDCA 循环适应于各项管理工作和管理的各个环节。整个医院质量体系是一个大的 PDCA 循环，大循环所套着的层层小循环即各部门、各科室及病区质量体系的动态管理。护理质量管理体系是整个医院质量体系中的一个小的 PDCA 循环，而各护理单元的质量控制小组又是护理质量管理体系中的小循环。整个医院运转的绩效，取决于各部门、各环节的工作质量，而各部门、各环节必须围绕医院的方针目标协调行动。因此，大循环是小循环的依据，小循环是大循环的基础。通过 PDCA 循环把医院的各项工作有机地组织起来，彼此促进，如图 10-2 所示。

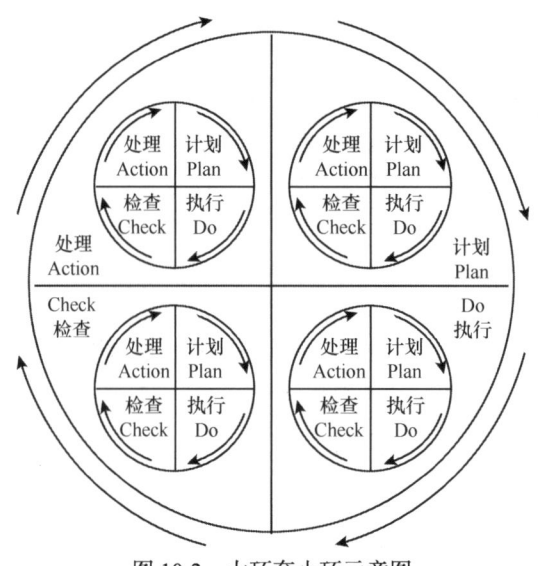

图 10-2　大环套小环示意图

3. 不断循环，不断提高　PDCA 循环不是一种简单的周而复始，也不是同一水平上的循环。每次循环，都要有新的目标，都能解决一些问题，都会使质量提高一步，接着又制订新的计划，开始在较高基础上的新循环。这种螺旋式的逐步提高，使管理工作从前一个水平上升到更高一个水平，如图 10-3 所示。

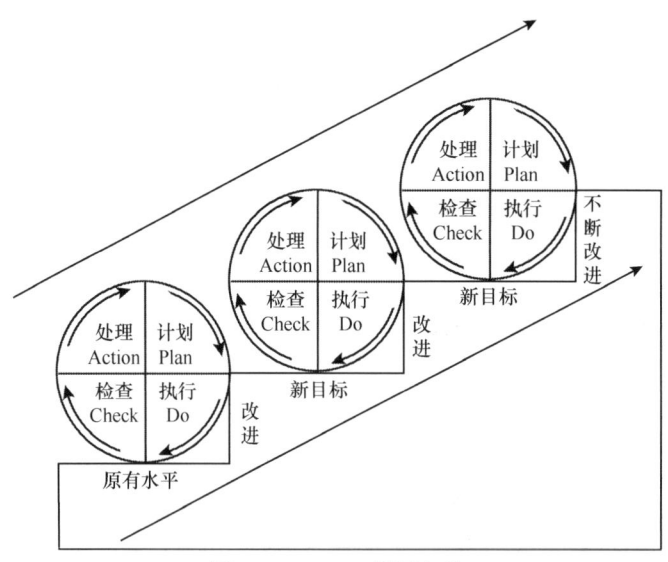

图 10-3　PDCA 循环上升

（三）PDCA 循环基本要求

1. PDCA 循环周期制度化　循环管理必须达到制度化要求：一是明确规定循环周期，周期时间不宜过长，也不能很短，一般以月周期为宜；二是必须按循环周期作管理制度运转，不可随意搁置、停顿。

2. 实行 PDCA 循环管理责任制　PDCA 循环能否有成效地转动起来，关键在于责任到人，首先是确定循环管理的主持人；其次是组织有关人员参加。

3. 制订循环管理的有关标准，定期进行循环管理成绩考核。

4. 实现 PDCA 循环运作的程序化。

二 因果分析图法

因果分析图又称特性因素图、树枝图、鱼刺图。巴雷特图仅对属于同一层的有关因素的主次关系进行统计分析，若因素在层间还存在着纵向因果关系时，运用因果分析图就能整理出这两种关系。因果分析图是整理、分析影响质量（结果）的各种原因及其关系的一种工具。因果分析图（图 10-4）运用系统分析方法，以结果出发，首先找出影响质量问题的大原因，然后再从影响质量的大原因中找出中原因，再进一步找出影响质量的小原因……依此类推，步步深入，一直找到改进措施为止。

（一）绘制因果分析图的方法步骤

1. 确定要解决的问题（结果） 例如，某医院内科病房自从迁入新大楼后，多次空气监测，均发现细菌数严重超标。针对造成的原因，可以用因果分析图分析（图 10-4）。

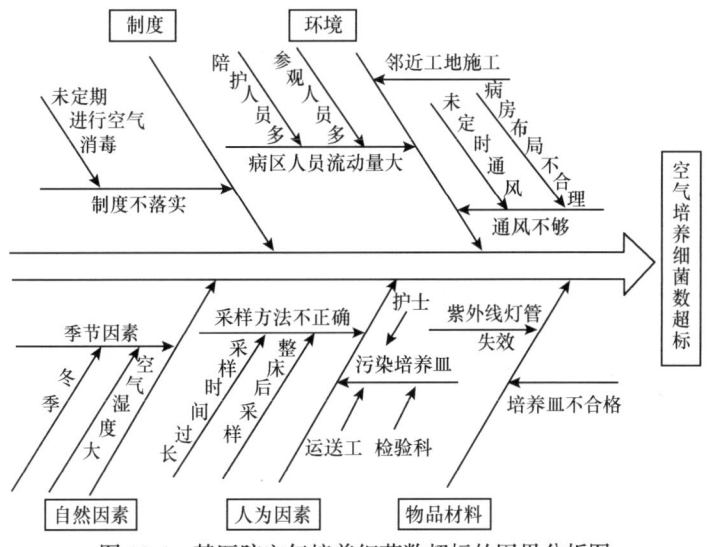

图 10-4 某医院空气培养细菌数超标的因果分析图

2. 召开座谈会 采用开座谈会的方法召集熟悉情况的人员，进行原因分析，把造成空气培养细菌超标的大原因写在用箭头表示的大枝的尾部。本例可能的大原因为制度、环境、物品材料、人为因素、自然因素等。

3. 分析原因 追问大枝上存在的原因，分解出中枝（中原因），再继续追问中枝上的原因，分解出小枝（小原因）。如本例中人为因素是引起细菌超标的一个大原因，采样方法不正确是这个大原因上的中原因，而这个中原因上又有"采样时间过长""整床后采样"这两个小原因，直至追问到采取具体措施为止。

4. 记录 记录有关事项，如制图时间、制图者、单位、制图时客观条件和情况等。

（二）应用因果分析图的注意事项

1. 分析原因一定要充分发挥民主、集思广益，把可能的原因都罗列出来，对有争论的问题，应调查了解后再做定论。

2. 大原因不一定是主要原因，可以采用投票方式，确定主要原因，主要原因不要太多，一般不多于 4~5 个。

因果分析图使用简单的图表就可以把简单的质量问题和结果都表示出来，便于查找原因，制订改进措施，是一种实用性很强的质量控制工具。

三、临床路径

临床路径（clinical pathway，CP）是针对特定病种或手术指定临床诊断、治疗护理的规范性流程，起到规范专业行为、提高诊疗服务水平、降低经济成本、保障诊疗质量的作用。临床路径最早开展于 20 世纪 80 年代的美国。

传统医学模式下医护人员根据自己的经验进行临床工作，由于经验不同，最终产生的医疗效果也不同；由于没有统一的医疗质量评价标准，医疗服务质量改进比较困难。临床路径是综合多数医学专家的意见和经验，制订出一个行业内比较认可的标准路径，要求大家依此标准路径来进行医疗工作，这在很大程度上控制了某个医疗工作的不确定性，保证了医疗服务质量的稳定。

（一）临床路径的制订

临床路径应由从事临床工作的医师、护士和管理人员组成的专家小组制订，主要采用流程图描述各个临床工作流程。

1. 确定各个临床工作过程的合理时间，尽量缩短各个工作流程时间。
2. 明确划分医务人员的责任和权限。
3. 尽量减少不同医务人员之间的诊疗差异。
4. 减少不必要的实验室诊断和流程。
5. 降低医疗成本和其他服务、管理成本，提高医疗服务质量。
6. 临床路径的制订可以依靠国内有经验的专家，也可依靠医院自己的力量。制订临床路径一定要有客观基础，分析医院的病历及国家或本专业有关的诊疗标准或临床规范在实施临床路径过程中，及时评价，发现问题及时调整。

（二）临床路径的作用

1. 提高工作效率　临床路径可以提高工作效率，降低平均住院日。临床路径通过明确医疗职责，规范临床工作程序，明确规定了患者检查、治疗的时间安排，避免了可引起拖延、脱节的环节，有效地提高了效率，降低了患者的平均住院日。

2. 提高医疗护理质量　由于临床路径是医疗专家共同讨论研究制订的，它使医护人员在工作中有章可循，避免了医护人员个人在工作中的随意性，有助于提高医疗护理质量，减少医疗差错发生。

3. 降低医疗成本　实施临床路径，规范了医疗行为，减少了医疗服务的随意性，减少了浪费，降低了医疗成本。

四、排列图法

排列图法又称巴雷特图法（Pareto diagram）或主次因素分析图法，经常被描述为 80/20 原则，意思是在很多情况下，80% 的问题是由 20% 的原因引起的。它是定量找出影响质量的主要问题或因素的一种有效方法。

排列图由左右两个纵坐标、一个横坐标、多个直方柱和一条折线构成。左边纵轴表示质量问题频数,右边纵轴表示累计频率,横轴表示影响质量的各项因素,按其影响大小,从左至右依次排列,直方柱高度表示因素影响大小,折线表示各项累计频率的连线。

（一）排列图的绘制步骤

1. 确定所要调查的问题,收集相关数据。
2. 把收集的数据按原因分类。
3. 计算出各种原因重复发生的次数,即频数。
4. 计算不同原因发生的频率和累计频率。
5. 将数据做成整理表。
6. 绘制排列图。
7. 寻找少数关键因素,采取措施。

绘制后,按照累计百分数把影响质量的因素分为三类:0~80%的是 A 类,为主要因素;80%~90%是 B 类,为次要因素;90%~100%是 C 类,为一般因素。抓住主要因素,就可以集中力量加以解决,从而达到控制和提高产品质量的目的,如图10-5 所示。

（二）应用排列图的注意

1. 主要因素不宜过多,一般 3 个左右,否则就失去寻找主要原因的意义。
2. 影响因素小于 5%的因素可以归为其他类,并统一放在横轴最后。
3. 针对主要原因采取措施后,应再取数据,按原项目重新画出排列图,以检查措施效果。

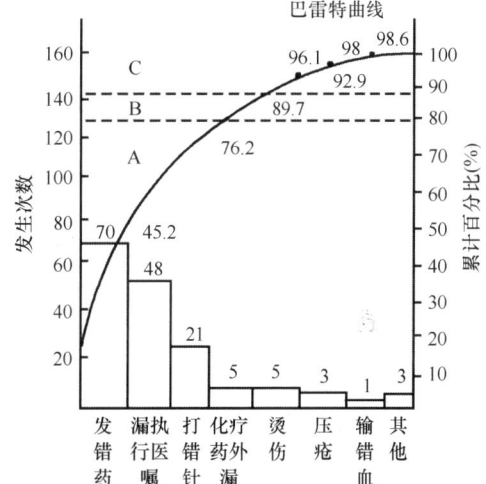

图 10-5 某医院护理差错原因排列图

五 六西格玛法

六西格玛（six sigma）管理是通过对过程持续的突破性改进,不断提高顾客的满意度,持续地降低成本来提升组织的盈利能力和竞争力水平。其核心理念是"以最高端质量、最快的速度、最低的价格"向顾客提供产品和服务。六西格玛管理专家罗纳德·斯尼（Ronald Snee）对其的评价是"寻求同时增加顾客满意度和企业经济增长的经营战略途径"。

（一）六西格玛管理的基本原则

1. 关注顾客　六西格玛管理强调关注顾客,要求过程业绩的测量应从对顾客需求的调查分析开始。
2. 依据事实管理　改进一个流程所需要的信息都包含在各种事实数据中。六西格玛管理强调使用支持决策的相关数据并用它们来指导决策过程。
3. 关注过程　六西格玛管理强调任何工作或活动都可以视作过程。过程是成功的关键载体,是构建向顾客传递价值的途径。
4. 主动管理　六西格玛管理主张在问题发生之前积极采取措施预防问题的发生,而不是事后救火式的处理和被动应付。
5. 无边界合作　推行六西格玛管理,需要加强自上而下、自下而上和跨部门、组织间的合作,并与供应商、顾客密切合作。

6. 追求完美　六西格玛管理容忍失败，不断追求卓越的业绩并在运营中全力实践，过程中难免有失败，因此要求组织有鼓励创新、容忍失败的文化氛围。

（二）六西格玛管理常用的方法

在实施六西格玛管理中，运用正确的支持工具能够帮助管理者正确客观全面地分析问题，科学决策，提高质量改进成效。组织中的全体人员都应接受这些工具的培训。表 10-1 为六西格玛管理常用的工具。

表 10-1　六西格玛管理常用的工具

名称	应用	备注
调查表	系统地收集数据资料，以得到清晰的事实	适用于计数资料
分类法	将有关某一特定论题的大量观点、意见或想法进行组织归类	
标杆对比	将一个过程与公认的领先过程进行比较，以识别质量改进的机会	
头脑风暴法	识别可能解决问题的办法和潜在的质量改进机会	
因果分析图	分析和表达因果图解关系	
流程图	描述现存的过程；设计新的过程	
控制图	评估过程的稳定性；决定何时某一过程需要调整，何时该过程需要保持下去；确认某一过程的改进	适用于计量资料
直方图	显示数据波动的形态；直观地传达过程行为的信息；决定在何处集中力量进行改进	
排列图	按重要性排序表示各项目对整体贡献的大小；排列改进的机会	
散布图	发现和确认两组相关数据之间的关系；确认两组相关数据之间的预期关系	

（三）成功实施六西格玛管理的关键因素

美国质量协会（American society of quality，ASQ）在调查了一些企业实施六西格玛管理的经验和教训后，总结出成功推进六西格玛管理的关键因素，具体如下。

1. 最高管理层的承诺是必备的基础，它是主要的文化转变。

2. 六西格玛必须是组织指导经营的一个重要的部分，与现有的方法、战略、测量和实践进行整合。

3. 由经过充分培训且有成功经验的大黑带、黑带和绿带构成工作梯队。

4. 必须不断了解顾客和市场。

5. 六西格玛必须基于数据进行管理。

6. 六西格玛方法要求在一个合理的时间内得到显著的回报，成本节约需要得到实际的验证。

7. 将六西格玛方法与组织的目标和计划联系起来，建立绩效跟踪、度量和报告系统，监控过程进展。

8. 重新设计组织的奖励体系。组织的奖励体系应该在每一层面上对成功进行六西格玛的人员进行认可。

9. 应经常在组织内部庆祝成功，因为"成功滋养成功"；广泛宣传六西格玛方法的成就，扩展其可行性，并与其他组织分享。

第 2 节　护理质量评价与持续改进

护理质量评价是护理质量管理中的一个重要环节，是一种有计划、有目的、有组织的质量检查活动，用于衡量护理工作和护理效果完成的程度。持续改进质量，先进、科学的质量管理，是提供高水平护理服务质量的重要保障。

护理质量评价的内容与形式

护理质量评价是一个系统工程。评价主体包括由患者、工作人员、科室、护理部、医院及院外评审机构构成的系统；评价客体包括由每个技术项目、每个护理病例、每位护士、每个科室或整个医院构成的系统；评价过程是收集资料、资料与标准的比较、做出判断的系统过程。

（一）护理活动的质量评价的内容

对临床护理活动的评价就是衡量护理工作目标完成的程度，衡量患者得到的护理效果。根据评价的内容分为三种类型。

1. 基础质量评价　即要素质量评价，主要着眼于评价执行护理工作的基本条件，包括组织机构、物质设施、仪器设备及护理人员的素质。这些要素通过管理结合成为基础质量结构，即要素质量。具体评价内容如下。

（1）护理质量控制组织机构：可根据医院的规模，建立二级或三级质控组织，包括护理部、各大科、各护理单元的质量监控组，采用逐级控制，定期或不定期地进行质量控制活动。

（2）护理单元设施：如病区的布局是否合理、患者床单元的物品配备是否齐全、能否保证供应等，应按《综合医院评审标准》来评价。

（3）药品器材：物资基数应保证定量供应，器械、仪器设备先进齐全、性能完好，随时处于备用状态。

（4）人力安排：护理人员的数量、学历结构、职称应符合医院分级管理要求（病区人员组成结构应合理、人力安排应合适等）。

（5）环境：各护理单元是否清洁、整齐、舒适、安全。

（6）其他：各种规章制度、护理常规、操作规程等是否齐全，能否切实执行，有无各项工作质量标准和质量控制标准。

2. 环节质量评价　即过程质量评价，主要是根据"护理人员"的取向，对护理工作过程的评价。可以评价护士护理行为活动的过程是否达到了质量标准，以便及时地了解质量执行情况，纠正护理偏差。其中主要评价护理过程中各环节操作程序、管理环节等。具体包括以下内容。

（1）服务流程：是否以患者为中心开展主动服务，如门急诊患者的就诊服务流程，出入院患者的服务流程，住院患者的各种检查、治疗和生活护理，消毒隔离，医院内感染的管理等。

（2）整体护理开展情况：是否应用护理程序的工作方法实施临床护理，采取有效的护理措施，解决患者现存的和潜在的问题。

（3）护理技术操作：是否按标准的规范的程序进行。

（4）观察病情及治疗反应：是否根据病情的动态变化修改护理计划、及时做好护理记录等。

（5）执行医嘱准确率：临时医嘱执行是否及时。

（6）心理护理及健康教育的覆盖率。

3. 终末质量评价　即结果质量评价，主要是评价护理活动的最终结果和护理服务结果对患者的影响，也就是患者得到的护理效果质量，常用的评价指标如护理工作和服务态度满意度、年计划目标达标率、护理人员年培训率、护理人员"三基"平均达标率、护理人员年考核合格率、护理技术操作合格率、基础护理合格率、分级护理合格率、护理表格书写合格率、急救物品完好率、常规器械消毒灭菌合格率、年压疮发生次数、年护理事故发生次数、陪护率等。这些指标数据是评价终末质量的依据。

基础质量、环节质量、终末质量三方面的评价是不可分割的整体,反映了护理工作的全面质量要求。临床上一般采用三者相结合来评价,即综合评价。

（二）护理质量评价形式

1. 自我评价与他人评价　自我评价是由本人或本单位对自己的工作进行自我评价,以纠正工作中的偏差。他人评价包括院内与院外评价,同级护理人员、同事间相互评价是院内评价;由上级主管部门组成评审组、患者和家属进行评价是院外评价,如医院等级评审工作。

2. 全程评价与重点评价　全程评价就是对护理活动全过程进行分析评价,主要是检查护理的整体情况,找出普遍存在的问题和需要改进的方面,为进一步修订质量标准指明方向。重点评价是对某单项质量评价,如技术操作考核,所需时间短,且易于分析发现存在的不足之处,及时提出解决问题的方法,采取补救或纠正措施。

3. 事前评价与事后评价　事前评价是在标准实施前进行评价,找出质量问题,明确实施标准,应重点解决的问题。事后评价是在某项标准实施后进行的评价,为质量改进指明方向。

4. 定期评价和不定期评价　定期评价是在规定时间内进行评价。不按规定时间、随机进行的评价,称不定期评价。不定期评价真实性强。

 护理质量评价方法

进行护理质量评价,必须按一定的程序进行,包括制定质量评价标准、收集信息与评价、纠正偏差等程序。

（一）制定质量评价标准

标准是计量检查的依据,是衡量事物的准则,是医疗护理实践与管理实践经验的总结,是经验与科学的结晶。只有把事实与标准比较,才能找出差距,评价才有说服力。质量评价的标准可请院内外专家制定,同时设计评价方案,采取反映工作数量和工作质量的统计指标,构成指标体系。

1. 评价标准的要求

（1）标准要具体,文字简明扼要,重点突出,主次分明。

（2）符合实际情况,明确易懂,便于评价对象理解与接受。

（3）评价方法可测量,结果采用定性与定量的方法,力求用数据说话。

2. 方法　采用对照质量评价标准→确定有关评价信息→决定信息收集的方法、途径。各护理部门可根据需要确定一些标准,这些标准一方面可成为护理人员的行为准则和规范,另一方面可作为质量评价标准,通过定期或不定期检查来评价护理效果。

（二）收集信息与评价

1. 途径

（1）建立汇报统计制度:质量管理要依靠质量信息的畅通和反馈,所以,质量情报工作很重要。对护理工作质量的统计数据应及时准确,做好日累计、月统计工作。

（2）建立质量检查制度:可用定期检查与抽查结合的方式,用检查所收集到的信息与标准对照,获得反馈信息,计算达标程度。还可从护理病历中查阅有关护理程序执行情况的信息,征求患者对护理人员的意见,通过观察护士操作过程获得过程质量或护士行为信息。

2. 方法　通过检查获得护理工作水平信息，将信息反映出来的实际情况与标准相对照并制作质量图表，以反映出各个不同时期、不同护理单元质量控制趋势，进行信息反馈及评价。

（三）纠正偏差

对评价结果进行认真总结和分析，及时找出存在问题，提出纠正措施与改进方案，并通过多种途径和形式进行反馈，如护士长例会、护理通信等，达到改进工作、提高护理工作效率和工作质量的目的。

三、护理质量持续改进

质量持续改进是在全面质量管理基础上发展起来的更注重过程管理、环节质量控制的一种新的质量管理理论。其本质是持续、渐进的变革。戴明博士 1986 年推出了质量管理要点，涵盖了持续性质量改进的重要概念。其主要内容为：

1. 强调顾客的需要，不以金钱来论定绩效，从而提高质量。
2. 强调全员参与和竞争，形成一种文化，通过教育和训练，帮助职工掌握解决问题、参与磋商、统计分析和团队建设等技能。
3. 强调工作指标是动态和持续提高的。
4. 强调质量是制造出来的，不要依赖检查提高质量。
5. 强调对员工尊重、引导、激励、授权，而不是监督与控制等。
6. 持续质量改进是对质量持续、渐进的提高和改进过程。

持续质量改进是组织的一个永恒的目标，是新时期医院管理发展的重点，是护理质量管理的灵魂。其持续改进途径有：①了解服务质量的现状；②确立改进应达到的目的；③寻求改进的办法并有效实施；④对改进的效果进行评价。持续质量改进要求包括管理者、医生、护理人员、患者及家属乃至社会成员共同参与质量控制活动。

护理质量持续改进包括寻找机会和对象，确定质量改进项目和方法，制订改进目标、质量计划、质量改进措施，实施改进活动，检查改进效果和总结提高。护理质量改进机会：一是出现护理质量问题即不合格项目后的改进，及时针对护理服务过程检查、体系审核、顾客投诉中呈现出来的问题，组织力量，予以改进；二是没有发现质量问题时的改进，主要是指主动寻求改进机会，主动识别顾客有哪些新的期望和要求，在同国内外同行比较中寻求改进方向和目标，并予以落实。

四、优质护理服务

护理是一门科学和艺术，更是一种服务。当今处于服务社会、服务经济时代，护理服务已成为医疗机构竞争的增值因素之一。

（一）优质护理服务的定义

优质护理服务就是找出就医者认为有价值的服务，然后提供相匹配的或超越他们期望值的服务。具体来说，优质护理服务是尊重和礼貌地对待就医者；让其感到是受欢迎的、重要的；提供舒适的环境；保持充沛的精力、展示积极的态度；倾听；接受反馈；传达清晰的信息；正确地做事；学习医疗服务相关事宜，了解自己的工作等。

然而，从就医者的角度来看，对优质服务的定义却不完全相同。就医者对优质服务的定义：

①候诊时间短；②及时回应；③友好、礼貌；④提供清楚、准确的信息；⑤正确；⑥可及、可靠和负责；⑦便利；⑧解除不适；⑨无并发症；⑩提供安静、清洁、安全的休息环境等。

（二）优质护理服务的原则和行为

1. 以友好、关怀、尊重、正直的态度对待每一个护理服务对象。

（1）表示友好：在开始工作前建立良好的关系；进行短暂的交流，问候每一位护理服务对象（保持微笑、目光接触），称呼其名，使用开放性肢体语言。先说正面的事，以积极的态度，主动询问是否需要帮助，确保语调愉快，适时表示同情。

（2）表达关心、尊重：展示保持平稳、安静的行为；表示愿意提供帮助；不要驳斥、嘲笑或轻率、无理地对待患者；关注其知识和情绪状况，不要让其感到窘迫；主动倾听，努力理解对方的观点；接打电话简短，不要让患者等太长时间；认真对待每一次询问。

（3）表示真诚、诚实：勇于承认自己所不知道的，并设法帮助找到正确答案；委婉地告诉实情；不向无关的人透露患者的信息及相关情况；区分公共和隐私信息；若不能马上做某事则告诉患者实情。

2. 处理好外在的或隐含的问题，提供可行的服务。不要评判患者，与其建立良好的关系。如果感觉到有隐含的问题，主动询问是否需要帮助。了解个人防御心理倾向，善于引导其说出个人深层的问题和想法。

3. 准确及时答复护理服务对象，让其感受到乐意为他们服务。

（1）及时：说到做到；以就医者服务为重；不要提及无法做到的事；不要让顾客等太长时间；有人需要服务时应立即做出反应。如果有比较重要的改变，及时通知其他部门；如果不能答复或提供顾客信息，则提供其他选择；更新陈旧流程。

（2）准确和完整：让自己成为相关信息、知识的专家；确保给出的信息是正确和完全的，要重复检查。对于经常被问到的问题，提供书面材料。

4. 提升和谐一致团队工作的氛围。

（1）和谐统一：应用倾听技巧，不要打断别人说话；感受到他人的情绪反应；不做假设；及时给予表扬和鼓励；恰当时提供情感支持；寻找提供支持的方法；必要时妥协；参与部门之间的社会活动等。

（2）团队工作：鼓励人人参与；用不同方法征求意见。任何行动前咨询或通知各相关部门。

5. 追求和提升专业化水准以提高工作绩效。建立并实施专业化发展计划；参加课程以促进专业发展；参与部门及全院的各种活动。

6. 创造性地利用和开发各种资源，发现新的收入来源；提高工作效率；支持提高效益的工作安排；开放思想，接受新科技；推行对各部门有利的活动；与其他部门合作减少工作的重复。

（三）优质护理服务的管理

1. 调研护理服务对象的期望或要求　定期对患者和家属进行服务调研和满意度调查；积极倾听一线护士的意见等。频繁互动，减少管理层次，增加直接沟通的机会。深入收集、分析护理服务对象的期望和要求，制订合理的护理服务标准，然后根据服务标准加强管理。

2. 建立优质护理服务团队　确定团队护理服务目标，培养团队精神。加强培训，统一优质服务理念，规范服务行为，提高服务技能，提高决策或解决问题，特别注意选择服务意识强、团队合作好的护士重点培训。

五 投诉处理

随着市场经济的发展，人们生活质量的提高，消费者权力意识的增强，挑剔服务或产品的倾向也随之增加，医疗卫生行业也不可避免地受到抱怨或投诉。事实上，只有很少部分服务对象提出投诉，大部分人选择到别的地方接受服务或向亲友同事抱怨。面对投诉，管理者应如何处理呢？

（一）正确对待投诉

1. 正确处理投诉的重要性　网络时代，消费者已经成为媒体的主人，客户不满时，只有4%的人提出投诉，但所有不满的人都会将不满告诉另外的10～20人，13%被告知者继续将这个坏消息传播给另外的10～20人；而得到满意服务的客户会将他们的经历告诉2～5人。如果投诉的问题得到有效的解决，70%的人会成为"回头客"；如果问题得到及时有效的解决，95%的人会成为"回头客"。为了留住客户，必须正确对待和处理投诉问题。同理，投诉处理法则同样可应用于优质护理服务。

2. 分析投诉的原因

（1）质量问题：产品质量低劣、功能不全等。

（2）价格问题：价格昂贵、不方便、名不符实等。

（3）服务问题：服务态度恶劣、推诿、延迟处理、借对方知识不足给予不平等的强加、强词夺理、没有礼貌等，顾客没有受到应有的重视。

（4）管理、规章制度问题。

3. 投诉者的心理需求　投诉者需要医护人员理解和设身处地的关心，希望自己受到重视或善待，而不是不理不睬或应付；希望所接触的人是真正关心他们并能替他们解决问题的；需要公平的待遇，而不是埋怨、否认或找借口；需要迅速与彻底的反应，而不是拖延或沉默；希望听到"我会优先考虑处理您的问题"或"如果我无法解决您的问题，我会告诉您处理的步骤和时间"等。

4. 正确认识投诉　可以这样认识投诉：①投诉表明我们没有达到就医者的要求；②投诉是一个警告的信号；③投诉表明就医者不认同我们并考虑转移就医场所；④投诉的问题若得到解决，就医者会感受到极大的重视，而提高满意度；⑤投诉若得到有效处理，可为医院提供发展机遇；⑥投诉是就医者送给医院最好的礼物。

所以，作为管理者要辩证地看待就医者的投诉、不要排斥。有些投诉可以改变医院的命运，有效地处理就医者投诉，能为医院赢得就医者的忠诚度，有效地维护医院形象。

（二）及时发现预兆，把应对投诉的事后处理变为事前防范

投诉在发生前一定有一些预兆，就医者在投诉之前就已经产生了潜在抱怨，提示服务存在某种缺陷。管理者和护士都应有敏锐的观察能力，及时发现服务缺陷，及时沟通，采取补救措施，化解抱怨，避免投诉的发生。其实很多抱怨、投诉是由沟通不良造成的，因此加强与就医者的沟通对于防范投诉非常重要。

（三）积极应对投诉

1. 树立积极应对投诉的意识　管理者想科学有效地解决投诉，就要透彻、深入地认识导致投诉的可能原因，树立科学的投诉应对观念。要使每一员工从思想上做好应对各种投诉的准备，进行投诉应对处理措施的教育，让大家认识到投诉的潜在危害；帮助员工形成优化自身行为、预防各种投诉的意识；可将投诉处理应对措施用通俗易懂的语言汇编成册，发给大家，有效及

时地应对投诉。

2. 方便就医者投诉　方便就医者投诉是正确处理投诉的第一步，也是重要的一步。就医者对医院的抱怨程度和许多因素有关系，如医疗质量、服务态度、人员素质等，投诉是否方便、接受投诉是否迅速、处理时间长短等。若就医者投诉时电话不通或找不到相关人员，则抱怨的程度就会大大增加，从而导致处理投诉的难度增大和时间增长，医院管理成本增加，医院品牌受损。所以应注重第一时间、第一现场、第一责任人处理投诉。

方便就医者投诉的措施有许多：①设立多种途径方便投诉，如院长信箱、电话投诉、信件投诉、网络投诉、当面投诉等。②使一线医护人员明确：出现就医者投诉要积极解决，不能够推卸责任。特别是医院服务部门，通过院长代表、大厅服务投诉平台，尽可能缩短就医者投诉时间，减少投诉环节，保证投诉得到及时有效的解决。

3. 建立投诉处理机构和投诉制度　医院办公室、医务处、护理部、科主任和护士长负责就医者投诉的收集、处理及其交流。制订处理投诉的流程，择优培训投诉处理人员，尽量选择沟通能力强、业务精湛、有魄力且又有耐心的人，通过培训让他们熟悉自己在处理投诉过程中的任务和位置，也可以通过模拟演练增加任务执行的真切性。

4. 处理投诉的原则和步骤　处理投诉的目标是控制投诉负面效应的扩延，圆满解决问题。处理投诉的原则：①积极应对，不要忽视任何投诉，接到投诉要迅速应对。②掌握详情，处理升级投诉之前一定要对投诉的问题有全面的了解，做到心中有数。③处理投诉组织，立即成为第一消息来源；掌握主动权，各人员之间要口径一致。④处理投诉的人员应该把就医者的利益置于首位，局部利益要服从全局利益。⑤平稳投诉者的情绪。

通过措施迅速解决投诉事件，具体步骤如下。

（1）用心聆听：可发现投诉者的真正需求，从而获得处理投诉的重要信息。让投诉者表达其愤怒，表示乐意帮助，应用积极的肢体语言。

（2）真诚道歉：若发现有错，就要敢于面对，真诚道歉。投诉者之所以动气常是因遇上问题，医护人员漠不关心或据理力争，找借口或拒绝。适时表示歉意会起到意想不到的效果。

（3）表示理解与关注：如果对方知道管理人员的确关心他的问题，也了解他的心情，并找出双方一致的观点，表明理解，投诉者的怒气就会极大削减。

（4）仔细询问：引导投诉者说出问题的重点，有的放矢。在这个过程中应检查细节，保持积极态度，礼貌待人。

（5）记录问题：把投诉者反映的重点问题记录下来，这样不会遗漏投诉者的问题。

（6）解决问题：探询投诉者希望解决的办法，一旦找到方法，还应征得投诉人的同意，或征询他有什么提议或希望解决的方法，主动地代为联络，在这个过程中要找出问题的根源，提出解决方案，让投诉者参与并保持积极态度。要把握好最终处理原则，超出原则不予接受。

（7）礼貌地结束：将投诉这件不愉快的事情解决了之后，请问就医者觉得这样处理可以了吗？还有别的问题吗？如果没有则对对方提出的问题表示谢意。

（8）检查实施：掌握、落实履行承诺的情况，只有真正执行了所有的承诺，才可能得到投诉者的认可，圆满解决投诉。

> 链接
>
> **优质服务的语言要求**
>
> 禁忌用语——
> 质疑对方:"不可能发生这样的事。"
> 推给对方:"这不是我们的责任,这不是我做的。"
> 推给医院:"这是医院的规定。"
> 推给未知:"这不是我能解决的。"
> 建议用语——
> "我可以了解您的感受,非常抱歉因为规定上必须如此。我们会将您的意见作为流程修改的参考。"

5. 改进服务质量 通过处理投诉,及时发现医疗服务中的缺陷,有的放矢地提出整改计划或措施,不断提高医疗质量。如果不能有效地处理投诉问题,就医者就可能转向别的医院求医。若有效地处理投诉,则可挽回就医者对医院的信任和满意度,增加就医者对医院的忠诚度。这是医院的无形的价值和财富。

在处理投诉过程中,注意尽量避免一些错误行为,培养正确的行为(表10-2)。

表10-2 处理投诉的错误行为与正确行为

错误行为	正确行为
争辩、争吵、打断就医者	令就医者感到舒适、放松
教育、批评、讽刺就医者	语气平和,让就医者发泄怒气
直接拒绝就医者	表示理解和关心,并做记录
暗示就医者有错误	体现紧迫感
强调自己正确的方面、不承认错误	如有错误,立即承认
表示或暗示就医者不重要	明确表示替就医者承担解决问题的责任
认为投诉、抱怨是针对个人的	同就医者一起找出解决办法
不及时通知变故,以为就医者容易打发	如果难以独立处理,尽快转给相应部门或请示上级

(四)积极实施服务补救

影响医院护理服务质量的因素错综复杂,难免出现护理服务方面的失误而遭到投诉。服务失误可能带来两种结果:一种是显性的,即就医者的流失;另一种是隐性的,即就医者中"坏口碑"的形成和传递。这是一种几何级数的变动过程,最终使医院的形象受损。

服务补救就是医院出现服务失误时,所做出的及时和主动的补救性反应,采取必要的补救措施,重新建立就医者的满意度,并将满意转化为持续的就医行为,良好的口碑效应才能产生。

第3节 护理工作中的感染控制

 医院感染概述

医院感染是指医院内的一切感染。一般来说,医院感染是指患者在住院期间发生的感染,不包括入院时已有或已潜伏的感染。1990年世界卫生组织进一步完善了医院感染的概念,定义为凡住院患者、陪护人员或医院工作人员因医疗护理工作而被感染所引起的任何有临床症状的微生物性疾病,不管受害对象在此住院期间是否出现症状均属于医院感染。

（一）医院感染管理的重要性

医院感染伴随医学的发展、医疗手段的多样化而日益复杂、加剧,大量使用抗生素引起耐药菌株增多、菌群失调,各种医疗仪器的广泛应用,如各种监护仪、导管、插管、内镜等新技术、新疗法的侵入性操作,加之化疗、放疗等手段的采用,均使患者的免疫功能下降,大大增加了感染的危险。医院感染已成为一个世界性的问题。据统计,美国医院感染率约为5%,每年约7.7万人死于医院感染,因医院感染而额外支出医疗费用40亿美元。我国每年的医院感染率平均在8.4%,但不同等级、不同管理水平的医院之间差异较大。据统计,我国每年发生医院感染病例约500万人次,损失约2000万个病床/日,多支出医疗费用10亿元人民币。由此可见,医院感染对社会及个人均带来严重的危害。因此,加强医院感染的管理已刻不容缓,这是医院贯彻"预防为主"卫生工作方针的重要措施之一,也是衡量医院管理水平、工作质量高低的重要标志。

（二）医院感染的监测

医院感染的监测是医院感染控制的重要手段。没有监测为依据的控制行动是盲目的,只有监测而不采取控制行动则毫无意义。只有运用有效的监测和预防控制措施,才能降低医院感染发病率,减轻患者的痛苦和经济负担,减少医药资源的浪费,减少医疗纠纷,提高医疗护理质量和信誉。

1. 医院感染病例监测　为了有效地防止医院感染,医院必须对患者开展医院感染监测,掌握本院感染发病率、高危因素、病原体特点及耐药性,为医院感染控制提供科学依据。医院感染病例监测大致分为全面综合性监测和目标性监测。

（1）全面综合性监测：指对全院所有住院患者和工作人员的医院感染及其相关的危险因素（如环境污染等）进行综合性监控。通过全面综合性监测,可以了解和掌握本院医院感染的发病率、易感因素、感染位置、抗生素使用、病原体及消毒隔离等情况,有针对性地进行宣传教育指导,降低医院感染率。

（2）目标性监测：是在全面综合性监控基础上开展监测,在基本掌握全院医院感染中存在问题的情况下,为了将有限的人才和物力用在最需要解决的问题上而采取的某种特定监测,以达到控制和预防感染的某一特定目标而进行的针对性监测。每项目标监测开展的期限不应少于1年。目标性监测主要包括部门监测、轮换监测、从优监测。

1）部门监测：对重点科室、重点部门、高危因素的患者进行监测。例如,对手术室,重症监护病房、产房、新生儿室、供应室、血液透析室等易感部门,以及如放疗、化疗、免疫缺陷等易感人群,进行重点监测。

2）轮换监测：就是按各科室排列顺序进行轮换监测。但应注意在轮换监测的同时,对在同一时期内没有被监测的科室发生医院感染的暴发等问题给予重视。

3）从优监测：与部门监测和轮换监测方法区别在于按控制医院感染的重要性来排列监测。它是根据感染所带来的经济损失的多少来判断其相对重要性,而不仅仅依靠感染率。目前,因医院感染造成医疗费用增加,排在首位的是外科伤口感染,其次是呼吸道、泌尿道等感染。因此,必须首先加强外科伤口感染的监控。

2. 消毒灭菌效果监测　消毒灭菌是控制医院感染的关键,医院必须对消毒、灭菌效果定期进行监测。如对使用中的消毒剂、灭菌剂进行生物和化学监测；压力蒸汽灭菌进行物理、化学和生物监测；紫外线消毒进行日常监测、紫外灯管照射强度监测和生物监测等。灭菌合格率必须达到100%，不合格物品不得进入临床使用。

3. 环境卫生学监测　是对消毒灭菌等效果的精确评价，它通过对医院环境微生物的采样和检测，确定是否存在微生物，尤其是致病微生物存在情况是否超标，这种利用微生物检测的方法也称为微生物监测。环境卫生学监测包括对空气、物体表面和医护人员手的监测。医院应每月对手术室、重症监护病房、产房、母婴室、新生儿室、骨髓移植病房、血液病病房、血液透析室、供应室无菌区、治疗室、换药室等重点部门进行环境卫生学监测。

二、护理工作中影响感染的因素

预防与控制医院感染，作为护理业务技术活动和质量控制的重点工作，对于全院预防和控制院内感染关系重大，应列入护理系统的经常性议事日程。护理工作中影响医院感染的因素主要有以下几点。

1. 主观因素

（1）护理人员缺乏医院感染知识，对医院感染的严重性认识不足，不能自觉执行无菌技术和消毒隔离制度，如处置前后不洗手、处置时不戴口罩，均可导致病原微生物的传播，造成感染。

（2）护理管理意识不强，管理者不重视，对护理工作中的预防与控制医院感染工作监督、检查、考核不到位，人力、物力配备不足，导致防治措施执行不力、管理不严、效果不佳。

2. 治疗护理因素　侵入性技术操作广泛应用，给医院感染创造了新的机会，给感染的控制带来一定的困难，如静脉导管、动脉导管、气管插管、内镜检查等，可造成人体防御屏障的损伤，若消毒不严或无菌观念不强，即可为病原体入侵打开门户，而导致感染。

3. 环境因素

（1）医院的建筑布局不合理，环境卫生条件差，流程不合理，就不能满足隔离传染源、切断传播途径的要求，容易造成医务人员与患者的医院内交叉感染。

（2）医院中患者、带菌者较集中，缺乏消毒隔离知识；患者的分泌物、排泄物等极易对医院环境造成污染。如管理不符合卫生学要求，更可能增加相互传染的机会。

4. 易感人群　入住医院的患者均为易感人群。主要原因是患者抗感染的能力较差，或者使用药物引起免疫功能抑制，降低了机体的抵抗力，极易发生感染。

三、护理工作中感染的预防

按原卫生部1988年《关于建立医院感染管理组织》的文件精神，护理部主任（或总护士长）应是医院感染管理委员会（或小组）的主要成员之一，积极参与该委员会的计划、决策、组织、管理等各项重要活动，结合护理技术采取有效措施，从而最大限度地避免因护士操作失误而引起的院内感染。

（一）加强组织领导，健全管理组织

护理管理水平的高低，直接影响整个医院感染管理的质量，为了实现预防和控制医院感染，必须建立健全医院感染组织或专门的管理机构，实施科学有效的管理。护理部要在医院感染管理委员会的指导下，成立预防医院感染的消毒隔离管理小组，由护理部主任或副主任（或总护士长）担任组长，由护理部—消毒隔离管理小组—科护士长—病区护士长—监控护士，组成医院感染管理护理指挥系统。该机构负责制订预防医院感染的远期和近期计划，并提出相应的具体要求，明确职责和任务，通过定期检查、随时抽查等途径加强监督控制。

（二）改善不合理的建筑布局，增添必要设施

医院感染管理工作的好坏与医院重点部门的建筑布局和设施的关系密切，在条件允许的情况下应根据需要适当改造或改建不适于预防感染的旧建筑，增添必要的专用设备和工具。例如，在手术室、烧伤病房、骨髓移植病房等安装空气净化装置；使用一次性注射器；医院中心供应室三区（污染区、清洁区、无菌区）划分清楚，区与区之间有实际屏障，人流、物流由污到洁，保证不逆行；在重点病房及注射室，重症监护病房、儿科病房等进出口旁安装洗手池，使用感应水龙头，以保证医护人员在护理患者前后，充分洗手而防止交叉感染。

（三）加强教育培训，提高护理人员素质

提高护理质量的原动力来自于教育。不断进行针对性的教育与专业培训，是做好医院感染管理的基础和重要环节。因此，护理部必须从教育入手，与感染管理人员密切配合，根据具体情况对各级护理人员进行医院感染知识和技术的培训。

2006年发布并实施的《医院感染管理规范》及2016年发布的《病区医院感染管理规范》（WS/T 510-2016）中明确规定，各级卫生行政部门和医疗机构应当重视医院感染管理的学科建设，建立医院感染专业人员岗位规范化培训和考核制度，加强继续教育，提高医院感染专业人员的业务技术水平。医疗机构应当制订对本机构工作人员的培训计划，对全体工作人员进行医院感染相关法律法规、医院感染管理相关工作规范和标准、专业技术知识的培训。病区医院感染管理小组应定期组织医务人员、保洁员等学习医院感染管理相关知识，并做好考核。

（四）加强易感人群和重点部门的感染管理

对于易感人群和医院感染管理的重点部门一定要加强护理管理工作。要有严格的消毒隔离制度和操作规程，必须定期对环境、空气、门把、物品等进行检查和抽查。

（五）消毒隔离措施的贯彻与落实

消毒隔离是预防感染的基本手段之一，在实施消毒隔离制度时应注意以下几点。

1. **专人负责**　每一护理单元应设医院感染监控护士，负责监督检查消毒隔离制度及无菌操作的执行情况，并做好记录和总结。如发生感染或暴发流行，负责及时上报护理部及疾病控制机构，并协同做好调查分析和有效控制。

2. **定期消毒**　各类用具应有定期消毒制度，严格按规定时间定期消毒、灭菌，一旦发生感染还应增加消毒次数。除定期消毒的用具外，某些物品还必须做好随时消毒、预防性消毒、终末消毒。例如，餐具应每餐消毒，便器一用一消毒，患者床单位每日清理消毒，被、褥、枕、床垫终末消毒等。

3. **定期检查**　根据不同对象建立定期检查制度，明确规定年、季、月、日检查重点：如在夏季和秋季重点对饮食卫生、消毒隔离制度进行检查，对手术室医护人员的手、器械、缝线、空气等做好抽样检查，并监测灭菌效果。

4. **定期监测**　为确保消毒灭菌的有效性，对某些项目如消毒液的有效成分与污染程度，含氯消毒剂中有效氯的性能及各种消毒液的细菌培养等应定期监测，并及时进行分析与鉴别；手术室、病区的治疗室、换药室、产房、婴儿室和重症监护病房等重点单位应按要求重点监测。

（六）加强医疗废物的安全管理

医疗机构必须认真贯彻执行2003年6月中华人民共和国国务院颁布的《医疗废物管理条例》，加强医疗废物的监督管理，切断病源的传播途径，建立完善医疗废物集中无害化处置机

制,规范医疗废物的分类包装、收集、运输、储存和处置,确保医疗废物处置过程无害化。保障人民群众身体健康与生命安全。

（七）成立"抗生素使用管理小组"

随着抗生素的大量使用,导致患者菌群失调发生内源性医院感染的概率加大,不仅加重了病情和增加了患者的经济负担,而且浪费了医疗资源。此外,滥用抗生素还会产生耐药菌株,给社会带来危害。因此,抗生素的使用管理是预防医院感染发生的重要方面。医院应严格控制抗生素的使用率,并根据2012年颁布的《抗菌药物临床应用管理办法》及原卫生部办公厅《关于继续深入开展全国抗菌药物临床应用专项整治活动的通知》中的相关要求,严格管理抗菌药物使用,降低门诊和住院患者抗菌药物使用率,提高抗菌药物使用前的微生物送检率,减少经验性用药,从而减少抗菌药物耐药的发生,减少医院内感染的发生。

（八）提高护理人员感染的防护意识

护理人员与患者及其污物接触机会最多,护理人员发生医院感染的事件时有发生。医院应从各种途径控制和预防护理人员感染的发生,如做好预防感染的宣传教育,加强护理人员的自我防护;定期对护理人员进行健康检查,并建立健康状况档案,了解各科室的医院感染危险程度,强化预防和控制感染的具体措施。

四 护理工作中感染的控制

（一）建立健全的医院感染护理管理组织

医院应成立医院感染管理科和医院感染管理委员会,负责医院感染监测控制工作。护理部是医院感染管理组织的成员,同时也是管理的主要部门,感染管理科的主要计划都靠护理部贯彻落实,感染科的护士长和护士接受护理部和本科主任的双重领导,护士长应及时将医院感染信息反馈至护理部。

护理部也成立相应的医院感染管理小组,由护理部副主任任组长,部分科护士长和护士长担任组成员,各科室还设兼职监控护士,负责有关医院感染工作的落实。管理小组根据卫生部相关要求,制订预防医院内感染的计划、规章制度、消毒隔离要求和质量标准督促检查、落实各项预防医院感染的工作。

（二）加强医院感染知识的学习

医院感染问题已成为全球共同关心的问题,也是临床医学、预防医学、护理学及医院管理学共同研讨的问题。发生医院内感染,不但增加患者痛苦,延长住院时间,还加重经济负担,严重的可能导致治疗失败,甚至危及生命。因此,预防和开展医院感染是每个医务人员义不容辞的职责,尤其是护理人员担负着预防医院感染的主要工作,如消毒隔离工作是预防和控制医院感染的重要手段,工作质量的好坏直接影响预防工作的效果。所以,护理人员要重视医院感染工作,学习医院感染的相关知识,尤其是学习预防医院感染的知识,做好消毒隔离工作,切断医院感染的传播途径。

（三）加强医院感染控制,降低医院感染

1. 加强消毒隔离措施的落实 各科室监控护士要定期检查各项消毒灭菌工作是否符合要求;定期对各项物品进行卫生学标准检测,尤其对易感科室,如手术室、新生儿室、血液透析室等科室要进行重点监控;各级护理人员要自觉遵守消毒隔离制度,如操作前后洗手、执行一针一管一消毒、一人一止血带、湿扫床及终末床单位消毒、严格执行无菌技术原则等,都是落实消毒隔离、预防医院感染的主要措施、护理部还要定期进行质量检查以及时纠正临床存在的问题，使消毒隔离措施真正落实，从根本上切断传播途径。

2. 减少侵入性诊疗操作的感染　在进行侵入性诊疗操作时，使用的器械物品一定要严格灭菌，要做到动作轻柔、一次成功，避免粗暴和反复操作造成黏膜损伤，增加感染机会，同时要密切观察病情，如对各种置管患者要观察其是否有感染倾向，能拔管的患者尽早拔管，以减少侵入性操作而致的医源性感染。

3. 做好患者预防医院感染的健康教育　健康教育应根据患者病情、文化程度，认真、耐心、有针对性、通俗易懂地做好预防医院感染的宣教工作，如白血病患者由于抵抗力差，容易感染，教育患者做好口腔卫生，注意肛门卫生，避免到人多、空气污染的地方，以减少感染的机会，同时要教育患者保证合理的膳食，进行恰当的运动以增加机体的抵抗力，预防医院感染的发生。

> **链接**
>
> **护理文件质量改进**
>
> 　　某医院内三科要进行护理文件质量改进。在自查时，随机抽查病历30份，发现①错字、漏字、空项3处；②患者外出未归每班记录1次，漏记录2处；③临时医嘱漏签字2处；④体温单手术前血压漏记录1处。
>
> 　　全科护士分析原因：①护理文书记录后自己不检查；②每项、每班工作后不回顾，不自查；③非急救临时医嘱处理程序不正确；④未使用PDA扫描条码执行医嘱。
>
> 　　提出整改措施：①护理文书每一项、每一次记录后都要自己检查一遍。②每项、每班工作后要回顾、自查，如手术患者，在手术室接患者时或之前，要看一下病历，看术前医嘱是否都执行了，是否记录完整（体温单、医嘱单、护理记录单）；下班之前回顾本班次主要工作及记录是否有遗漏。③非急救临时医嘱处理程序：办公班打印临时医嘱及条码—治疗班核对临时医嘱与条码是否一致—再备药、配置并签名—临床班PDA扫描医嘱条码执行。④把护理质量检查小组、护理部质量检查、护士长质量检查出的问题进行分类统计分析，让每个人根据自身容易遗漏的工作、发生的问题做成卡片随身携带随时进行自查。
>
> 　　以上整改措施实施3周时间后，再次检查。随机抽查病历30份，存在问题2处，比3周前明显减少，说明整改措施有效。

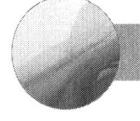

目标检测

思考题

1. 请举例说明PDCA管理循环。
2. 护理质量管理的方法有哪些，如何应用？
3. 试述护理质量评价的内容。
4. 护理工作中，如何正确应对投诉？
5. 统计并分析某一护理单元的临床护理质量。
6. 某医院发生了严重的医院感染暴发事件：2个月中共计手术292例，发生感染166例，切口感染率为56.85%，给患者带来了痛苦和损害，造成了重大经济损失，引起了社会各界和国内外的强烈反响。医院感染不但直接影响医疗护理的质量，而且与医院的生存和发展息息相关。

　　如果你是医院感染科的人员，怎样才能更好地控制医院感染的发生？

（张　昕）

第11章 护理信息管理

信息技术是当前全世界发展的重点技术，是衡量一个国家或地区经济发展和社会进步的重要标志。随着科学技术的发展和医院改革的逐步深入，信息化、管理科学化的概念已渗透到医院管理之中。医院数字化管理已成为现代化医院运营必不可少的基础设施与技术支撑。医院的管理模式必须实现由经验管理向信息管理的转变，才能适应现代化医院科学管理的需要，这也是医院管理发展的必然趋势。

人类社会正进入一个以信息和知识为重要资源的时代，即信息时代。信息作为管理的主要资源之一，谁拥有它并能有效地识别、选取、利用，使之服务于自己的工作领域，谁就将得到最丰富的资源和最快速的发展。现代管理者在管理方式上的一个重要特征就是：他们很少同具体的事情打交道，更多的是同事情的信息打交道。管理系统规模越大，结构越复杂，对信息的渴求就越强烈，管理者对组织的有效控制都必须依靠来自组织内外的各种信息。

在我国，护理学作为一级学科，通过现代信息技术的广泛应用，使得护理工作的科学化、现代化和信息化程度越来越高，特别是随着护士角色的多元化，护理人才培养层次的不断提高，学科理论体系的日益成熟，学科实践和研究范围的日趋扩大，导致护理专业信息激增，海量的护理信息亟待运用科学的方法进行管理，以适应现代护理的需要。

现代护理信息管理的核心与实质就是按照护理信息的特点，建立护理信息管理系统，科学地收集、加工、储存、利用护理领域中的信息，及时发挥医学护理情报功能，最大限度地开发护理信息资源，使护理信息为护理工作及管理过程服务。

第1节 护理信息与护理信息学

一、信息与护理信息

狭义的信息是指经过加工整理后，对于接受者具有某种使用价值的情报、数据、信息的总称。广义的信息泛指客观世界中反映事物特征及变化的语言、文字、符号、声像、图形等，由事物的差异和传递构成，是变化最新的反映并经过传递而再现。信息是对人有用的数据，这些数据将可能影响到人们的行为与决策。数据是对事实、概念或指令的一种特殊的表达形式，这种特殊的表达形式可以用人工的方式或用自动化的装置进行通信、翻译转换或者进行加工处理。根据这一定义，通常意义下的数字、文字、图画、声音、动画、影像等都是数据，因为它们都能负载信息——"有用的数据",它们均可以通过人工的方式进行处理。

按照国际标准化组织对信息的定义,信息的基础是数据,数据是信息的素材,"信息"是人们通过对数据进行加工处理后所获得的对人有用的数据。在这里我们也可以推导出"数据"既不是物质,也不是能量,而是"信息"的载体。例如,对于临床护士来讲,根据医嘱需要观察和监测患者生命体征,可以选用现有的各种载体,以便获取尽可能多的与诊断评估有关的数据,如通过体温计监测体温、触诊监测脉搏、血压计测量血压、视诊监测呼吸来获取患者的生命体征数据,然后对这些数据进行加工处理,如与标准比较,获得与患者诊断评估有关的有用的数据——信息。此处的生命体征是患者疾病的反映,它们既不是物质,也不是能量,而是护理人员检测患者病情所必需的数据。

护理信息起源于法语"informatique",意为计算机处理的护理数据和资料,早在1857年,南丁格尔就建议在军队内设立统计部门,她亲自编制和处理信息来完成有关报告,为某些改革提供具有说服力的证据。而作为护理信息学的专业活动却始于20世纪70年代。护理信息即在护理工作中收集到的反映患者病情变化及体征的各种数据资料,经过计算机等其他方式加工、处理、储存、传递后便于护士观察病情,医生诊断和确定治疗方案,医院数据统计,以及国家宏观调控等各种数据和资料的总和,同时包括服务于上述护理信息收集处理过程中的各种延伸的资料和数据。

护理信息的特点

任何信息都是有信息实体和信息载体构成的整体。信息实体是指信息的内容;载体是反映这些内容的数据、文字、声波、光波等。各种信息的具体内容尽管不同,但基本特征却有共同之处。信息的一般特征:信息的真实性(信息价值的大小主要取决于它是否真实,可以说,真实是信息的中心价值)、信息的不定性、信息的时间性、与信息载体的不可分性。护理信息属于特殊的信息,除具备上述的一般特点外,还有其专业本身的特点。

(一)生物医学属性

护理信息主要是与患者健康问题有关的信息,因此具有生物医学属性的特点。在人体这个复杂的系统中,由于健康、亚健康和疾病处于动态变化状态下,护理信息因此具有动态性和连续性。如脉搏就汇集着大量信息,既能反映人体心脏的功能、血管的弹性,还能反映血容量等信息。

(二)公共相关性

护理信息和多方面有关、涉及的部门和人员很多,各方面的密切配合很重要。有护理系统内部信息,如护理工作信息、患者病情信息、护理基本技术信息等;有护理系统外部信息,如医院关系信息、医院各医技部门及科室要求护理配合、参与等工作信息。

护理信息大多数有若干相关信息变量构成的信息群,如临床特别护理天数、分级护理质量合格率、压疮发生率、抢救器材完好率等,都是由一组相互作用的信息提供的。护理信息的输出模式在以上信息变量相互作用下才能确定,护理记录就是一种较大的护理信息群。这些信息往往相互交错、相互影响,从而形成其特殊公共相关性。

(三)质量要求高

护理信息直接关系着患者的健康与生命,所以其准确性、完整性、可靠性方面都有了更高的要求,同时也加大了护理信息管理和研究的难度和深度。由于医院护理信息的搜集需要许多部门和人员的配合，加之护理人员分布广泛，这无疑给信息的收集和传递造成了一定的困难。护理信息中的一部分可以用客观数据来表达，如患者出入院人数、护理人员出勤率、患者血压及脉搏的变化、患者的平均住院日等；而另一部分则是来自主观的反应，如病情观察时患者的意识的变化、心理状态信息。患者主观反应直读性差，需要护理人员能准确地观察、敏锐地判断和综合地分析信息。否则，在患者的病情危重，病情突变危及生命时，信息判断处理失误，会造成不可挽回的损失。

（四）大量性和分散性

护理信息涉及面广，信息量大，种类繁多且分散。有来自临床的护理信息，来自护理管理的信息，来自医院医师医疗文件的信息；有数据信息、图像信息，有形和无形信息等；对这些信息正确的判断和处理，直接关系到护理质量和管理效率的提高。

（五）随机性大

在日常护理工作中，患者的病情变化和医嘱的修改随机性最多，医院内的突发事件难以预料，有时无规律可言，且选择性小，如转科、入院、出院、转院，故护理信息的产生、采集、处理的随机性很大，需要护理人员具备敏锐的观察、判断和分析能力。

（六）复杂性

来自护理系统外部和内部的信息各不相同，内容繁多。护理工作与医疗、医技、药剂、后勤等部门都有着密切的联系，因而其数据量非常大，且概念性信息多，量化性信息少，其中病历、医嘱、处方等常因医生的习惯不同，采用的语言不同，书写时往往英文、拉丁文、中文等不同文种或几种文字混合，所以护理信息具有其复杂性。

三、护理信息的分类

（一）护理业务信息

护理业务信息是医院护理信息最主要的组成部分，包括：临床直接观察的护理信息，个案病例护理信息，病房护理工作基本信息源（如医嘱信息、护理文件书写资料等），护理质量指标及原始材料，患者出入院、护理工作种类卡片，各种护理工作统计量表（各种日报表、月报表、季报表和年报表，各种护士排班表、护士考勤表等）。

（二）护理管理信息

护理管理信息包括护士的基本档案、各级护理人员的职责、各种护理规章制度、各级护理技术人员工作的质量标准、各级护理管理人员的职责、各种护理模式的管理制度及各班护理人员的工作质量标准、护士长管理的资料信息等有关管理内容。

（三）护理教育信息

护理教育信息主要包括教学计划、教学实习、教学见习安排、教学会议记录、进修生管理资料、继续教育计划、培训内容、业务学习资料、历次各级护士考试成绩及试卷等。

（四）护理科技信息

护理科技信息包括国内外护理新进展、新技术、护理科研成果、论文、著作、译文、学术活动情报、护理专业考察报告、护理专利、新仪器、新设备、各种疾病的护理常规、卫生宣教资料、护士的技术档案资料、护理技术资料等。

第2节 医院护理信息管理

一、医院护理信息系统

护理信息系统是一个可以迅速收集、储存、处理、检索、显示护理管理和业务技术所需动态资料并进行对话的计算机系统，是信息科学和计算机技术在护理工作中的广泛应用，以提高护理管理质量为目的，是医院信息系统的重要组成部分。应用计算机系统管理信息系统进行护理管理，对提高护理质量，促进护理管理的科学化、标准化、现代化是一个飞跃。

医院护理信息系统的发展大致分为如下两个大阶段：第一阶段，护理信息系统起始于20世纪70年代，早期的护理信息系统主要用于支持护士完成日常护理记录、护理操作，其能完成的任务如医嘱输入、体温单绘制、护理单的记录及打印等；后来逐渐出现了以问题为中心的系统，包括对患者问题的识别及选择相对应的护理措施，护士可在分级数据库环境中建立患者个人的护理计划，但护理数据的检索问题没有得到很好的解决。第二阶段，也就是20世纪90年代以后，在这一阶段，护理语言系统、护理分类学及分类系统已经成为护理信息学研究的热点，护理信息系统的研究方向主要是护理语言的规范化和护理决策支持。现在的观点认为：临床数据应支持护理的决策，而不仅仅是记录护理工作的任务。护理信息系统不应该仅仅是电子档案柜和传送信息的设备，而应该对输入系统的信息加以利用，把原始数据转化为更易利用的格式，并帮助护士做出临床决策。这些目标的实现要求研制集成系统，包括数据录入、对数据的解释和处理等。

（一）医院护理信息系统的主要内容

1. 患者信息管理系统　是患者办理入院手续后，其信息在病区护士计算机终端显示，有利于及时准备病床，患者到病区后即可休息；同时患者信息卡刷卡后可打印患者一览卡、床头卡等相关信息，并与医嘱系统、药房、收费处、病案室、统计室、医保办等相关部门共享。患者管理是医院管理最重要、最繁重的部分，应用患者信息管理系统强化了患者的动态管理，节约了护士的工作时间。

2. 医嘱处理系统　该系统一般包括患者入院、医嘱处理、医嘱校对、医嘱执行、计费、出院等事宜。该系统有医生在计算机系统终端录入医嘱，在护士的计算机系统终端中显示，经核实医嘱无疑问后确认即产生各种执行单及当日医嘱变更单、医嘱明细表；领取当日、明日药后，病区药房自动产生请领总表及单个患者明细表，药费自动划价后与收费处联网入账；住院费及部分治疗项目按照医嘱收费。

3. 护理文件书写系统　患者入院登记、床位变更、各种生命体征的观察结果都可以通过该系统录入及查询，使得文件书写标准化、规范化，节约护理人员的工作时间。

4. 护理计划制订系统　护士根据要求录入患者的生理、心理、社会等各方面的信息后，系统就会依据患者的情况做出护理诊断并自动生成护理计划，供护士修改，指导护理工作，节约重复书写的时间。

5. 护理工作量统计系统　系统通过医嘱管理系统录入的医嘱，可以自动汇总当天的护理工作量，护理部获得科室当天最准确工作量后方便对科室量化考核及对全院护理人力资源进行合理调控。

6. 护理质量管理系统　输入质量管理检查的原始资料后，系统可进行有关资料的汇总，对质量状况进行分析，为质量控制提供决策依据。

7. 护理人事管理系统　该系统中存入护理人员的一般情况、技术考核、奖惩、进修培训的原始资料，可以方便医院管理者随时调用、统计医院的护理人事情况，进行人力资源管理。

8. 手术患者信息系统　系统在外科各病区计算机系统终端输入手术患者的信息，如拟行的手术方式、是否需要特殊器械、手术时间、手术间的特殊要求、麻醉会诊邀请等。

9. 重症监护病房信息系统　监护病房收住大型手术后及严重创伤的患者，由于病情变化快，需要建立一个能对人体重要的生理生化指标进行有选择性、经常性和连续性的监护系统。通过计算机为核心的监护系统，将主要的生化信息指标自动储存、显示、分析，及时发现病情变化并做出应急处理，减少护士手工操作记录及主观判断造成的误差。

10. 患者咨询系统　患者可利用医院公共的终端查询自己的化验结果、当日的护理计划、医疗安排及医疗费用等信息。该系统提高了医疗护理的透明度，尊重患者的知情权，让患者主动参与医疗护理服务，同时也助于改善护患关系。

11. 其他临床信息系统　包括急诊电子病历系统、患者自动登记系统、患者信息门户等。

（二）医院护理信息系统的作用

1. 规范了护理文书的书写　手工书写护理记录，会有重复、不及时、不全面、不详细、分散、用语不规范、书写潦草、不利于长期保存、不方便查阅、唯一性等问题。医院护理信息系统的应用可以规范护理文书的书写，计算机保存资料可以长期存储，打印的多种记录表格规范、美观、整洁，克服了手工书写的缺点，提高了护理文书的合格率。

2. 提高护理工作效率及安全性　手工反复地转抄医嘱、治疗单、书写护理单、护理计划单、护理记录单等不仅仅占据了护士大量的时间，使得护士不能随时在患者身边观察病情变化，而且在抄写过程中容易出现遗漏或错误，影响或耽误患者治疗，甚至引起护理差错。医院护理信息系统将护理日常工作流程网络化和规范化，加快了护理信息的传递速度，优化了工作流程，可随时随地获取患者信息，保证了护理安全，也让护士有更多的时间深入病房，为患者监测病情和进行相应的健康教育，改善了护患关系。

3. 提高了患者的满意度　护士有更多的时间巡视病房，增加了与患者交流的机会。患者挂号、收费、查询诊疗结果、办理出入院等都可以在护理信息系统里一站式完成，方便患者就医，增强了药物、治疗、护理等费用的透明度，提高了患者的满意度，增加了患者对医院的信任，提高了民众参与健康保健的水平。

4. 满足教学科研的需要　计算机辅助教学是一种良好的临床护理专业交互式教学方法。在科研活动及平时教学工作中，护理信息系统能够提供专业的医学统计程序，如方差分析、卡方检验等，护理记录中的各种数据能够迅速得到利用。

（三）医院护理信息系统主要的管理方法

护理部通过强化人员培训、规范护理信息系统的主要应用流程、建立切实可行管理制度来保证和提高护理信息系统的规范应用。不定时地组织护士学习护理信息管理的有关知识和制度，加强护理人员的专业知识、新业务、新技术的学习，提高护理人员对信息的收集、分析、判断和紧急处理的能力，自觉地参与护理信息管理。护理部应健全垂直护理信息管理体系，做到分级管理，实行护士—护士长—科护士长—护理部主任负责制。各级护理管理人员应及时传递、反馈信息，经常检查和督促信息管理工作。

二 医院护理信息收集、加工、传递

医院护理信息收集与加工是护理信息管理的前提。原始数据和信息的收集主要是在各项业务处理的第一线，如收费窗口、库房、医生工作站、医技科室等，任何一个计算机化的窗口业务系统都具有双重的功能。一方面，对业务操作者，它是一个业务系统；另一方面，对整个医院信息系统来说，它是像神经末梢一样的信息采集系统。信息收集与加工是根据特定的目的和要求，将分散蕴含在不同时空的有关信息采集挖掘和集聚起来并分类处理的过程。临床工作开展过程中，从门诊到病房、急诊室到手术室，从诊疗检查到饮食起居，每个环节都有大量的护理信息存在。如何把这些内容复杂、设计范围广泛的护理信息采集出来，是将医院信息资源能够得以充分开发和有效利用的基础。

（一）医院护理信息的收集

1. 信息收集的基本要求　收集手段要完善，收集数据要准确，收集时间要及时，校验功能要严密，录入手段要方便，管理组织要健全，保证信息的全面性、可靠性、系统性、连续性、价值性。①信息收集的全面性。要防止重要信息的遗漏，要重视信息的现场收集，收集时思路要开阔，动作要敏捷，要拓宽信息收集领域，保证收集信息的全面性和新颖性。②信息收集的可靠性。保证收集信息的可靠是信息管理的最基本要求，信息的真实性关键是要求做到信息来源的可靠，在收集过程中要注意认真鉴别，决不可轻率行事。③信息收集的系统性和连续性。对医院信息管理来说，系统性和连续性特别重要，对医院诊疗护理工作的一系列动态情况和特征必须进行系统、连续的考察和收集，有利于长期、连续的积累，也有助于进行动态观察。④信息收集的价值性。不仅要求信息量要足够大，而且要求有较高的信息价值，在收集时要注意捕捉那些先兆性较强并有重大意义的信息数据，而不是只求数量，必须要求注意信息的质量。

2. 信息收集的方法步骤　信息收集的方法很多，对医院来说可要求各部门、各科室做统计报表、原始记录、调查问卷、出院患者随访记录，还可对各种座谈会进行收集，病案室、统计室、图书情报室等专业部门担负的任务则更重。

在收集过程中要注意遵循以下基本程序：

（1）制订信息收集计划，包括明确信息收集责任者及其收集范围和信息来源，明确规定信息收集方式和要求。

（2）设计信息收集的提纲和表格。因为各种不同的信息可有各种不同的表现形式，要求采取不同的形式加以收集，对有些数据信息就应预先设计好数据结构要求和调查表格。

（3）进行信息的收集，包括收集原始信息及对其进行筛选、分析和整理。

（4）提供收集的信息资料，可采用统计报表、情况汇报、资料汇编、调查总结、内部参考、定期通报等形式。具体可以根据护理信息流通范围的不同，运用内部和外部两种途径相辅相成来完成护理信息的收集。内部途径一般指卫生行政管理机构、疾病控制中心、医疗单位、医学教学与科研机构、医药厂家和医疗设备部门内部形成的各种信息通道。外部途径是指某组织机构以外的各种信息来源渠道。例如，护士可以从政府部门获取国家卫生法规和政策性文件以利于医院宏观管理。护理卫生信息在生产的不同阶段呈现不同的表现形式，如最原始的数据、记录、初步加工的图表，内部交流的文字报告、公开发表的论文和专著等。通常公开发表的文献信息便于收集，可以由专门的信息服务机构承担；在工作中随时发生的原始数据信息收集比较困难，只能由一线工作人员完成。

文献信息有传统纸型和电子型两种形式。传统纸型文献收集方法主要有订购、交换、赠送，如利用北京大学图书馆、华中科技大学图书馆编辑出版物与国内外 60 多个医学院校和出版社建立交换关系，收集国际上非常有影响的一些医学刊物。电子型信息特别是网络信息的收集方法主要有搜索引擎、网络信息挖掘、网络信息过滤等。随着信息技术的发展，信息收集方法将会得到不断改进，越来越智能化和个性化。

原始数据可以通过常规收集方法和非常规收集两种方法来实现。常规收集一般由医院的护理工作人员在完成日常护理工作时进行记录，要求工作人员具有强烈的信息收集意识，按统一的标准将原始数据收集及时、准确、完整，以提高常规性原始数据的质量和利用价值，如社区人口数、预防保健措施、社区卫生资源使用情况、疾病监测等基础性信息的收集可以用该方法。非常规收集主要是针对为完成某种特殊研究目的而进行的原始数据收集，一般需要借助流行病学和统计学的原理和方法，对调查表的设计、调查人群的筛选、调查方法的筛定、调查人员的培训等方面进行周密部署，以提高非常规收集的质量和利用价值，如某种药物研究或治疗方案的疗效、某种护理干预措施的结局、某种疫苗的免疫效果、某种疾病的暴发流行情况、某些疾病危险因素等信息的收集都适合该方法。

（二）医院护理信息的加工

所谓信息加工是指将收集取得的信息数据资料通过分类、排序、计算、比较、选择和分析等工作，进一步加工使之成为反映全面情况的综合指标或报告，供管理人员决策参考，成为必要的有价值的信息。其加工范围很广，从简单的查询、排序、归并，一直可到复杂的模型预测并运用各种教学和运筹学工具。信息加工是医院护理信息管理的中心环节，只有经过加工处理才能进行信息传递和储存，并在管理中发挥作用。

1. 信息加工的基本内容　对信息的加工并无固定模式，一般包括以下基本内容：①信息分类，就是将原始信息资料，按问题类型、时间顺序、部门区别、管理要求等进行分门别类排列成序；②信息比较，就是对各种信息资料进行判断、分析、比较，是否符合信息收集加工要求，能否反映医院管理要求，对无用的去除，对不符合要求的就要再进行补充收集；③信息计算，对一部分信息要进行加工计算（主要是数据信息），从中计算出所需要的新数据；④信息研究，就是从大量信息中通过深入研究分析，使信息资料成为新概念、新含义、新结论等知识形态的信息；⑤信息判断，就是对信息的可靠性、准确性、可信性、价值性进行鉴别判断，剔除不可靠的、不可信的、不确切的和价值不高的，并对信息的含量、质量、时效、价值进行判断；⑥信息编纂，就是要对通过加工处理的信息进行编纂，将其编写成新的信息资料，以便于储存、分析和比较对照，要求对信息的内容、格式、文字、结构等做到规范、系统和标准化。

2. 信息加工的主要方法　信息加工采用定性和定量两大类方法：①定性信息加工法，包括汇集法、归纳法、纵深法、连横法、推理法等，其中最常用的是归纳法，归纳要全面系统、清楚完整、说理清晰、反映原意全貌；②数据信息加工法，就是对信息数据进行核对、分析、转换、表达的过程，常用的方法有对比法、浓缩法、转换法、替代法、剔除法、还原法和图表法等。

（三）医院护理信息的传递

医院护理信息管理的环节主要是：信息收集→信息加工→信息利用，但要完成这个管理过程就要靠信息传递，传递的速度和质量直接影响信息管理的效率和效益，因此切实保证信息传递的速度和质量是医院护理信息管理的重要内容。医院护理信息传递可以定义为：护理服务过程中，主客体相互之间通过语言、姿势、表情或图像符号，利用电子计算机技术传递或交换意见、知识、愿望、情感等的社会行为。

医院护理信息传递必须具备以下三个基本特征，即信息的传播者及其对应的接受者，护理信息传播的内容是有利于护理信息管理活动展开的护理信息过程，护理信息传播必须具备与运用护理信息载体。

1. 医院护理信息传递基本构成　医院信息传递系统由三部分组成：①信源（information source），即信息的本源，包括信息的生成源和再生源，前者发出的是原始信息，后者则是经过加工的信息；②信道（channel），即信息传递的通道，通道合适可减少干扰和保证传递速度；③信宿（information register），即信息接受者或接受单位，包括人、组织、机器，信息管理需要提高信息的接受能力。

2. 医院护理信息传递方式　护理信息传递方式是多种多样的。①按信息流的流向不同，可区分为单向传递、反馈传递和相向传递三种方式。②按信息传递数量的集中程度不同，可区分为集中式传递和连续式传递两种。③按信息的传递范围不同，可区分为系统内部传递和系统外部传递两种方式。④按信息的传递时空的角度不同，可区分为时间传递和空间传递两种。⑤常用的护理信息传递工具有语言、大众传媒（报纸杂志、图书、电视、广播等）、电报、电话、网络等。按照信息的传递运用的工具分为人工处理方式传递和计算机处理方式传递两种。人工处理的方式传递又分为口头方式、文字传递、简单的计算工具。在实际工作中究竟选用哪一种方式，要视具体情况而定，这种具体情况包括信息内容要求、传递对象、传递时间距离要求、经济效益和实际效果等。抢救患者时的口头医嘱和早晨交班等都是以口头方式传递信息，这是较常用的一种方式，其特点是简单易行、快速，但是容易发生错误，且错误的责任有时难以追查。护理记录、交班报告、规章制度等护理信息在传递过程时可选用文书传递方式，该方式是最常用的一种，比较传统，传播速递较慢，但是它保留时间长、有据可查。计算质量评价绩效、统计工作量时可以利用计算器对护理信息中数据进行处理，其局限在于无法将结果作为科学的分析，因此滞后于现代护理管理的发展。护理知识库信息系统中护理诊断查询和护理论文检索；护理管理信息系统中的护理质量管理；临床护理信息系统中处理医嘱，制订标准护理计划等都可以利用计算机处理的方式来传递信息，它是一种先进的信息管理方式，计算精确度高，运算速度快，且有大容量记忆功能和逻辑判断能力。

3. 信息传递的有效性　所谓信息传递的有效性是指要保证传递的真实、可靠、快速、数量大、成本低、效果好，尤其要防止信息畸变失真，即防止在信息传递过程中的偏差或走样。

三　医院护理信息的存储、检索、输出与利用

（一）医院护理信息的储存

医院的各项业务每天都在产生大量的数据，这些收集取得的数据要经过整理加工后变成有用的信息，就必须进行储存与管理。这些信息要保留一定时期，有些是要永久保留的，所以信息量极其巨大，且是与日俱增的。因此，应高度重视数据资料的存储管理，医院护理信息系统应该有很完善的存储管理功能、措施和制度。

信息存储时要考虑存储量、信息格式、存储方式、使用方式、存储时间、安全保密，包括介质（如纸张、磁带、磁盘等）的选择、存储位置分配、数据安全性、冗余度大小（即重复存储量的多少）和数据一致性保证等问题。

医院护理信息存储形式是多样的，按照存储介质分类：存储介质为纸张者如文件，有卡片文件、打印文件和纸带文件，这些都属于不可重复的介质文件，但也可不用纸张介质，如磁带文件、磁盘文件，这些属于可删除或修改的介质文件。按存储时间分类：对当前工作要利用的数据，一般都用硬盘、光盘保存；历史数据除硬盘外还可用磁带保存。便携式存储设备使用方便，但容量小且不可靠，只能保存临时的少量的数据。

在现代医院管理的今天，信息管理要尽量使用电脑软件"文档"。软件系统的生命期包括分析、设计、编写、测试、运行维护五个阶段，文档就是对这些阶段情况以文字或图表等形式记载下来的资料。现在已有不少省市开发了"统计信息管理软件系统"来对包括病案、统计资料等进行管理，将医院的门急诊统计、住院工作统计、医技工作统计、手术工作统计、家庭病床统计及医院财务、物资、人事管理等信息资料进行软件存储，提高了医院护理信息管理的档次。

（二）医院护理信息的检索

医院存储的信息量是相当大的，为了便于从文件中查找满足某种条件的记录，就要建立一套科学的信息检索方法。检索对医院来说包括资料文献检索和病案检索，前者主要使用"情报检索系统"（information retrieval system），后者在国内已开发了不少检索系统。计算机情报检索系统就是利用电子计算机，根据某种目的，在一定时间内，将经过整理并已储存在计算机内的情报，建成必要的情报系统，其实就是情报存储和检索技术的系统，通常包括文献检索、数据检索、事项检索三种类型。病案检索系统的基本原理也相似，都要经过建立数据系统，进行数据分类和编码（encoding），为了能够识别每个数据项，对数据进行分类（标识数据、数值数据、控制数据），以便排序、检索或进行其他计算机处理。数据编码时要注意以下原则：①代码值应选择最小值，并备有必要的后备代码；②代码应逻辑性强，直观性好，便于操作者掌握和使用；③代码要注意与其他系统的衔接，尽量采用现行编码或通用符号，即通常普遍强调的标准化要求；④代码要适应所使用具体设备（尤其是电脑型号、容量、中断等情况）的特点。通常用的编码方法有顺序编码法、重复编码法和成组编码法等。

（三）医院护理信息的输出与利用

所谓输出是指将处理好的信息按照要求编印出各种文件报表。要保证信息输出的顺利和质量，关键是做好信息输出设计，设计的出发点是保证输出的文件报表方便地为使用者服务，能够正确地反映和组成用于诊疗护理服务和医院管理的有用信息。

1. 信息输出设计内容　该内容包括以下几方面：①有关输出信息的使用内容，如供谁使用、使用目的、周期、有效期、报告量、保管方法和文件报表份数；②输出信息的内容，包括输出项目、位数、数据形式（文字、数字）；③输出设备的类型，包括行式打印机、卡片穿孔机、纸带穿孔机、X-Y记录仪、显示终端的屏幕等，这些设备的处理速度和用途都是有差异的，可根据情况适当选用合适类型；④信息输出介质，是输到磁盘上还是磁带上，用纸是什么类型等。

2. 信息输出报告设计注意点　①要方便使用者，操作简便易行；②要考虑与电子计算机的硬件功能相适应；③要考虑与原系统的输出格式相适应；④要根据打印机的最大列数来确定打印字域的大小；⑤要考虑到输出的文件报表能适应系统发展的需要。根据上述原则设计出"输出设计书"。

四 医院护理信息管理的发展趋势

（一）以患者为中心的医院护理信息系统是医院改革的必然趋势

医院护理信息系统的研制与改善以是否贯彻"以患者为中心"的观念为衡量标准。一方面，"以患者为中心"落实到信息系统上就是要最大程度地为医生护士提供服务，提高他们为患者服务的效率和工作质量。另一方面，患者信息是医院的基础信息，医疗和经济管理信息大多从患者信息中派生得到。以美国为代表的发达国家正在构建虚拟医院，它的出现是向以患者为中心转换的21世纪医学模式的重要标志。

（二）电子病历是医院信息系统的发展方向

电子病历不仅仅是对患者医疗信息综合性的集成，更重要的是其具有可再利用性，可成为教学、科学研究的资料。电子病历的发展目标主要是加速患者信息流通，使患者信息在医疗系统内随时随处可以得到，从而提供纸张病历无法提供的服务，起到提高工作效率和医疗质量的作用。

（三）知识管理融于医院信息系统

把知识管理融于医院信息系统之中可以通过以下三个途径来实现：其一是建立基础医学知识库，基础医学知识库包含比较完全的医学知识，是开发智能化临床信息系统的基础；其二是临床信息系统的建设，临床信息系统的建设实际上是将计算机技术用于临床的诊断，达到提高医院经营管理效益、医生的工作效率、医疗服务质量及科研教学水准的目的；其三是建立公用医学文献系统，使医务人员能利用医院信息系统更方便及时地实现联机医学文献检索，不但节省时间，而且还能满足医务人员查准、查全所需要资料的要求。

（四）以医院为中心向区域化、全球化发展

医院信息化发展要经历医院信息系统（医学信息系统）阶段、临床管理信息系统阶段、局域医疗卫生服务阶段三个阶段。区域卫生信息化的目标是建立统一的健康信息平台，实现对区域内居民所有信息的规范和整合。区域内所有医疗服务单位，可以共享其服务对象在不同机构和地点的相关信息。

（五）建立远程医疗系统

远程医疗使所有人能享用信息，自由、便利、快捷地获取多种多样的信息服务，并在任何时间和地点通过声音、数据和图像相互传递信息，从而极大地提高了医疗服务质量的水平和范围。

（六）实现由医院服务向公共卫生服务的转化

扩大医院信息系统的应用范围，建设医院突发公共卫生事件监测、预警系统，将防范突发公共卫生事件与实施医疗救治紧密结合，实现信息的标准化和互相联通，以有利于公共卫生服务的发展。公共卫生机构也可以通过对各种医疗活动记录和患者健康状态变化信息的监测，掌握疾病变化规律，及时采取应对和干预措施。

（七）加强与医保的结合

面对医保改革的挑战，医院管理创新能力将成为医院求生存、求发展的基础，成为医院科技创新、市场创新的坚实基础。所有这些均需医院信息系统的支持。所以，如何将相对独立的医保体系和医院信息系统有机地结合在一起，使之既符合医保的需求，又适合医院的实际，对于提高医护质量和医疗服务水平、降低医疗成本等有着重要的作用。

近年来,护理信息系统的发展方向为护理专家系统、远程护理等。

1. 护理专家系统　是利用储存在计算机内某一特定领域内的专家知识,来解决现实问题的计算机系统。随着护士职业范围的不断扩展,内涵的不断丰富,在"以患者为中心"的医学模式的指引下可开发护理专家系统,应用专家丰富的经验和知识,解决临床护理、护理管理中的疑难问题,以提高护理质量,促进学科发展。

2. 远程护理　是利用远程通信技术、计算机多媒体技术及信息技术来传输医学信息以进行诊断和治疗、护理和教学的一门应用学科。

> **链接**
>
> 1. 护理信息除信息的普遍特点外尚有其本身的特点,包括
>   A. 生物医学属性　　　　B. 相关性　　　　　　C. 准确性
>   D. 大量、分散性　　　　E. 不完备性
> 2. 计算机处理信息是一种先进的信息管理方式,其主要的优点是
>   A. 运算速度快　　　　　B. 计算精确度高　　　C. 有大容量记忆功能
>   D. 有逻辑判断能力　　　E. 容易掌握
>
> 分析:
>
> 1. 护理信息属于信息的一种,除了具备信息的一般特征:信息的真实性、信息的不定性、信息的时间性、与信息载体的不可分性外,还具有其本身的特点,包括生物医学属性、相关性、准确性、大量、分散性、不完备性。故选 ABCDE。
> 2. 计算机处理信息的方式是一种先进的信息管理方式,计算精确度高,运算速度快,且有大容量记忆功能和逻辑判断能力,但掌握起来并不容易,因为计算机信息处理系统种类多,需要培训并且不断学习才能掌握。故选 ABCD。

目标检测

单项选择题

1. 下列哪项不是一般信息的特点
   A. 可识别性　　　　B. 可传递性
   C. 可替代性　　　　D. 真实性
   E. 不可储存性

2. "护理信息储存于计算机中,各级护理人员可以通过医院的计算机网络方便地共享信息资源"表明了理护理信息的
   A. 可传递性　　　　B. 不可储存性
   C. 可识别性　　　　D. 可替代性
   E. 与信息载体不可分性

3. "信息是一种可创造价值的知识,它的价值不但可以替代资本、劳动力、物资,而且比它们更重要"表明了理护理信息的
   A. 可识别性　　　　B. 可替代性
   C. 可传递性　　　　D. 不可储存性
   E. 不完备性

4. 下列哪项不是护理信息的特点
   A. 非连续性　　　　B. 生物医学属性
   C. 准确性　　　　　D. 相关性
   E. 不完备性

5. 护理论文检索和护理诊断查询主要用下列哪种方式获得信息
   A. 口头方式　　　　B. 文书传递
   C. 简单的计算工具　D. 计算机处理
   E. 人工处理方式

6. 护理信息较常用的传递方式是
   A. 人工处理方式　　B. 文书传递
   C. 简单的计算工具　D. 计算机处理
   E. 口头方式

7. 下列哪项不是口头方式传递信息的特点
   A. 错误的责任有时难以追查
   B. 简单易行
   C. 晨交班用
   D. 执行口头医嘱时可以运用

E. 不容易发生错误
8. 利用计算机处理信息不包括
   A. 无逻辑判断能力
   B. 有大容量记忆功能
   C. 计算精确度高
   D. 是一种先进的信息管理方式
   E. 容易发生错误
9. 护理信息系统的描述,下列哪项不正确
   A. 收集信息　　　B. 处理信息
   C. 储存信息　　　D. 传递信息
   E. 整理信息
10. 护理信息最常用的传递方式是
    A. 文书方式　　　B. 口头方式
    C. 人工处理　　　D. 计算机处理
    E. 人-计算机处理
11. 抢救患者时常用的信息传递方式是
    A. 人工处理　　　B. 人-计算机处理
    C. 文书方式　　　D. 计算机处理
    E. 口头方式
12. 当用户提出具体需求时,就对已被存储的数据进行搜索,从中寻找出满足用户要求条件的那些数据,这个过程是
    A. 检索　　B. 排序　　C. 分类
    D. 摘要　　E. 传递
13. 信息的中心价值是
    A. 事实　　B. 载体　　C. 时间
    D. 完全　　E. 及时
14. 金融信息、企业信息、国民经济发展信息等属于下列哪类信息
    A. 自然信息　　　B. 生物信息
    C. 社会信息　　　D. 发展信息
    E. 工业信息
15. 患者的体温和脉搏属于下列哪类信息
    A. 自然信息　　　B. 工业信息
    C. 社会信息　　　D. 发展信息
    E. 生物信息

（杨金菊）

参考文献

端艮芳，王静.2013.护理管理.北京：高等教育出版社
段培蓓.2014.护理管理学.长春：吉林科学技术出版社
雷巍娥，贺伟，彭艾莉.2011.护理管理学.北京：北京大学出版社
李继平.2012.护理管理学.第3版.北京：人民卫生出版社
李荣.2012.护理管理学.郑州：郑州大学出版社
刘华平，李红.2015.护理管理案例精粹.北京：人民卫生出版社
刘美萍，彭月娥.2016.2017国家护士执业资格考试应试宝典.北京：科学出版社
罗艳华，薛军霞.2010.护理管理学案例版.北京：科学出版社
孟庆慧，刘美萍.2013.护理管理学.北京：科学出版社
尚少梅.2014.护理管理学.北京：北京大学医学出版社
苏兰若.2013.护理管理学.第3版.北京：人民卫生出版社
汪辉.2014.护理管理.北京：人民卫生出版社
王惠珍.2013.护理管理学.北京：中国协和医科大学出版社
吴欣娟.2015.护理管理工具与方法实用手册.北京：人民卫生出版社
许亚萍.护理管理学.2011.南京：江苏科学技术出版社
严巧元.护理信息管理.2013.北京：人民军医出版社
余凤英，宋建华.2014.护理管理学.第3版.北京：高等教育出版社
张洪军，程守珍.2016.临床护理与管理信息化实践指南.北京：北京大学医学出版社
张振香，罗艳华.2013.护理管理学.北京：人民卫生出版社
赵德伟，吴之明.2014.护理管理学.上海：同济大学出版社
赵美玉，黄芳艳.2016.护理管理学基础.北京：人民卫生出版社
郑翠红.2014.护理管理学基础.北京：人民卫生出版社
周更苏，白建英.2016.护理管理.北京：人民卫生出版社
周建军.2013.护理管理学.北京：中国医药科技出版社
周颖清.2009.护理管理学.北京：北京大学医学出版社

《护理管理学》教学基本要求（36课时）

课程性质、目的和任务

护理管理学是一门系统研究护理管理活动基本规律与方法的一门综合性应用科学，具有实践性、综合性和社会性的特点，是护理学专业必修课。本课程从护理管理应用角度出发传授管理学理论及观点，讨论护理管理职能。通过教学，使学生系统地掌握管理的基本知识、基本原理及管理方法和技术，熟悉医院护理管理系统的基本结构和运作过程，注意培养学生的计划、组织协调、沟通等基本能力，并注重培养学生提出问题、分析问题和解决护理管理问题的综合能力。课程主要任务是通过对管理基本理论和方法的传授，要求学生掌握或了解管理的基本理论、基本方法和基本技能，结合护理管理实践讨论学习。

课程教学目标

1. 总体目标　通过本课程的学习，使学生熟知管理的基本原理、基本原则和基本职能，结合护理工作的不同内容、不同层次、不同角色要求，理论联系实际，培养学生运用科学管理方法处理护理工作问题的能力。

2. 具体目标

（1）知识目标：学生能说出医院中的护理组织系统，护理行政、护理业务技术的基本理论和基本技能；能借鉴管理学理论知识，结合管理职能指导护理管理工作；能够概述管理与管理学的概念、原理、方法、内容，以及医院护理管理的任务、意义和特点；能运用管理的职能，说出护理管理的职能及方法。

（2）能力目标：能运用管理基本原理和职能有序高效地做好护理工作。能运用科学思维方式分析、设计护理工作过程。自觉执行护理规章和法律法规，进行质量自我控制。能够运用护理管理知识，提高护理工作的效率。具有管理患者、环境、物品、信息的初步能力。学会护理质量管理、业务技术管理的基本方法。

（3）素质目标：培养学生严谨求实的科学作风、规范的工作方法，培养学生热爱护理专业、主动分析护理管理问题的工作热情。

三 教学内容与要求

教学内容	教学要求			教学活动参考	教学内容	教学要求			教学活动参考
	了解	熟悉	掌握			了解	熟悉	掌握	
第1章 绪论				理论讲授 多媒体	第4章 组织与组织管理				理论讲授 多媒体
第1节 管理与管理学	√				第1节 组织概述				
第2节 护理管理与护理管理学		√			一、组织的概念和职能		√		
第3节 护理管理面临的机遇及发展趋势	√				二、组织的基本要素			√	
					三、组织的分类		√		
第2章 管理理论概述					四、组织工作及其作用		√		
第1节 经典管理理论概述					第2节 护理组织结构与设计				
一、古典管理理论	√				一、组织结构与护理组织结构		√		
二、行为科学管理理论	√				二、护理组织设计的目的和原则			√	
第2节 管理的基本原理					三、我国护理组织结构类型		√		
一、系统原理			√		第3节 组织文化与团队建设				
二、人本原理			√		一、组织文化的概念	√			
三、动态原理			√		二、组织文化的结构		√		
四、效益原理			√		三、组织文化的功能		√		
第3节 管理的基本原则					四、护理组织文化的特点		√		
一、整分合原则	√			理论讲授 多媒体	五、护理组织文化的建设与管理			√	
二、反馈原则		√			六、护理团队与护理团队建设		√		
三、弹性原则		√							
四、能级原则	√				第5章 领导与决策				理论讲授 多媒体
五、价值原则	√				第1节 领导概述				
第3章 计划与目标					一、领导的概念	√			
第1节 计划概述					二、领导者的影响力	√			
一、计划的内涵	√				三、领导者的素质与能力		√		
二、计划的步骤	√				四、领导的作用与效能		√		
三、计划在护理管理中的应用		√		理论讲授 多媒体	第2节 领导理论与领导艺术				
第2节 目标管理					一、领导理论	√			
一、目标	√				二、领导艺术		√		
二、目标管理		√			第3节 激励与激励理论				
第3节 时间管理									
一、时间与时间管理		√							
二、时间管理方法			√						

续表

教学内容	教学要求			教学活动参考	教学内容	教学要求			教学活动参考
	了解	熟悉	掌握			了解	熟悉	掌握	
一、激励		√			二、护理岗位评价及作用		√		
二、激励理论			√		三、医院护理人员编配		√		
第4节 预测管理与决策管理					四、医院护理人员选聘与培训			√	
一、预测管理		√			五、医院护理人员的考评与激励			√	
二、决策管理			√		六、医院护理人员的心理健康管理	√			
第6章 护理风险管理与危机管理					第3节 护士职业生涯规划与职业发展路径				
第1节 护理风险管理									
一、风险与风险管理	√				一、护士职业生涯规划及其作用		√		
二、风险的分类	√								
三、护理风险及其识别与预测		√		理论讲授多媒体	二、护士职业生涯规划的内容		√		
四、护理风险的处理			√						
第2节 护理危机管理					三、护士职业生涯规划制定的方法与原则		√		
一、危机与危机管理	√								
二、护理危机管理及其内容		√			四、护士职业生涯分期与发展路径			√	
三、护理危机管理的原则			√		第8章 护理法律法规与制度				
四、护理危机管理的方法			√		第1节 护理法律法规概述				
第7章 护理人力资源管理					一、卫生法体系	√			
第1节 护理人力资源管理概述					二、护理法律法规		√		
一、护理人力资源管理的概念	√				三、与护理管理相关的法律、法规和政策		√		
二、护理人力资源管理的内容			√		第2节 护理管理中的法律问题				
三、护理人力资源管理的意义		√		理论讲授多媒体	一、依法执业问题		√		理论讲授多媒体
四、国外护理人力资源管理状况	√				二、执业安全问题		√		
五、我国护理人力资源管理状况	√				第3节 护理管理制度				
第2节 医院护理人力资源管理					一、护理管理制度的概念及作用		√		
一、医院护理岗位设置与岗位说明书		√			二、护理管理制度的制定原则与分类		√		
					三、护理制度的实施要求			√	
					第9章 护理质量管理				

续表

教学内容	教学要求			教学活动参考	教学内容	教学要求			教学活动参考
	了解	熟悉	掌握			了解	熟悉	掌握	
第1节 质量管理与护理质量管理				理论讲授 多媒体	一、护理质量评价的内容与形式		√		理论讲授 多媒体
一、质量与质量管理	√				二、护理质量评价方法			√	
二、护理质量管理的基本任务		√			三、护理质量持续改进		√		
三、护理质量管理的基本原则			√		四、优质护理服务		√		
四、护理质量缺陷管理			√		五、投诉处理		√		
第2节 控制与护理质量控制					第3节 护理工作中的感染控制				
一、控制概述	√				一、医院感染概述	√			
二、控制的基本原则	√				二、护理工作中影响感染的因素		√		
三、控制过程		√			三、护理工作中感染的预防		√		
四、护理质量控制			√		四、护理工作中感染的控制		√		
第3节 医院评审标准与护理质量管理					第11章 护理信息管理				理论讲授 多媒体
一、卫生部《综合医院评审标准》简介	√				第1节 护理信息与护理信息学				
二、《综合医院评审标准》与护理质量管理		√			一、信息与护理信息	√			
三、JCI认证与护理质量管理		√			二、护理信息的特点		√		
第10章 护理质量管理实践				理论讲授 多媒体	三、护理信息的分类		√		
第1节 护理质量管理常用方法					第2节 医院护理信息管理				
一、PDCA循环法			√		一、医院护理信息系统				
二、因果图法		√			二、医院护理信息收集与加工		√		
三、临床路径			√		三、医院护理信息储存、检索、输出与利用		√		
四、排列图法		√			四、医院护理信息管理的发展趋势	√			
第2节 护理质量评价与持续改进									

四 教学计划与安排

本课程适用于三年制高职高专护理、助产专业,安排在第4学期学习,课程总课时36学时,其中理论30学时,实践6学时。学时分配如下:

	学时	理论	实践
第1章 绪论	2	2	
第2章 管理理论概述	2	2	
第3章 计划与目标	4	3	1
第4章 组织与组织管理	2	2	
第5章 领导与决策	4	3	1
第6章 护理风险管理与危机管理	4	3	1
第7章 护理人力资源管理	4	3	1
第8章 护理法律法规与制度	4	4	
第9章 护理质量管理	4	3	1
第10章 护理质量管理实践	4	3	1
第11章 护理信息管理	2	2	
合计	36	30	6

五 学习方法

1. 理论联系实际　护理管理学是一门理论与实践并重的学科，学习中要坚持理论联系实际，理论学习要与临床管理任务结合，在病例分析中训练管理能力，在临床情景模拟演练中培养团队协作精神，最终达到职业能力、职业素养的提高。

2. 做好课前预习、课后复习　良好的课前预习可实现学习的主动性和选择性，明显提高对学习内容的理解与掌握水平；课后复习可避免学后遗忘，达到巩固提高、温故知新的作用。

目标检测选择题参考答案

第1章

单选：1. C　2. B　3. D　4. A　5. A　6. D
多选：1. ABCDE　2. ABD　3. ABC

第2章

单选：1. A　2. D　3. C　4. E　5. B　6. A　7. C　8. E
多选：1. ABCD　2. CDE　3. ACD　4. CDE

第3章

单选：1. C　2. D　3. D　4. C　5. D　6. B　7. C　8. C　9. C　10. D　11. C　12. E　13. D　14. D

第4章

单选：1. D　2. D　3. C　4. A　5. A
多选：1. BCD　2. ABCDE　3. ABC

第5章

单选：1. A　2. A　3. C　4. E　5. A　6. B　7. C　8. A　9. E　10. A　11. A　12. A　13. B　14. D　15. C

第6章

单选：1. C　2. D　3. E　4. E　5. C　6. E　7. D　8. E　9. E

第8章

单选：1. D　2. E　3. B　4. B　5. C　6. B　7. B　8. B　9. E　10. C　11. E

第9章

单选：1. D　2. C　3. D　4. D　5. B　6. C　7. C　8. C　9. A　10. A　11. C　12. E　13. D　14. D　15. E　16. B　17. E　18. D　19. A　20. B　21. C　22. D　23. B　24. A　25. D　26. B　27. A　28. A　29. C　30. A　31. C　32. E　33. E

第11章

单选：1. E　2. A　3. B　4. A　5. D　6. E　7. E　8. A　9. E　10. A　11. E　12. A　13. A　14. C　15. E